国家出版基金项目
NATIONAL PUBLICATION FOUNDATION

中国特色社会主义根本政治制度
人民代表大会制度纪实

总　顾　问　王汉斌
编委会主任　乔晓阳

人民代表大会制度引论

万其刚 / 著

中国出版集团
中国民主法制出版社

全国百佳图书
出版单位

图书在版编目（CIP）数据

人民代表大会制度引论/万其刚著．—北京：中国民主法制出版社，2023.7

（中国特色社会主义根本政治制度：人民代表大会制度纪实/杨积堂，吴高盛主编）

ISBN 978-7-5162-3251-4

Ⅰ.①人…　Ⅱ.①万…　Ⅲ.①人民代表大会制—研究—中国　Ⅳ.①D621

中国国家版本馆 CIP 数据核字（2023）第 109080 号

图书出品人：刘海涛
出 版 统 筹：贾兵伟
责 任 编 辑：张　霞

书名/人民代表大会制度引论
作者/万其刚　著

出版·发行/中国民主法制出版社
地址/北京市丰台区右安门外玉林里 7 号（100069）
电话/（010）63055259（总编室）　83910658　63056573（人大系统发行）
传真/（010）63055259
http：// www. npcpub. com
E-mail：mzfz@ npcpub. com
开本/16 开　700 毫米×1000 毫米
印张/21　字数/304 千字
版本/2024 年 6 月第 1 版　2024 年 6 月第 1 次印刷
印刷/三河市宏图印务有限公司

书号/ISBN 978-7-5162-3251-4
定价/98.00 元
出版声明/版权所有，侵权必究。

中国特色社会主义根本政治制度
——人民代表大会制度纪实

编 委 会

总　顾　问	王汉斌
主　　　任	乔晓阳
副　主　任	李连宁　　陈斯喜　　刘振伟
委　　　员	万其刚　　刘海涛　　杨积堂
	吴高盛　　张桂龙　　王　敏
	贾兵伟　　张　涛　　周小华
	张　霞
执行总主编	杨积堂　　吴高盛

出 版 说 明

"乔木亭亭倚盖苍，栉风沐雨自担当。"在第一届全国人民代表大会第一次会议上，毛泽东同志向世人宣告："我们正在做我们的前人从来没有做过的极其光荣伟大的事业。我们的目的一定要达到。我们的目的一定能够达到。"

从 1954 到 2024 年，人民代表大会制度已走过 70 年。为记录人民代表大会制度发展历程，宣传中国特色社会主义根本政治制度，阐释中国特色社会主义道路自信、制度自信，中国民主法制出版社于 2017 年策划"中国特色社会主义根本政治制度——人民代表大会制度纪实"项目，计划用 1600 万字 20 册图书，对人民代表大会制度在我国的建立发展进行较完整的记录。

历时 6 年，几易框架，无数次讨论修改，最终收稿 3000 万字。3000 万字分理论和纪实两大部分，详述人民代表大会的制度总论、发展历程、自身建设及立法、重大事项决定、选举任免、监督、代表、会议、对外交往等重要工作。理论部分 340 余万字，其中自身建设、重大事项和对外交往三个板块根据工作实际和写作安排，理论纪实合为一册，归入理论板块。立法、监督、选举任免、代表工作、会议五个板块的纪实部分共计 2600 余万字。两大部分通过梳理历届全国人民代表大会会议议程，记录我国根本政治制度的发展历程；通过收录全国人民代表大会及其常务委员会会议作出的决定、批准的重大事项等文件及各专门委员会的文件、报告，为研究中国特色人民代表大会制度整理、保存重要文献，宣传实现我国全过程人民民主的重要制度载体的工作机制。

为保持项目的完整性和对人民代表大会制度记录的客观性，同时适应新时代资料保存查阅的新方式新手段，经多次组织专家讨论、内部研究，项目用20册图书、40个视频、1个数据库将这3000余万字全部收录，将人民代表大会制度70年的历程完整记录、如实呈现。其中人大立法工作纪实、人大监督工作纪实、人大会议工作纪实的具体内容均收入"人民代表大会制度纪实"数据库，目录作为索引以图书形式呈现。

项目实施过程中，从总顾问王汉斌同志、编委会主任乔晓阳同志，到刚入校门的大学生，先后百余人参与其中。从框架搭建、内容研讨、资料收集、板块汇编、归类整理到书稿撰写、初稿审读、编辑加工，我们遇到许多意想不到的困难，好在"众人拾柴火焰高"，各方都投入了极大热情，这些困难也一一得到克服。其间，全国人大图书馆、全国人大有关同志给予了我们雪中送炭般的支持。

人民代表大会制度植根于中国历史文化沃土，蕴含着中华文明丰富的政治智慧和治理经验，体现了天下为公、天下大同的社会理想，九州共贯、多元一体的大一统传统，民惟邦本、本固邦宁的民本思想，德主刑辅、法明令行的法治精神。新的伟大征程上，我们要更加坚定制度自信，不断发展具有强大生命力的全过程人民民主。

2024 年是中华人民共和国成立 75 周年，也是全国人民代表大会成立 70 周年、地方人大设立常委会 45 周年，谨以"中国特色社会主义根本政治制度——人民代表大会制度纪实"向祖国献礼！

"六年磨一剑"，其中一定还有许多疏漏和不足，我们希望"中国特色社会主义根本政治制度——人民代表大会制度纪实"项目能为坚持好、完善好、运行好人民代表大会制度尽微薄之力。

2024 年 6 月

3

习近平总书记指出，人民代表大会制度是坚持党的领导、人民当家作主、依法治国有机统一的根本政治制度安排，是党领导国家政权机关的重要制度载体。100多年前，中国共产党一经诞生，就把为中国人民谋幸福、为中华民族谋复兴确立为自己的初心和使命，为实现人民当家作主进行了不懈探索和奋斗。在新民主主义革命时期，以毛泽东同志为主要代表的中国共产党人，创造性地提出实行人民代表大会制度的构想。1945年4月，毛泽东同志就说："新民主主义的政权组织，应该采取民主集中制，由各级人民代表大会决定大政方针，选举政府。它是民主的，又是集中的，就是说，在民主基础上的集中，在集中指导下的民主。只有这个制度，才既能表现广泛的民主，使各级人民代表大会有高度的权力；又能集中处理国事，使各级政府能集中地处理被各级人民代表大会所委托的一切事务，并保障人民的一切必要的民主活动。"1954年9月，第一届全国人民代表大会第一次会议召开，通过了《中华人民共和国宪法》，标志着人民代表大会制度这一国家根本政治制度正式建立。

经过70年的实践发展，人民代表大会制度更加成熟、更加定型，焕发出蓬勃生机活力。2021年10月13日习近平在中央人大工作会议上的讲话中强调："实践证明，人民代表大会制度是符合我国国情和实际、体现社会主义国家性质、保证人民当家作主、保障实现中华民族伟大复兴的好制度，是我们党领导人民在人类政治制度史上的伟大创造，是在我国政治发展史乃至世界政治发展史上具有重大意义的全新政治制度。"

70年来，在中国共产党的领导下，全国人大及其常委会、地方各级人大及其常委会不断探索实践、创新发展，人民代表大会制度的理论体系不断完善，人大工作积累了极其丰富的实践成果。这些理论和实践成果，是进一步坚持好、完善好、运行好人民代表大会制度的重要基石。为了深入贯彻习近平总书记关于坚持和完善人民代表大会制度的重要思想，积极发展全过程人民民主，健全人民当家作主制度体系，继往开来，守正创新，开创人大工作新局面，中国民主法制出版社组织立法机关有关同志、从事人大理论研究的相关学者和人大工作领域的实务专家，对人民代表大会制度的理论和实践进行了全面梳理，形成了"中国特色社会主义根本政治制度——人民代表大会制度纪实"项目，并获得了国家出版基金资助。

项目从人民代表大会制度总论、人民代表大会制度发展历程、人大代表选举制度和人大人事任免制度、人大立法制度、人大代表工作制度、人大讨论决定重大事项制度、人大监督制度、人大会议制度、人大自身建设、人大对外交往工作等十个方面，阐述了"中国特色社会主义根本政治制度——人民代表大会制度"的制度创建、自身建设和发展历程，全面梳理了人大行使立法、监督、决定、选举任免等职权的制度体系，并对人大会议制度、人大代表工作、人大对外交往工作做了详尽汇览。

项目在实施过程中，力图在梳理理论体系的同时，尽量根据现有文献和资料，将人民代表大会制度发展进程中和人大工作全过程各环节相关制度成果加以汇总，为现在和未来的人大工作者、人大理论研究者提供尽可能翔实的人大知识宝库。

这是迄今为止收录内容最为完整的一套人大纪实丛书，为了体现中国特色社会主义根本政治制度的伟力，让更多国人了解和熟悉这一制度的逻辑，每一板块我们都进行了导读设计，从而更有利于读者提纲挈领地加以掌握。

今年是中华人民共和国成立 75 周年，也是全国人民代表大会成立 70 周年。我们谨以"中国特色社会主义根本政治制度——人民代表大会制度纪实"项目，向人民代表大会制度致敬，向祖国献礼。

晋晓阳

2024 年 6 月

目 录

第七章　人大立法制度

第八章　人大监督制度

第九章　人大讨论决定重大事项制度

第十章　人大及其常委会议事制度和工作制度

/ 第一章 /

指导思想与人民代表大会制度

马克思列宁主义、毛泽东思想、邓小平理论、"三个代表"重要思想、科学发展观、习近平新时代中国特色社会主义思想，是指导人民代表大会制度创建和发展的理论基础。我们党的第三个"历史决议"明确提出："马克思主义揭示了人类社会发展规律，是认识世界、改造世界的科学真理。"[1] 该决议全面总结了我们党百年奋斗历程中不断推进马克思主义中国化时代化伟大成果，即三次历史性飞跃：作为马克思主义中国化第一次历史性飞跃的毛泽东思想、作为马克思主义中国化新的飞跃的中国特色社会主义理论体系（包括邓小平理论、"三个代表"重要思想和科学发展观）和作为马克思主义中国化新的飞跃的习近平新时代中国特色社会主义思想。决议在总结我们党的百年奋斗历史经验时，强调"马克思主义是我们立党立国、兴党强国的根本指导思想。""党之所以能够领导人民在一次次求索、一次次挫折、一次次开拓中完成中国其他各种政治力量不可能完成的艰巨任务，根本在于坚持解放思想、实事求是、与时俱进、求真务实，坚持把马克思主义基本原理同中国具体实际相结合、同中华优秀传统文化相结合，坚持实践是检验真理的唯一标准，坚持一切从实际出发，及时回答时代之问、人民之问，不断推进马克思主义中国化

---

[1] 《中共中央关于党的百年奋斗重大成就和历史经验的决议》，载本书编写组编著：《〈中共中央关于党的百年奋斗重大成就和历史经验的决议〉辅导读本》，人民出版社 2021 年版，第 72 页。

时代化。"[1]

在我国，国家一切权力属于人民，人民是国家、社会和自己命运的主人。"人民民主是中国共产党始终高举的旗帜。"[2] 中国共产党从成立之日起就肩负起实现人民解放和人民当家作主的历史重任。我们党领导人民经过 28 年艰苦卓绝的浴血奋斗，建立起人民当家作主的新型政权，探索建立实行人民代表大会制度。2021 年 10 月 13 日，习近平总书记在中央人大工作会议上指出："人民代表大会制度，坚持中国共产党领导，坚持马克思主义国家学说的基本原则，适应人民民主专政的国体，有效保证国家沿着社会主义道路前进。人民代表大会制度，坚持国家一切权力属于人民，最大限度保障人民当家作主，把党的领导、人民当家作主、依法治国有机结合起来，有效保证国家治理跳出治乱兴衰的历史周期率。""60 多年来特别是改革开放 40 多年来，人民代表大会制度为党领导人民创造经济快速发展奇迹和社会长期稳定奇迹提供了重要制度保障。"[3] 这一重大论断，对于我们准确认识和把握人民代表大会制度这一实现和保证人民当家作主的根本政治制度，具有重要理论意义和现实指导意义。

我们党在不断推进马克思主义中国化时代化的过程中，包括对作为国家政权组织形式的人民代表大会制度的理论探索和创新，并用以指导实践。本章对这方面的情况作一个简要梳理。需

---

〔1〕《中共中央关于党的百年奋斗重大成就和历史经验的决议》，载本书编写组编著：《〈中共中央关于党的百年奋斗重大成就和历史经验的决议〉辅导读本》，人民出版社 2021 年版，第 75—76 页。

〔2〕 习近平：《在庆祝全国人民代表大会成立六十周年大会上的讲话》，载习近平：《论坚持全面依法治国》，中央文献出版社 2020 年版，第 77 页。

〔3〕 习近平：《坚持和完善人民代表大会制度，不断发展全过程人民民主》，载习近平：《论坚持人民当家作主》，中央文献出版社 2021 年版，第 332—333 页。

要说明的是，为叙述简便起见，在叙述中将同一时期的党中央文件中的相关论断一并归入其中。

第一节　毛泽东思想与人民代表大会制度

以毛泽东同志为主要代表的中国共产党人，把马克思主义基本原理同中国具体实际相结合，领导人民，推翻帝国主义、封建主义、官僚资本主义"三座大山"，实现民族独立、人民解放，同时，对国家政权应该如何组织、如何活动、如何支持和保证人民当家作主等根本性问题进行了不懈探索和长期实践。从大革命时期的罢工工人代表大会、农民协会、市民代表会议，到土地革命时期的工农兵代表苏维埃；从全民族抗日战争时期以"三三制"为原则的参议会制度，到华北临时人民代表大会和各地普遍召开的各界人民代表会议，所有这些都为建立人民民主的新型政权积累了宝贵的理论和实践经验。

1935 年 1 月，中央政治局在长征途中举行遵义会议，确立了毛泽东同志在党中央和红军的领导地位，开始确立以毛泽东同志为主要代表的马克思主义正确路线在党中央的领导地位，开始形成以毛泽东同志为核心的党的第一代中央领导集体。1945 年党的七大把毛泽东思想确立为党的指导思想。后来，毛泽东思想进一步成为我们党和国家的指导思想。毛泽东思想是马克思列宁主义在中国的创造性运用和发展，是被实践证明了的关于中国革命和建设的正确的理论原则和经验总结，是马克思主义中国化的第一次历史性飞跃。

毛泽东思想内容极其丰富，其中包含政权建设的理论与政策，不仅从理论上提出了建立人民代表大会制度的构想和主张，而且逐步在全国范围内建立起这一根本政治制度，开启党领导人民有效治理国家的历史新纪元。

一、"党是领导一切的"

毛泽东同志作为我们党和国家的伟大缔造者，始终高度重视党的领导。这不仅体现在新民主主义革命时期，也体现在社会主义革命和建设时期。

早在 1937 年 5 月，毛泽东同志在中国共产党全国代表会议上所作的结论中，就深刻指出，"指导伟大的革命，要有伟大的党"[1]。后来，在《全世界革命力量团结起来，反对帝国主义的侵略》中，他强调："没有一个革命的党，没有一个按照马克思列宁主义的革命理论和革命风格建立起来的革命党，就不可能领导工人阶级和广大人民群众战胜帝国主义及其走狗。"[2] 1948 年 2 月 15 日，他在《中国的社会经济形态、阶级关系和人民民主革命》一文中进一步指出："中国无产阶级、农民和其他劳动人民，有长期的革命斗争的经验。这种革命斗争经验的集中表现，就是中国共产党的革命和建设新国家的伟大的领导能力。"[3]

---

〔1〕 毛泽东：《为争取千百万群众进入抗日民族统一战线而斗争》，载《毛泽东选集》第一卷，人民出版社 1991 年版，第 277 页。

〔2〕 毛泽东：《全世界革命力量团结起来，反对帝国主义的侵略》，载《毛泽东选集》第四卷，人民出版社 1991 年版，第 1357 页。

〔3〕 毛泽东：《中国的社会经济形态、阶级关系和人民民主革命》，载《毛泽东文集》第五卷，人民出版社 1996 年版，第 60 页。

新中国成立后，毛泽东同志一再强调，党是领导新中国社会主义事业的核心力量，《在扩大的中央工作会议上的讲话》中鲜明地指出：“工、农、商、学、兵、政、党这七个方面，党是领导一切的。党要领导工业、农业、商业、文化教育、军队和政府。”[1]

实践证明，坚持党的领导，是社会主义的显著优势。1962 年 3 月 20 日，毛泽东同志在《对林彪在扩大的中央工作会议上的讲话稿的批语和修改》中指出：“只要一个国家变成团结的国家，只要这个国家有先进的领导，不要很长的时间，有几十年的时间就可以翻过来了。要超过世界最强大的美国，至多一百多年，也就可以了。因为我们的社会主义制度优胜于资本主义制度，我们的无产阶级政党——共产党的领导优胜于资产阶级政党的领导。资本主义需要三百多年才能发展到现在这样的水平，我们肯定在几十年内，至多在一百多年内，就可以赶上和超过它。”[2] 这是十分豪迈的，也是充满自信的。

二、毛泽东同志与中华苏维埃共和国的建立

（一）中华苏维埃第一次全国代表大会

1931 年 11 月 7 日[3]至 20 日，中华苏维埃第一次全国代表大会在江西瑞金叶坪村举行。根据中共中央关于宪法原则要点[4]，

---

〔1〕 毛泽东：《在扩大的中央工作会议上的讲话》，载《建国以来毛泽东文稿》第十册，中央文献出版社 1996 年版，第 36 页。

〔2〕 毛泽东：《对林彪在扩大的中央工作会议上的讲话稿的批语和修改》，载《建国以来毛泽东文稿》第十册，中央文献出版社 1996 年版，第 63 页。

〔3〕 11 月 7 日是一个特殊的日子，即俄国十月革命纪念节。

〔4〕《中共中央关于宪法原则要点给苏区中央局的电报》，载中共中央文献研究室、中央档案馆编：《建党以来重要文献选编（一九二一——一九四九）》第八册，中央文献出版社 2011 年版，第 647—648 页。

会议通过了《中华苏维埃共和国宪法大纲》和劳动法、土地法等，发表《中华苏维埃共和国临时政府对外宣言》等。该宪法大纲关于苏维埃的规定，主要有：一是明确性质。第二条规定："中国苏维埃政权所建设的是工人和农民的民主专政的国家。苏维埃全政权是属于工人、农民、红军兵士及一切劳苦民众的。在苏维埃政权下，所有工人、农民、红军兵士及一切劳苦民众都有权选派代表掌握政权的管理；"二是规定最高政权机关。第三条规定："中华苏维埃共和国之最高政权为全国工农兵会议（苏维埃）的大会，在大会闭会的期间，全国苏维埃临时中央执行委员会为最高政权机关，中央执行委员会下组织人民委员会处理日常政务，发布一切法令和决议案。"[1] 宪法大纲还对中央苏维埃的权限、地方苏维埃等作出了规定。

中华苏维埃第一次全国代表大会会议选出 63 人组成的中央执行委员会。11 月 27 日，中央执行委员会召开第一次会议，选举毛泽东为中央执行委员会主席。在中央执行委员会之下，组织最高行政机关——人民委员会，选举毛泽东为主席。

1931 年 11 月 7 日，《中华苏维埃共和国临时政府对外宣言》庄严宣告："中华苏维埃共和国临时政府于一九三一年十一月七日俄国十月革命纪念节于江西正式成立了。它是中国工农兵以及一切劳苦民众的政权"[2]。12 月 1 日，中央执行委员会发布布告第一号，"宣告中华苏维埃共和国成立"。从今日起，"中华领土之内，已经有两个绝对不相同的国家"：中华民国和中华苏维埃

---

〔1〕《中华苏维埃共和国宪法大纲》，载中共中央文献研究室、中央档案馆编：《建党以来重要文献选编（一九二一——一九四九）》第八册，中央文献出版社 2011 年版，第 649—650 页。

〔2〕《中华苏维埃共和国临时政府对外宣言》，载中央档案馆编：《中共中央文件选集》第七册（一九三一），中共中央党校出版社 1983 年版，第 488—489 页。

共和国[1]。这标志着中国共产党领导的革命政权建设已经发展成为国家的形态，有了地方与中央的组织，已经建立了临时中央政府。当时各根据地仍处于被分割的状态，然而，"中华苏维埃共和国临时中央政府的成立，对各根据地在一定程度上起到了加强中枢指挥的作用，在政治上也产生了很大影响。"[2]

（二）中华苏维埃第二次全国代表大会

1934年1月22日，第二次全国苏维埃代表大会开幕。毛泽东致开幕词，指出"大会的任务是要彻底粉碎敌人的五次'围剿'，是要把苏维埃运动推到全中国去，是要反对帝国主义、国民党灭亡中国的阴谋毒计"[3]。24日、25日，毛泽东向第二次全国苏维埃代表大会报告了两年以来的工作。其中，关于苏维埃的民主制度，是"最宽泛的民主主义"，具体表现在：（1）选举制度与实践；（2）市与乡的代表会议；（3）给予一切革命民众以完全的集会、结社、言论出版与罢工的自由；（4）行政区域的划分（把从省至乡各级苏维埃的管辖境界都改小了）[4]。

第二次全国苏维埃代表大会通过《中华苏维埃共和国宪法大纲》《第二次全国苏维埃代表大会关于中央执行委员会报告的决议》《第二次全国苏维埃代表大会关于苏维埃经济建设的

---

〔1〕《中华苏维埃共和国中央执行委员会布告（第一号）》，载中共中央文献研究室、中央档案馆编：《建党以来重要文献选编（一九二一——一九四九）》第八册，中央文献出版社2011年版，第727—728页。

〔2〕中共中央党史研究室：《中国共产党历史》第一卷（1921—1949）上册，中共党史出版社2011年第2版，第328页。

〔3〕毛泽东：《第二次全国苏维埃代表大会开幕词》，载中共中央文献研究室、中央档案馆编：《建党以来重要文献选编（一九二一——一九四九）》第十一册，中央文献出版社2011年版，第81页。

〔4〕毛泽东：《在第二次全国苏维埃代表大会上的报告》，载中共中央文献研究室、中央档案馆编：《建党以来重要文献选编（一九二一——一九四九）》第十一册，中央文献出版社2011年版，第102—106页。

决议》《第二次全国苏维埃代表大会苏维埃建设决议案》《第二次苏维埃代表大会关于红军问题决议》《第二次全国苏维埃代表大会关于国徽、国旗及军旗的决定》《第二次全国苏维埃代表大会宣言》。其中，该宪法大纲在总结苏维埃建设经验教训的基础上，对关于苏维埃政权性质、名称等的规定有了发展，主要表现在：（1）第一条增加规定"同中农巩固的联合"。这是总结苏维埃建设和土地革命的经验教训，对"左"倾错误的一个重要纠正。（2）具体表述略有改动。如，第三条"中华苏维埃共和国之最高政权为全国工农兵会议（苏维埃）的大会"，改为"中华苏维埃共和国之最高政权为全国工农兵苏维埃代表大会"；第四条"直接派代表参加各级工农兵会议（苏维埃）的大会"，改为"直接派代表参加各级工农兵苏维埃的大会"[1]，等等。

中华苏维埃共和国注重并加强法制建设，统一苏区法律制度。临时中央政府先后颁布120多部法律、法令。其中，"有苏维埃国家的根本法、行政法规、刑法、民法、婚姻法、经济法等，初步建立起具有鲜明阶级性和时代特征的法律体系"[2]。这不仅为当时各地红色政权的法制建设提供了基本准则，也为后来革命根据地和新中国的法制建设积累了经验。

中华苏维埃共和国是中华人民共和国的雏形。"党开辟了人民政权的道路，因此也就学会了治国安民的艺术。党创造了坚

---

〔1〕《中华苏维埃共和国宪法大纲》，载中共中央文献研究室、中央档案馆编：《建党以来重要文献选编（一九二一——一九四九）》第十一册，中央文献出版社 2011 年版，第 159—160 页。

〔2〕 中共中央党史研究室：《中国共产党历史》第一卷（1921—1949）上册，中共党史出版社 2011 年第 2 版，第 360 页。参见中共中央党史和文献研究院：《中国共产党的一百年：新民主主义革命时期》，中共党史出版社 2022 年版，第 134 页。

强的武装部队，因此也就学会了战争的艺术。所有这些，都是党的重大进步和重大成功。"[1] 总之，工农兵代表大会是我国历史上第一次以国家形式出现的劳动人民当家作主的权力机关，工农兵代表大会制度终于由中国共产党领导的革命根据地的地方工农民主专政的政权组织形式，转变为中华苏维埃共和国的国家政体。完全有理由说，工农兵代表大会制度是我国人民代表大会制度形成过程中的里程碑，是人民代表大会制度雏形时期的一种典型形态，为我国人民代表大会制度奠定了基础。

三、新中国应建立的国体和政体

众所周知，毛泽东思想为夺取新民主主义革命胜利指明了正确方向。新中国成立前，毛泽东同志逐步明确了新中国国家政权的性质，深刻阐明了国体和政体的理论。1939 年 5 月 4 日，他把正在进行着的中国革命叫作"我们中国反对帝国主义和封建主义的人民民主革命"，强调革命胜利后，要"建立一个人民民主的共和国""建立人民民主主义的制度"。[2] 此后，他不断对这些提法进行完善和明晰。

（一）关于"国体"和"政体"理论

1940 年 1 月，毛泽东同志提出，共产党领导人民闹革命的目的，就在于"建设一个中华民族的新社会和新国家"，建立一个

---

〔1〕 毛泽东：《〈共产党人〉发刊词》，载《毛泽东选集》第二卷，人民出版社 1991 年第 2 版，第 611 页。

〔2〕 毛泽东：《青年运动的方向》，载《毛泽东选集》第二卷，人民出版社 1991 年版，第 561、563 页。

新中国。而这"只能是在无产阶级领导下的一切反帝反封建的人们联合专政的民主共和国，这就是新民主主义的共和国"[1]。"国体——各革命阶级联合专政。政体——民主集中制。""没有适当形式的政权机关，就不能代表国家。中国现在可以采取全国人民代表大会、省人民代表大会、县人民代表大会、区人民代表大会直到乡人民代表大会的系统，并由各级代表大会选举政府。……这种制度即是民主集中制"。这就首次提出人民代表大会的概念，强调与人民民主专政这一国体相适应的政权组织形式只能是人民代表大会制度，因此，要建立在民主集中制基础上的人民代表大会制度。这才能适合于各革命阶级在国家中的地位，适合于表现民意和指挥革命斗争，适合于新民主主义的精神。"如果没有真正的民主制度，就不能达到这个目的，就叫做政体和国体不相适应"[2]。

（二）应该采取民主集中制，由各级人民代表大会决定大政方针、选举政府

毛泽东同志在党的七大上作题为《论联合政府》的政治报告，进一步阐明了新民主主义的政治、经济和文化的各项政策。关于新民主主义的国家制度，就是"建立一个以全国绝对大多数人民为基础而在工人阶级领导之下的统一战线的民主联盟的国家制度"，同时，"新民主主义的政权组织，应该采取民主集中制，由各级人民代表大会决定大政方针，选举政府。……只有这个制度，才既能表现广泛的民主，使各级人民代表大会有高度的权

---

〔1〕 毛泽东：《新民主主义论》，载《毛泽东选集》第二卷，人民出版社1991年版，第663、675页。

〔2〕 毛泽东：《新民主主义论》，载《毛泽东选集》第二卷，人民出版社1991年版，第676—677页。同年12月，刘少奇同志在《论抗日民主政权》中表达了同样观点。见《刘少奇选集》上卷，人民出版社1981年版，第172页。

力；又能集中处理国事，使各级政府能集中地处理被各级人民代表大会所委托的一切事务，并保障人民的一切必要的民主活动"[1]。关于建立新政权的这一重要思想，后来直接体现在《中国人民政治协商会议共同纲领》之中。正如董必武同志指出的："共同纲领，实质上就是我们党第七次代表大会通过的毛泽东同志在《论联合政府》报告中提出的政治纲领。"[2]

（三）国家权力机关是各级人民代表大会及政府

1948 年 1 月，毛泽东同志再次对新型国家政权的体制、形式作了阐述。"新民主主义的政权是工人阶级领导的人民大众的反帝反封建的政权。"这个人民大众组成自己国家（中华人民共和国）并建立代表国家的政府（中华人民共和国的中央政府）[3]。他强调，在全国范围内推翻国民党的反动统治，并建立无产阶级领导的以工农联盟为主体的人民民主专政的共和国。需要注意的是，这时所说的国家权力机关是议行合一制的，不仅指人民代表大会，也指由其选举产生的政府。

（四）"以工农联盟为基础的人民民主专政"

随着人民解放战争的胜利发展，毛泽东同志和党中央把建设新国家制度提上了议事日程。1948 年 9 月 8 日，他在中共中央政治局会议上首次用"人民民主专政"这个概念来代替过去的"工农民主专政"，强调我们政权的阶级性是"无产阶级领导的以工农联盟为基础的人民民主专政"，人民民主专政的国家是以

---

〔1〕　毛泽东：《论联合政府》，载《毛泽东选集》第三卷，人民出版社 1991 年版，第 1056—1057 页。

〔2〕　董必武：《进一步加强人民民主法制，保障社会主义建设事业》，载《董必武选集》，人民出版社 1985 年版，第 407 页。

〔3〕　毛泽东：《关于目前党的政策中的几个重要问题》，载《毛泽东选集》第四卷，人民出版社 1991 年版，第 1272 页。

人民代表会议产生的政府来代表它的〔1〕。

1949 年 6 月 30 日，毛泽东同志全面阐述人民民主专政思想，提出一个著名论断："总结我们的经验，集中到一点，就是工人阶级（经过共产党）领导的以工农联盟为基础的人民民主专政。这个专政必须和国际革命力量团结一致。这就是我们的公式，这就是我们的主要经验，这就是我们的主要纲领。"〔2〕 进一步说，"对人民内部的民主方面和对反动派的专政方面，互相结合起来，就是人民民主专政"〔3〕。这就丰富和发展了马克思主义的国家学说，深刻阐明了人民共和国的性质、国家的前途、各阶级在国家政权的地位等根本问题和基本政策，奠定了新政治协商会议和共同纲领的理论基础和政策基础，确立了人民代表大会制度的理论基础，实际上擘画了建设新中国的蓝图。

顺便指出，1949 年 8 月 28 日，刘少奇同志在东北局干部会上讲话时说："人民代表大会，这是以后的国家制度，政权组织形式，这个制度是肯定的。"他还批评有些人"为了个人方便就不实行这种国家制度"，强调要建立这样政权、这样形式，人民民主专政才算完全。"建立人民民主专政有它的内容，有它的形式，用资产阶级议会制表示不出来人民民主专政，只有人民代表大会才能充分表现出人民民主专政的主要内容。"〔4〕

---

〔1〕 毛泽东：《在中共中央政治局会议上的报告和结论》，载《毛泽东文集》第五卷，人民出版社 1996 年版，第 135—136 页。

〔2〕 毛泽东：《论人民民主专政》，载《毛泽东选集》第四卷，人民出版社 1991 年版，第 1480 页。

〔3〕 毛泽东：《论人民民主专政》，载《毛泽东选集》第四卷，人民出版社 1991 年版，第 1475 页。

〔4〕 刘少奇：《关于人民代表大会问题》，载全国人大常委会办公厅、中共中央文献研究室编：《人民代表大会制度重要文献选编》（一），中国民主法制出版社、中央文献出版社 2015 年版，第 27—29 页。

四、颁行具有临时宪法地位的共同纲领

毛泽东同志十分重视法制建设。1949 年 1 月在关于时局的声明中提出和平谈判的八项条件，包括废除伪宪法和废除伪法统两项[1]。1949 年 2 月 22 日，强调在人民民主专政的政权下，人民的司法工作"应该以人民的新的法律作依据，在人民的新的法律还没有系统地发布以前，则应该以共产党的政策以及人民政府与人民解放军已发布的各种纲领、法律、命令、条例、决议作依据"[2]。这就明确了包括司法在内的法制建设原则。

1949 年 9 月，中国共产党和各民主党派共同商定，召开了代表全国人民意志的中国人民政治协商会议第一届全体会议。会议通过了《中国人民政治协商会议共同纲领》和《中华人民共和国中央人民政府组织法》。具有临时宪法性质和作用的共同纲领明确规定：中华人民共和国实行工人阶级领导的、以工农联盟为基础的、团结各民主阶级和国内各民族的人民民主专政；国家政权属于人民。人民行使国家政权的机关为各级人民代表大会和各级人民政府。这为巩固和执掌政权提供了根本法律依据。新中国成立初期的一切法制都是以共同纲领为基础的。先后制定了地方各级人民政府和司法机关的组织通则、婚姻

---

〔1〕《中共中央毛泽东主席关于时局的声明》，载中共中央文献研究室、中央档案馆编：《建党以来重要文献选编（一九二一——一九四九）》第二十六册，中央文献出版社 2011 年版，第 41 页。

〔2〕《中共中央关于废除国民党〈六法全书〉和确定解放区司法原则的指示》，载中共中央文献研究室、中央档案馆编：《建党以来重要文献选编（一九二一——一九四九）》第二十六册，中央文献出版社 2011 年版，第 154—155 页。

法、工会法、土地改革法，有关劳动保护、民族区域自治和公私企业管理等法律法令，以及惩治反革命条例和惩治贪污条例。

毛泽东同志还重视各界人民代表会议的召开，把它作为体现人民的主人翁地位、密切党和政府同人民群众联系的重要组织形式，为此，多次批示和转发各地有关工作的报告，总结推广一些地方的各界人民代表会议的经验，加强政权建设。1949年10月13日，他提出："如果一千几百个县都能开起全县代表大会来，并能开得好，那就会对于我党联系数万万人民群众的工作，对于使党内外广大干部获得教育，都是极重要的。"[1] 1949年10月30日，毛泽东要求各中央局、分局和前委负责同志取法华北各城市召开各界代表会议的主要经验。[2] 1949年11月27日，他又指出："你们必须将这种市的县的各界人民代表会议看成是团结各界人民，动员群众完成剿匪反霸，肃清特务，减租减息，征税征粮，恢复与发展生产，恢复与发展文化教育直至完成土地改革的极重要的工具，一律每三个月召开一次。"[3]

新解放区各地都贯彻落实中央决策部署和毛泽东同志指示要求，陆续召开各界人民代表会议，促进了地方人民政权的建立，加强了党和人民的联系，积累了民主建设的经验，为人民代表大会制度的建立做了必要的准备。

---

〔1〕 毛泽东：《转发松江县召开各界人民代表会议经验的电报》，载《建国以来毛泽东文稿》第一册，中央文献出版社1987年版，第52—53页。

〔2〕 《毛泽东年谱（1949—1976）》第1卷，中央文献出版社2013年版，第33—34页。

〔3〕 毛泽东：《必须充分注意召开市县各界人民代表会议》，载《毛泽东文集》第六卷，人民出版社1999年版，第22页。

五、宪法就是一个总章程，是根本大法

1953 年 1 月 13 日，毛泽东同志在中央人民政府委员会第二十次会议上对召开全国人民代表大会作出说明、提出要求："为了发扬民主，为了加强经济建设，为了加强反对帝国主义的斗争，就要办选举，搞宪法。"[1] 这次会议通过关于召开全国人大及地方各级人大的决议，还决定成立以毛泽东同志为主席的宪法起草委员会。

毛泽东同志亲自主持 1954 年宪法起草工作，并多次发表讲话，集中而深刻地阐明了有关宪法的思想。一是"我们的宪法是新的社会主义类型，不同于资产阶级类型。我们的宪法，就比他们（指西方资产阶级——引者注）革命时期的宪法也进步得多。我们优于他们。"二是宪法草案结合了原则性和灵活性，而原则基本上就是"民主原则和社会主义原则"。我们的民主不是资产阶级的民主，而是"人民民主，这就是无产阶级领导的、以工农联盟为基础的人民民主专政。人民民主的原则贯穿在我们整个宪法中"。三是这个宪法草案是完全可以实行的，是必须实行的。通过以后，"全国人民每一个人都要实行，特别是国家机关工作人员要带头实行，首先在座的各位要实行。不实行就是违反宪法"。四是"一个团体要有一个章程，一个国家也要有一个章程，宪法就是一个总章程，是根本大法。用宪法这样一个根本大法的形式，把人民民主和社会主义原则固定下来，使全国人民有一条清楚的轨道，使全国人民感到有一条清楚的明确的和正确的道路

---

〔1〕　毛泽东：《关于召开全国人民代表大会的几点说明》，载《毛泽东文集》第六卷，人民出版社 1999 年版，第 258—259 页。

可走，就可以提高全国人民的积极性"。五是"搞宪法是搞科学"。他特别解释道，宪法草案中删掉个别条文，"是因为那样写不适当，不合理，不科学"[1]毛泽东同志1954年9月14日主持召开中央人民政府委员会临时会议时的讲话中，又指出"宪法的起草是慎重的，每一条、每一个字都是认真搞了的"[2]

1954年9月20日，一届全国人大一次会议通过《中华人民共和国宪法》。这是对共同纲领的发展，是国家的根本大法，是人民民主的宪法。一是明确我国人民民主的政治制度。中华人民共和国的一切权力属于人民；人民行使权力的机关是全国人民代表大会和地方各级人民代表大会。就是说，我国的政治制度是人民代表大会制度，是同我们国家的根本性质（即国体）相联系、相适应的。"中国人民就是要用这样的政治制度来保证国家沿着社会主义的道路前进"，而它之所以"能够成为我国的适宜的政治制度，就是因为它能够便利人民行使自己的权力，能够便利人民群众经常经过这样的政治组织参加国家的管理"[3]人民代表大会制度是实现和保证人民当家作主的政治制度，在全国范围内成为我们的政治生活的基础。二是规定人大代表选举制度。即凡年满十八岁的公民，不分民族、种族、性别、职业、社会出身、宗教信仰、教育程度、财产状况、居住期限，都有选举权和被选举权；妇女有同男子平等的选举权和被选举权。这既为实现和保证人民的选举权和被选举权，也为建立各级人大提

---

〔1〕 毛泽东：《关于中华人民共和国宪法草案》，载《毛泽东文集》第六卷，人民出版社1999年版，第326—330页。

〔2〕《毛泽东年谱（一九四九——一九七六）》第二卷，中央文献出版社2013年版，第281页。

〔3〕 刘少奇：《关于中华人民共和国宪法草案的报告》，载中共中央文献研究室编：《建国以来重要文献选编》第五册，中央文献出版社2011年版，第422页。

供了制度前提和保障。三是规定我国公民享有广泛的自由和权利，还规定国家供给必需的物质上的便利，目的就是保证公民实际地享受这些自由和权利。值得注意的是，尽管刘少奇同志在《关于中华人民共和国宪法草案的报告》中相关部分的标题仍然用"人民的权利和义务"[1]，但是，1954 年宪法采用"公民"这一法律概念，并首次用专章规定"公民的基本权利和义务"。后来，毛泽东同志有个解释："所谓有公民权，在政治方面，就是说有自由和民主的权利。"[2]宪法所规定的公民的自由和权利，实质就是人民当家作主，是人民民主的体现。四是明确了中国共产党领导的多党合作和政治协商制度、民族区域自治制度，等等。

1956 年 4 月 25 日，毛泽东同志在《论十大关系》中提出一系列适合我国情况的建设社会主义的基本原则，包括处理中央与地方关系的原则，强调"我们的宪法规定，立法权集中在中央。但是在不违背中央方针的条件下，按照情况和工作需要，地方可以搞章程、条例、办法，宪法并没有约束"[3]。

六、要坚持民主集中制和集体领导制度

1956 年 9 月，党的八大提出过渡时期的总路线，强调革命的暴风雨时期已经过去了，斗争的方法也就必须跟着改变，完备的

---

〔1〕 刘少奇：《关于中华人民共和国宪法草案的报告》，载中共中央文献研究室编：《建国以来重要文献选编》第五册，中央文献出版社 2011 年版，第 422 页。

〔2〕 毛泽东：《关于正确处理人民内部矛盾的问题》，载《毛泽东文集》第七卷，人民出版社 1999 年版，第 208 页。

〔3〕 毛泽东：《论十大关系》，载《毛泽东选集》第五卷，人民出版社 1977 年版，第 275—276 页。

法制就是完全必要的了。"为了巩固我们的人民民主专政，为了保卫社会主义建设的秩序和保障人民的民主权利，为了惩治反革命分子和其他犯罪分子，我们目前在国家工作中的迫切任务之一，是着手系统地制定比较完备的法律，健全我们国家的法制。"〔1〕 必须继续加强人民民主专政，继续改进国家工作。"我们的国家制度是高度的民主和高度的集中的结合。这个制度已经在我国过去几年的历史中表现了它的优越性"，但还不完备，"它还需要相当的时间使自己逐步地成熟和完善起来。"〔2〕

党的八大通过的关于政治报告决议，正确分析了中国社会的主要矛盾，指出"这一矛盾的实质，在我国社会主义制度已经建立的情况下，也就是先进的社会主义制度同落后的社会生产力之间的矛盾。""由于社会主义革命已经基本完成，国家的主要任务已经由解放生产力变为保护和发展生产力，我们必须进一步加强人民民主的法制，巩固社会主义建设的秩序。国家必须根据需要，逐步地系统地制定完备的法律。一切国家机关和国家工作人员必须严格遵守国家的法律，使人民的民主权利充分地受到国家的保护。"〔3〕

1956 年，我国基本上完成对生产资料私有制的社会主义改造，基本上实现生产资料公有制和按劳分配，建立起社会主义经济制度。依据宪法，重新制定了一些有关国家机关和国家制度的

---

〔1〕 刘少奇：《在中国共产党第八次全国代表大会上的政治报告》，载《刘少奇选集》下卷，人民出版社 1985 年版，第 253 页。

〔2〕 刘少奇：《在中国共产党第八次全国代表大会上的政治报告》，载《刘少奇选集》下卷，人民出版社 1985 年版，第 247—248 页。

〔3〕 《中国共产党第八次全国代表大会关于政治报告的决议》，载中央档案馆、中共中央文献研究室编：《中共中央文件选集（1949 年 10 月—1966 年 5 月）》第二十四册（1956 年 9 月—12 月），人民出版社 2013 年版，第 248、257 页。

各项重要法律、法令。我国的法制建设进入了一个新的阶段。[1]
党领导确立人民代表大会制度、中国共产党领导的多党合作和政
治协商制度、民族区域自治制度，为人民当家作主提供了制度
保证。

党的八大后的最初一段时间内，党和国家很注重民主法制建
设。1957年1月，毛泽东同志强调："一定要守法，不要破坏革
命的法制。"[2] 所有的人都要遵守革命法制。他对正确处理人民
内部矛盾问题进行了深入思考和探索。敌我之间的矛盾，人民内
部相互之间的矛盾，是"两类矛盾问题"。我们主张有领导的自
由，主张集中指导下的民主，这在任何意义上都不是说，人民内
部的思想问题、是非的辨别问题，可以用强制的方法去解决。
"凡属于思想性质的问题，凡属于人民内部的争论问题，只能用
民主的方法去解决，只能用讨论的方法、批评的方法、说服教育
的方法去解决，而不能用强制的、压服的方法去解决。"[3] 这种
民主的方法，就是"团结—批评—团结"，或者说，惩前毖后，
治病救人。他特别指出："匈牙利事件所表现的那种范围相当宽
广的对抗行动，是因为有内外反革命因素在起作用的缘故。"匈
牙利事件的这种教训，值得大家注意[4]。毛泽东同志提出正确
处理人民内部矛盾问题，既是从我国的实际情况出发的，又有着
深刻的国际背景。事实上，他的这一讲话公开发表后，引起了国

---

〔1〕 董必武：《进一步加强人民民主法制，保障社会主义建设事业》，载《董必
武选集》，人民出版社1985年版，第409页。

〔2〕 毛泽东：《在省市自治区党委书记会议上的讲话》，载《毛泽东文集》第七
卷，人民出版社1999年版，第197—198页。

〔3〕 毛泽东：《关于正确处理人民内部矛盾的问题》，载《毛泽东文集》第七卷，
人民出版社1999年版，第209页。

〔4〕 毛泽东：《关于正确处理人民内部矛盾的问题》，载《毛泽东文集》第七卷，
人民出版社1999年版，第211页。

外媒体的普遍关注，无论是社会主义国家还是资本主义国家，都作了大量报道、转载和评论，在国内国外都产生了重大影响[1]。

党的八大提出的路线方针政策特别是关于加强社会主义民主法制建设的正确方针，并没有坚持下来。从 1957 年下半年开始，反右斗争扩大化以及随之而来的"左"的思想发展和强调阶级斗争，整个国家的政治、经济和文化生活都出现了极其不正常的情况，对宪法法律明文规定的原则，如公民在法律上一律平等、法院独立进行审判、检察院独立行使检察权等，都被当成错误的东西进行批判，民主集中制遭到损害，民主法制建设出现大滑坡、大倒退，进入低谷。

1959 年之后，尽管党和国家有一些调整，一定程度上恢复对民主法制的建设，但只是局部的、暂时的。1962 年 1 月 30 日，毛泽东同志在中共中央举行扩大的工作会议上的讲话中着重讲了民主集中制问题。我们的人民代表大会的会议，有时也许可以采用这种方法。我们实行的集中制，是建立在民主基础上的集中制。"在我们国家，如果不充分发扬人民民主和党内民主，不充分实行无产阶级的民主制，就不可能有真正的无产阶级的集中制。"[2] 强调没有民主集中制，无产阶级专政就不可能巩固。1962 年，毛泽东同志针对法律虚无主义思潮，指出："刑法需要制定，民法也需要制定，没有法律不行，现在是无法无天。"[3]

持续时间长达十年的"文化大革命"，给党和人民造成严重

---

〔1〕 有关情况，参见周兵：《〈关于正确处理人民内部矛盾的问题〉的国际传播与国际评价研究》，载《党的文献》2013 年第 6 期，第 23—29 页。

〔2〕 毛泽东：《在扩大的中央工作会议上的讲话》，载《毛泽东文集》第八卷，人民出版社 1999 年版，第 290—298 页。

〔3〕《毛泽东年谱（一九四九——一九七六）》第五卷，中央文献出版社 2013 年版，第 94 页。

灾难。1975 年宪法和 1978 年宪法中公民权利条款大大减少。"人民的民主权利，在林彪、'四人帮'横行时期遭到践踏。"[1] 这也是我国人民代表大会制度遭受自新中国成立后最严重破坏的时期，人大工作被全面停止了。这留下了深刻教训。

第二节　邓小平理论与人民代表大会制度

党的十一届三中全会后，以邓小平同志为主要代表的中国共产党人，围绕什么是社会主义、怎样建设社会主义这一根本问题，创立了邓小平理论。这当中包括发展社会主义民主，健全社会主义法制的重要内容，深刻地回答了社会主义民主法制建设的一系列问题，丰富和发展了人民代表大会制度理论与实践，人民代表大会制度建设和人大工作实践进入了新时期。

一、发展社会主义民主，健全社会主义法制是中央坚定不移的基本方针

1978 年 12 月，邓小平同志明确指出："为了保障人民民主，必须加强法制。必须使民主制度化、法律化，使这种制度和法律不因领导人的改变而改变，不因领导人的看法和注意力的改变而改变。现在的问题是法律很不完备，很多法律还没有制定出来。"现在立法的工作量很大，人力很不够，因此法律条文开始可以粗

---

〔1〕 邓小平：《贯彻调整方针，保证安定团结》，载《邓小平文选》第二卷，人民出版社 1994 年版，第 372 页。

一点，逐步完善。"总之，有比没有好，快搞比慢搞好。"要做到有法可依，有法必依，执法必严，违法必究[1] 党的十一届三中全会提出"为了保障人民民主，必须加强社会主义法制"的目标和任务。"从现在起，应当把立法工作摆到全国人民代表大会及其常务委员会的重要议程上来。""宪法规定的公民权利，必须坚决保障，任何人不得侵犯。""要保证人民在自己的法律面前人人平等，不允许任何人有超于法律之上的特权。"[2] 1980年8月，邓小平同志指出，现在的问题是法律很不完备，很多法律还没有制定出来。"我们的法律是太少了，成百个法律总要有的，这方面有很多工作要做。"[3] 实际上，新时期人大工作的起点和突破口，首先就是从立法工作开始的。

1979年7月，五届全国人大二次会议审议通过关于修正《中华人民共和国宪法》若干规定的决议，以及地方组织法、选举法、刑法、刑事诉讼法、人民法院组织法、人民检察院组织法、中外合资经营企业法等7部重要法律。其中，该选举法在1953年选举法的基础上，进一步完善人大代表选举制度，规定直接选举人大代表的范围扩大到县级，实行普遍的差额选举制度。这拉开了新时期民主法制建设的序幕，"迈出了加强和健全我国社会主义法制的一大步"[4]。同时，强调要搞法制，特别是高级干部要遵守法制。"以后，党委领导的作用第一条就是应该保证法律

〔1〕 邓小平：《解放思想，实事求是，团结一致向前看》，载《邓小平文选》第二卷，人民出版社1994年第2版，第146—147页。

〔2〕《中国共产党第十一届中央委员会第三次全体会议公报》，载中共中央文献研究室编：《三中全会以来重要文献选编》（上），中央文献出版社2011年6月版，第9页。

〔3〕 邓小平：《党和国家领导制度的改革》，载《邓小平文选》第二卷，人民出版社1994年第2版，第189页。

〔4〕 彭真：《关于七个法律草案的说明》，载《彭真文选》，人民出版社1991年版，第382页。

生效、有效。没有立法以前，只能按政策办事；法立了以后，坚决按法律办事。"[1]

邓小平同志指出，党的十一届三中全会提出了一系列新政策，"就国内政策而言，最重大的有两条，一条是政治上发展民主，一条是经济上进行改革，同时相应地进行社会其他领域的改革。"[2]这是在认真总结经验的基础上作出的重大战略决策。他把社会主义民主提到了社会主义本质特征和实现社会主义现代化必备条件的高度来认识。"没有民主就没有社会主义，就没有社会主义的现代化。"[3] 这是一个重大论断，从社会主义本质和根本特征的高度阐明发展社会主义民主的必要性、重要性、紧迫性。他进一步提出"两手抓"的著名论断。"民主和法制，这两个方面都应该加强，过去我们都不足。要加强民主就要加强法制。没有广泛的民主是不行的，没有健全的法制也是不行的。""民主要坚持下去，法制要坚持下去。这好像两只手，任何一只手削弱都不行。"[4]

1980 年 8 月 18 日，邓小平同志在《党和国家领导制度的改革》的重要讲话中指出："为了适应社会主义现代化建设的需要，为了适应党和国家政治生活民主化的需要，为了兴利除弊，党和国家的领导制度以及其他制度，需要改革的很多。"[5] 要从制度

---

〔1〕《邓小平年谱（一九七五——一九九七）》（上），中央文献出版社 2004 年版，第 527—528 页。

〔2〕 邓小平：《政治上发展民主，经济上实行改革》，载《邓小平文选》第三卷，人民出版社 1993 年版，第 116 页。

〔3〕 邓小平：《坚持四项基本原则》，载《邓小平文选》第二卷，人民出版社 1994 年第 2 版，第 168 页。

〔4〕 邓小平：《民主和法制两手都不能削弱》，载《邓小平文选》第二卷，人民出版社 1994 年第 2 版，第 189 页。

〔5〕 邓小平：《党和国家领导制度的改革》，载《邓小平文选》第二卷，人民出版社 1994 年第 2 版，第 322 页。

方面解决问题，因为"领导制度、组织制度问题更带有根本性、全局性、稳定性和长期性"[1]。他分析道："我们过去发生的各种错误，固然与某些领导人的思想、作风有关，但是组织制度、工作制度方面的问题更重要。这些方面的制度好可以使坏人无法任意横行，制度不好可以使好人无法充分做好事，甚至会走向反面。"[2]

如何发展人民民主，怎样进行政治体制改革，应当建立一套什么样的民主政治制度，这是需要严肃认真对待的问题。"中国人民今天所需要的民主，只能是社会主义民主或称人民民主。"[3] 社会主义民主政治的核心、本质和精髓是实现人民民主。我们进行社会主义现代化建设，就是"要在经济上赶上发达的资本主义国家，在政治上创造比资本主义国家的民主更高更切实的民主""认真建立社会主义的民主制度和社会主义法制"[4]。同时，要坚持实行人民代表大会制度，还要"改善人民代表大会制度"[5]。

1980 年 10 月 25 日，邓小平同志提出："党的工作的核心，

---

〔1〕 邓小平：《党和国家领导制度的改革》，载《邓小平文选》第二卷，人民出版社 1994 年第 2 版，第 333、348 页。

〔2〕 邓小平：《党和国家领导制度的改革》，载《邓小平文选》第二卷，人民出版社 1994 年第 2 版，第 333 页。

〔3〕 邓小平：《坚持四项基本原则》，载《邓小平文选》第二卷，人民出版社 1994 年第 2 版，第 175 页。

〔4〕 邓小平：《党和国家领导制度的改革》，载《邓小平文选》第二卷，人民出版社 1994 年第 2 版，第 322、348 页。此前，邓小平同志就说过："我们要在大幅度提高社会生产力的同时，改革和完善社会主义的经济制度和政治制度，发展高度的社会主义民主和完备的社会主义法制。"见邓小平：《在中国文学艺术工作者第四次代表大会上的祝词》，载《邓小平文选》第二卷，人民出版社 1994 年第 2 版，第 208 页。

〔5〕 邓小平：《党和国家领导制度的改革》，载《邓小平文选》第二卷，人民出版社 1994 年第 2 版，第 339 页。

是支持和领导人民当家作主。"〔1〕 1980 年 12 月，邓小平同志在中央工作会议上指出："要继续发展社会主义民主，健全社会主义法制。这是三中全会以来中央坚定不移的基本方针，今后也决不允许有任何动摇。"重申要制定一系列的法律、法令和条例，使民主制度化、法律化。〔2〕

二、"使各级人民代表大会及其常设机构成为有权威的人民权力机关"

从 1980 年 3 月到 1981 年 6 月党的十一届六中全会，邓小平和胡耀邦主持我们党的第二个历史决议的起草工作，其间邓小平多次谈过对决议稿的起草和修改的意见。

1981 年 6 月，党的十一届六中全会通过的《中国共产党中央委员会关于建国以来党的若干历史问题的决议》，明确提出："要在坚持社会主义道路，坚持人民民主专政即无产阶级专政，坚持共产党的领导，坚持马克思列宁主义、毛泽东思想这四项基本原则的基础上，把全党、全军和全国各族人民的意志和力量进一步集中到建设社会主义现代化强国这个伟大目标上来。"〔3〕 四项基本原则，是全党团结和全国各族人民团结的共同的政治基础。这就在党的指导思想上完成了拨乱反正。

---

〔1〕《邓小平年谱（一九七五——一九九七）》（上），中央文献出版社 2004 年版，第 685 页。

〔2〕 邓小平：《贯彻调整方针，保证安定团结》，载《邓小平文选》第二卷，人民出版社 1994 年第 2 版，第 359 页。

〔3〕《中国共产党中央委员会关于建国以来党的若干历史问题的决议》，载中共中央文献研究室编：《三中全会以来重要文献选编》（下），中央文献出版社 2011 年版，第 166 页。

逐步建设高度民主的社会主义政治制度，是社会主义革命的根本任务之一。决议强调："必须根据民主集中制的原则加强各级国家机关的建设，使各级人民代表大会及其常设机构成为有权威的人民权力机关，在基层政权和基层社会生活中逐步实现人民的直接民主，特别要着重努力发展各城乡企业中劳动群众对于企业事务的民主管理。必须巩固人民民主专政，完善国家的宪法和法律并使之成为任何人都必须严格遵守的不可侵犯的力量，使社会主义法制成为维护人民权利，保障生产秩序、工作秩序、生活秩序，制裁犯罪行为，打击阶级敌人破坏活动的强大武器。"[1]

三、新的宪法要给人面貌一新的感觉

改革开放新时期，邓小平同志一直指导宪法的修改工作，提出许多明确意见。1980 年，他在《党和国家领导制度的改革》中明确提出："要使我们的宪法更加完备、周密、准确，能够切实保证人民真正享有管理国家各级组织和各项企业事业的权力，享有充分的公民权利，要使各少数民族聚居的地方真正实行民族区域自治，要改善人民代表大会制度，等等。关于不允许权力过分集中的原则，也将在宪法上表现出来。"[2]

1981 年 9 月，邓小平同志在谈到修改宪法情况时指出：过去我们有一个比较完备的宪法，就是 1954 年通过的宪法。我们现在就是以它作为基础来修改。党的十一届三中全会以来两年多的

---

〔1〕《中国共产党中央委员会关于建国以来党的若干历史问题的决议》，载中共中央文献研究室编：《三中全会以来重要文献选编》（下），中央文献出版社 2011 年版，第 169—170 页。

〔2〕 邓小平：《党和国家领导制度的改革》，载《邓小平文选》第二卷，人民出版社 1994 年第 2 版，第 339 页。

时间证明，我们的路线、方针、政策符合中国的国情，是行之有效的，当然可以反映到宪法中去。中国要搞社会主义，坚持社会主义，宪法中要肯定这一点。要建设一个高度民主、高度文明的现代化的社会主义国家。四个现代化，特别是高度民主、高度文明，过去没有反映到宪法里，这次要反映进去。[1] 1982 年 2 月，他又指出："新的宪法要给人面貌一新的感觉"；同意把"权利与义务"放在"国家机构"前面的意见。他亲自起草了关于中央军委一节的条文，还在中共中央政治局会议上，对宪法修改草案（讨论稿）发表意见，主张设立国家主席，强调如果国家需要就设立国家主席职位。[2]

四、建设高度的社会主义民主是我们的根本目标和根本任务之一

1982 年 9 月，邓小平同志在党的十二大开幕词中指出：我们的现代化建设，必须从中国的实际出发。"把马克思主义的普遍真理同我国的具体实际结合起来，走自己的路，建设有中国特色的社会主义，这就是我们总结长期历史经验得出的基本结论。"[3] 党的十二大报告指出：建设高度的社会主义民主，是我们的根本目标和根本任务之一。"我们一定要按照民主集中制的原则，继续改革和完善国家的政治体制和领导体制，使人民能够更好地行使国家权力，使国家机关能够更有效地领导和组织社会主义建设。社

〔1〕《邓小平年谱》第五卷，中央文献出版社 2020 年版，第 66—67 页。

〔2〕《邓小平年谱》第五卷，中央文献出版社 2020 年版，第 97、99 页。

〔3〕 邓小平：《中国共产党第十二次全国代表大会开幕词》，载《邓小平文选》第三卷，人民出版社 1993 年版，第 3 页。

会主义民主要扩展到政治生活、经济生活、文化生活和社会生活的各个方面，发展各个企业事业单位的民主管理，发展基层社会生活的群众自治。"[1] 强调社会主义民主的建设必须同社会主义法制的建设紧密地结合起来，使社会主义民主制度化、法律化。

党的十二大通过的《中国共产党章程》，首次比较全面、正确地回答了新时期执政党建设的目标、途径和方法等基本问题，是一部至今仍在发挥作用的好党章。其中规定："中国共产党领导人民发展社会主义民主，健全社会主义法制，巩固人民民主专政。应当切实保障人民管理国家事务和社会事务、管理经济和文化事业的权利。"明确提出"党必须在宪法和法律的范围内活动"[2]。这是一项极其重要的原则，是首次在党章中作出这一规定，其重要意义不言而喻。

五、1982年宪法的有关主要内容

如前所述，1982年宪法是在邓小平直接领导下通过的。这里就有关内容分述如下。

1982年12月4日，五届全国人大五次会议通过《中华人民共和国宪法》，即现行宪法。这是在1954年宪法基础上，"根据党的十一届三中全会确立的路线方针政策，总结我国社会主义建设正反两方面经验，深刻吸取十年'文化大革命'的沉痛教训，借鉴世界社会主义成败得失，适应我国改革开放和社会主义现代

---

〔1〕 胡耀邦：《全面开创社会主义现代化建设的新局面》，载中共中央文献研究室编：《十二大以来重要文献选编》（上），中央文献出版社2011年版，第28页。

〔2〕 《中国共产党章程》，载中共中央文献研究室编：《十二大以来重要文献选编》（上），中央文献出版社2011年版，第55、57页。

化建设、加强社会主义民主法制建设的新要求"[1]而制定的。

（一）关于我国的人民民主专政制度

一是明确国家性质（即国体），规定："中华人民共和国是工人阶级领导的、以工农联盟为基础的人民民主专政的社会主义国家。"在我国，人民，只有人民，才是国家和社会的主人。二是明确我国国家制度的核心内容和根本准则。规定："中华人民共和国的一切权力属于人民。"同时规定：人民行使国家权力的机关是全国人民代表大会和地方各级人民代表大会；人民依照法律规定，通过各种途径和形式，管理国家事务，管理经济和文化事业，管理社会事务。就是说，人民掌握国家权力，是维护人民的根本利益的可靠保证，也是我们的国家能够经得起各种风险的可靠保证。

（二）关于公民的基本权利和义务

这是宪法总纲"关于人民民主专政的国家制度和社会主义的社会制度的原则规定的延伸。我们的国家制度和社会制度从法律上和事实上保证我国公民享有广泛的、真实的自由和权利"[2]。一是恢复1954年宪法关于公民在法律面前一律平等的规定等内容，还规定得更加切实和明确。比如，关于公民的人身自由，宗教信仰自由，住宅不受侵犯，通信自由和通信秘密受法律保护，公民对于任何国家机关和国家工作人员有提出批评和建议的权利以及提出申诉、控告或检举的权利，等等。二是规定公民选举权和被选举权，这是人民行使国家权力的重要内容和标志。三是增

---

〔1〕　习近平：《在首都各界纪念现行宪法公布施行三十周年大会上的讲话》，载习近平：《论坚持全面依法治国》，中央文献出版社2020年版，第8页。

〔2〕　彭真：《关于中华人民共和国宪法修改草案的报告》，载《彭真文选》，人民出版社1991年版，第442页。

加关于公民的人格尊严不受侵犯等新内容。四是规定国家相应的基本政策和措施，保证公民权利的实现和逐步扩大。值得注意的是，1982年宪法在理念和结构上有一个重大创新、突破，就是将"公民的基本权利和义务"一章提到"国家机构"一章之前，置于"总纲"之后。如前所述，邓小平同志同意这一安排。从逻辑上说，先规定公民的基本权利和义务，再规定国家机构，既表明国家一切权力属于人民的理念和原则，国家机构是根据人民授权而建立的，也表明党和国家对保障公民享有的宪法权利的高度重视。

（三）关于人民代表大会制度的核心内涵

规定中华人民共和国的国家机构实行民主集中制的原则。一是全国人大和地方各级人大都由民主选举产生，对人民负责，受人民监督；国家行政机关、审判机关、检察机关都由人大产生，对它负责，受它监督。二是由人民代表大会统一行使国家权力；同时明确划分国家的行政权、审判权、检察权和武装力量的领导权，使各国家机关能够协调一致地工作。三是加强全国人民代表大会。全国人大常委会是全国人大的常设机关，将原来属于全国人大的一部分职权交由它的常委会行使。所以，扩大全国人大常委会的职权和加强它的组织。四是确认县级以上地方人大设立常委会，加强地方各级政权（包括基层政权）的民主基础，并扩大它们的职权。此外，加强群众自治性组织建设，发动群众自己管理自己的公共事务和公益事业。五是关于民族区域自治制度。恢复1954年宪法中一些重要原则，并增加新内容，包括民族自治地方的人大常委会应有实行区域自治的民族的公民担任主任或者副主任；自治区主席、自治州州长、自治县县长由实行区域自治的民族的公民担任，等等。这充分体现了国家充分尊重和保障各少数民族管理本民族内部事务的民主权利的精神[1]。这部宪法的颁布实施，人民代表大会制度建设和人大工作迎来了一个新的春天。

六、社会主义民主政治的本质和核心是人民当家作主

邓小平高度重视党的十三大的筹备和十三大报告的起草等工作，指出"十三大报告应该是一篇好的著作。"[2]

1987年10月，党的十三大提出并系统阐述社会主义初级阶段理论，明确"三步走"发展战略和各项改革任务，提出进行政治体制改革，建设有中国特色的社会主义民主政治。政治体制的改革，必须逐步健全社会主义民主，完善社会主义法制，努力克服官僚主义现象和封建主义影响，促进经济体制改革和对内对外开放。"改革的长期目标，是建立高度民主、法制完备、富有效率、充满活力的社会主义政治体制。"而近期目标则"是建立有利于提高效率、增强活力和调动各方面积极性的领导体制"[3]。

社会主义民主政治的本质和核心，是人民当家作主，真正享有各项公民权利，享有管理国家和企事业的权力。党的十三大报告对完善人民代表大会制度从四个方面作了部署[4]强调"社会主义民主和社会主义法制不可分割"。国家的政治生活、经济生活和社会生活的各个方面，民主和专政的各个环节，都应该做

---

[1]　彭真：《关于中华人民共和国宪法修改草案的报告》，载《彭真文选》，人民出版社1991年版，第452—456、457—460页。

[2]　邓小平：《计划和市场都是发展生产力的方法》，载《邓小平文选》第三卷，人民出版社1993年版，第203页。

[3]　赵紫阳：《沿着有中国特色的社会主义道路前进》，载中共中央文献研究室编：《十三大以来重要文献选编》（上），中央文献出版社2011年版，第30—31页。

[4]　赵紫阳：《沿着有中国特色的社会主义道路前进》，载中共中央文献研究室编：《十三大以来重要文献选编》（上），中央文献出版社2011年版，第38页。

到有法可依，有法必依，执法必严，违法必究。总之，"应当通过改革，使我国社会主义民主政治一步一步走向制度化、法律化。"[1] 这是防止"文化大革命"重演，实现国家长治久安的根本保证。

七、坚持实行人民代表大会制度

这是进行政治体制改革的要求和重要内容。邓小平同志指出，我们大陆讲社会主义民主，和资产阶级民主的概念不同。"西方的民主就是三权分立，多党竞选，等等。我们并不反对西方国家这样搞，但是我们中国大陆不搞多党竞选，不搞三权分立、两院制。我们实行的就是全国人民代表大会一院制，这最符合中国实际。如果政策正确，方向正确，这种体制益处很大，很有助于国家的兴旺发达，避免很多牵扯。"[2] 他指出资本主义社会的民主或者资产阶级的民主，"实际上是垄断资本的民主，无非是多党竞选、三权鼎立、两院制。我们的制度是人民代表大会制度，共产党领导下的人民民主制度，不能搞西方那一套"[3]。特别强调指出，在政治体制改革方面有一点可以肯定，"就是我们要坚持实行人民代表大会的制度，而不是美国的三权鼎立制度"[4]。这就进一步划清了一条根本界限。

---

〔1〕 赵紫阳：《沿着有中国特色的社会主义道路前进》，载中共中央文献研究室编：《十三大以来重要文献选编》（上），中央文献出版社 2011 年版，第 40 页。

〔2〕 邓小平：《会见香港特别行政区基本法起草委员会委员时的讲话》，载《邓小平文选》第三卷，人民出版社 1993 年版，第 220 页。

〔3〕 邓小平：《改革的步子要加快》，载《邓小平文选》第三卷，人民出版社1993 年版，第 240 页。

〔4〕 邓小平：《在接见首都戒严部队军以上干部时的讲话》，载《邓小平文选》第三卷，人民出版社 1993 年版，第 307 页。

八、处理好法治和人治的关系

法制建设中的一个重要问题，就是有法必依。法律面前人人平等，是法治的内在要求。要真正树立宪法和法律的权威，任何党员包括党员干部，都要遵守"公民在法律和制度面前人人平等，党员在党章和党纪面前人人平等。人人有依法规定的平等权利和义务，谁也不能占便宜，谁也不能犯法。不管谁犯了法，都要由公安机关依法侦查，司法机关依法办理，任何人都不许干扰法律的实施，任何犯了法的人都不能逍遥法外。"[1]法律面前人人平等这一根本原则的确立，是社会主义法制史上的一个重大突破，对完善社会主义法制具有决定性意义。

1986年9月至11月，邓小平同志在谈到进行政治体制改革问题时指出："要通过改革，处理好法治和人治的关系，处理好党和政府的关系。"[2]这里已经明确提出要处理法治和人治的关系问题。实际上，正是努力探索解决人治和法治的问题，才进一步促成我们党和国家提出并实行依法治国基本方略。

以1982年宪法为根据，制定和修改了经济、政治、社会等方面一大批重要法律，逐步实现了有法可依，我国社会主义民主法制建设进入快速发展时期。

---

〔1〕　邓小平：《党和国家领导制度的改革》，载《邓小平文选》第二卷，人民出版社1994年第2版，第332页。

〔2〕　邓小平：《关于政治体制改革问题》，载《邓小平文选》第三卷，人民出版社1993年版，第177页。

第三节 "三个代表"重要思想与人民代表大会制度

以江泽民同志为主要代表的中国共产党人，加深了对什么是社会主义、怎样建设社会主义和建设什么样的党、怎样建设党的认识，形成了"三个代表"重要思想。这当中包括对新的历史条件下如何加强国家政权建设、推进社会主义民主政治和政治文明建设、坚持和实行依法治国等重大问题进行研究，系统地阐明我国人民代表大会制度的性质、地位和作用，科学地回答了为什么要坚持人民代表大会制度、怎样坚持和完善人民代表大会制度等一系列问题，丰富和发展了人民代表大会制度理论，推动民主法制建设取得新进展。

一、首次提出坚持和完善人民代表大会制度

1990 年 3 月，江泽民同志把坚持和完善人民代表大会制度同建设社会主义民主政治、推进政治体制改革紧密联系起来，对人民代表大会制度作了全面、系统阐述。"无论在什么情况下，我们都要牢牢掌握社会主义民主的旗帜。"政治体制改革的一个重要内容，就是坚持和完善人民代表大会制度；"建设社会主义民主政治，最重要的是坚持和完善人民代表大会制度"[1]。这是党

---

〔1〕 江泽民：《坚持和完善人民代表大会制度》，载《江泽民文选》第一卷，人民出版社 2006 年版，第 111 页。

中央首次明确提出坚持和完善人民代表大会制度。

人民代表大会制度是我们党对国家事务实施领导的一大特色和优势。江泽民同志提出了一个重大命题："如何在保证党的领导的前提下充分发挥人大的作用"。我们党是执政党，党的执政地位是通过党对国家政权机关的领导来实现的。"要善于使党有关国家重大事务的主张经过法定程序成为国家意志。因此，如何在保证党的领导的前提下充分发挥人大的作用，是一个十分重要的问题。"[1] 他进一步作了阐述。一是加强党的领导同发挥国家权力机关的作用是一致的。党对国家政治生活的领导，最本质的内容就是组织和支持人民当家作主。党领导人民建立了国家政权，党还要领导和支持政权机关充分发挥职能，实现人民的意志。二是党要尊重支持人大依法行使职权。人大是国家权力机关，也是党联系人民群众的重要渠道。各级党组织都要尊重宪法和法律规定的人大及其常委会的地位，重视发挥人大及其常委会的作用。各级党委要把人大工作列入重要议事日程，定期听取人大党组的汇报，讨论研究人大的工作，关心人大的建设。人大党组要建立健全向同级党委的请示报告制度，保证党的路线方针政策在人大工作中贯彻落实。三是各级党组织，包括人大党组，都要遵守党章关于"党必须在宪法和法律的范围内活动"的原则，遵守宪法关于"任何组织或者个人都不得有超越宪法和法律的特权"的规定。加强党的领导同充分发扬民主和严格依法办事是一致的[2]

人大及其常委会要认真履行宪法赋予的各项职责，把加强社

---

〔1〕 江泽民：《坚持和完善人民代表大会制度》，载《江泽民文选》第一卷，人民出版社 2006 年版，第 112 页。

〔2〕 江泽民：《坚持和完善人民代表大会制度》，载《江泽民文选》第一卷，人民出版社 2006 年版，第 112—113 页。

会主义民主法制建设作为自己的中心任务。在我国，"人大作为国家权力机关的监督是最高层次的监督。监督'一府两院'的工作是人大及其常委会的一项重要职责。这种监督，既是一种制约，又是支持和促进。"人大既要敢于监督，又要善于监督，只有把两者很好地结合起来，才能达到监督的目的。[1] 他强调："人民代表大会应该成为联系群众、反映民意、解决矛盾的主要民主渠道。"作为人民代表机关的人大及其常委会，也应该进一步加强同人民群众的联系，使人大更好地代表人民，并接受人民的监督。[2] 这是首次提出人民代表大会应该成为主要民主渠道。

1990年3月，党的十三届六中全会通过的《中共中央关于加强党同人民群众联系的决定》指出："进一步发挥人大作为权力机关的作用，加强人大及其常委会的立法和监督职能。人大中的党组织和人大代表中的党员，要密切联系非党代表和广大群众，经常了解他们的意见和要求。"[3] 1990年底，中共中央提出："加快经济法制建设，促进经济调控的规范化、制度化。'八五'期间，要逐步建立比较完备的经济法规体系，使各方面的经济关系和经济活动有法可依。"[4] 这就要求加强立法工作，在"八五"期间建立比较完备的经济法规体系，并切实加强经济监督和经济司法工作。

---

〔1〕 江泽民：《坚持和完善人民代表大会制度》，载《江泽民文选》第一卷，人民出版社2006年版，第114—115页。

〔2〕 江泽民：《坚持和完善人民代表大会制度》，载《江泽民文选》第一卷，人民出版社2006年版，第115—116页。

〔3〕《中共中央关于加强党同人民群众联系的决定》，载中共中央文献研究室编：《十三大以来重要文献选编》（中），中央文献出版社2011年版，第341—342页。

〔4〕《中共中央关于制定国民经济和社会发展十年规划和"八五"计划的建议》，载中共中央文献研究室编：《十三大以来重要文献选编》（中），人民出版社2011年版，第764页。

二、"人民民主是社会主义的本质要求和内在属性"

这是1992年10月江泽民同志在党的十四大报告中明确提出的。"必须按照民主化和法制化紧密结合的要求，积极推进政治体制改革。我们的政治体制改革，目标是建设有中国特色的社会主义民主政治，绝不是搞西方的多党制和议会制。"〔1〕我们应当在发展社会主义民主、健全社会主义法制方面取得明显进展，巩固和发展稳定的社会政治环境，保证经济建设和改革开放的顺利进行。

江泽民同志提出："进一步完善人民代表大会制度，加强人民代表大会及其常委会的立法和监督等职能，更好地发挥人民代表的作用。"决策的科学化、民主化是实行民主集中制的重要环节，是社会主义民主政治建设的重要任务。〔2〕建立社会主义市场经济体制，要高度重视法制建设。"加强立法工作，特别是抓紧制订与完善保障改革开放、加强宏观经济管理、规范微观经济行为的法律和法规，这是建立社会主义市场经济体制的迫切要求。"〔3〕1993年3月，江泽民同志指出：全国人大及其常委会要把加强经济立法作为第一位的任务，放在最重要的位置，"在本世纪内，努力把适应社会主义市场经济的法律体系初步建立起来。"〔4〕这就明确提出了"社会主义市场经济法律体系"的概

〔1〕 江泽民：《加快改革开放和现代化建设步伐，夺取有中国特色社会主义事业的更大胜利》，载《江泽民文选》第一卷，人民出版社2006年版，第235页。

〔2〕 江泽民：《加快改革开放和现代化建设步伐，夺取有中国特色社会主义事业的更大胜利》，载《江泽民文选》第一卷，人民出版社2006年版，第236页。

〔3〕 江泽民：《加快改革开放和现代化建设步伐，夺取有中国特色社会主义事业的更大胜利》，载《江泽民文选》第一卷，人民出版社2006年版，第225、236页。

〔4〕 中共中央文献研究室编：《江泽民论有中国特色社会主义（专题摘编）》，中央文献出版社2002年版，第330页。

念，进一步明确了立法工作的目标任务。

三、正式提出依法治国基本方略

1996 年 2 月 8 日，江泽民同志在中共中央举办的法律知识讲座结束时发表讲话，深刻阐述依法治国的内涵，即"实行和坚持依法治国，就是使国家各项工作逐步走上法制化的轨道，实现国家政治生活、经济生活、社会生活的法制化、规范化；就是广大人民群众在党的领导下，依照宪法和法律的规定，通过各种途径和形式，管理国家事务，管理经济和文化事业，管理社会事务；就是逐步实现社会主义民主的制度化、法律化。"[1] 依法治国是社会进步、社会文明的一个重要标志，是我们建设社会主义现代化国家的必然要求。这表明我们党对依法治国的认识达到了一种全新的高度。1996 年 3 月，八届全国人大四次会议通过的国民经济和社会发展"九五"计划和 2010 年远景目标纲要明确提出："依法治国，建设社会主义法制国家。"[2] 这为依法治国方略的正式提出做了很好的铺垫和准备。需要说明的是，1995 年 9 月 28 日，中共十四届五中全会所通过的《中共中央关于制定国民经济和社会发展"九五"计划和 2010 年远景目标的建设》中，没有写进"依法治国，建设社会主义法制国家"的内容。李鹏同志在关于该目标纲要的报告中说："加强法制建设，依法治国，

---

〔1〕 江泽民：《坚持依法治国》，载《江泽民文选》第一卷，人民出版社 2006 年版，第 511 页。1994 年 12 月 9 日，江泽民同志在中共中央举办的法律知识讲座上的讲话中就说，建设社会主义法制，实行依法治国，是为了把我们国家建设成为富强、民主、文明的社会主义现代化国家。

〔2〕《中华人民共和国第八届全国人民代表大会第四次会议文件汇编》，人民出版社 1996 年版，第 103 页。

建设社会主义法制国家，是实现国家长治久安的重要保证。"[1]

1997年9月，江泽民同志在党的十五大报告中正式提出依法治国基本方略。建设有中国特色社会主义的政治，就是在中国共产党领导下，在人民当家作主的基础上，依法治国，发展社会主义民主政治。"继续推进政治体制改革，进一步扩大社会主义民主，健全社会主义法制，依法治国，建设社会主义法治国家"[2]。这是我们党的政治报告中第一次完整提出"依法治国，建设社会主义法治国家"，正式把依法治国确定为基本方略。在我们党的历史上，把"依法治国"作为"党领导人民治理国家的基本方略"明确提出来，是第一次；把这一基本方略写进党的政治报告中，也是第一次。依法治国，把坚持党的领导、发扬人民民主和严格依法办事统一起来，从制度和法律上保证党的基本路线和基本方针的贯彻实施，保证党始终发挥总揽全局、协调各方的领导核心作用。这在理论和实践上都具有重大意义。

江泽民同志提出：坚持和完善人民代表大会制度，保证人民代表大会及其常委会依法履行国家权力机关的职能，加强立法和监督工作，特别是"到2010年形成有中国特色社会主义法律体系"。这是党中央第一次正式提出这一立法工作目标。同时，"要把改革和发展的重大决策同立法结合起来。逐步形成深入了解民情、充分反映民意、广泛集中民智的决策机制，推进决策科学化、民主化，提高决策水平和工作效率。"[3] 加强立法工作，提

---

〔1〕《中华人民共和国第八届全国人民代表大会第四次会议文件汇编》，人民出版社1996年版，第30页。

〔2〕江泽民：《高举邓小平理论伟大旗帜，把建设有中国特色社会主义事业全面推向二十一世纪》，载《江泽民文选》第二卷，人民出版社2006年版，第28页。

〔3〕江泽民：《高举邓小平理论伟大旗帜，把建设有中国特色社会主义事业全面推向二十一世纪》，载《江泽民文选》第二卷，人民出版社2006年版，第28—30页。

高立法质量，形成统一、和谐的法律体系，这是坚持和实行依法治国，建设社会主义法治国家的逻辑前提。这些都表明治国方式的根本转变。要完善民主监督制度，"要深化改革，完善监督法制，建立健全依法行使权力的制约机制。"人大监督应该抓住重大问题，"加强对宪法和法律实行的监督，维护国家法制统一。加强对党和国家方针政策贯彻的监督，保证政令畅通。加强对各级干部特别是领导干部的监督，防止滥用权力，严惩执法犯法、贪赃枉法。"[1]

2001年3月，九届全国人大四次会议通过的第十个五年计划纲要指出："依法治国，建设社会主义法治国家，是社会主义现代化的重要目标。"这就将"依法治国"从治国方略的手段上升为目的，明确为社会主义现代化重要目标，将建设社会主义法治国家统一于建设社会主义现代化国家的目标之内。此后，全国人大及其常委会围绕到2010年形成有中国特色社会主义法律体系的目标任务，依法行使职权，大力开展立法工作，促进改革开放和社会主义现代化建设。

四、建设社会主义政治文明和"三个有机统一"

2002年11月，江泽民同志在党的十六大报告中把"建设社会主义政治文明"与"发展社会主义民主政治"一起作为全面建设小康社会的重要目标，提出"继续极稳妥地推进政治体制改革，扩大社会主义民主，健全社会主义法制，建设社会主义法治国家，巩固和发展民主团结、生动活泼、安定

---

〔1〕 江泽民：《高举邓小平理论伟大旗帜，把建设有中国特色社会主义事业全面推向二十一世纪》，载《江泽民文选》第二卷，人民出版社2006年版，第31—32页。

和谐的政治局面。"[1] 这是我们党首次明确对建设社会主义政治文明作出部署，并将它与建设社会主义物质文明和建设社会主义精神文明一起，确定为社会主义现代化建设的三大基本目标。

江泽民同志指出："发展社会主义民主政治，最根本的是要把坚持党的领导、人民当家作主和依法治国有机统一起来。党的领导是人民当家作主和依法治国的根本保证，人民当家作主是社会主义民主政治的本质要求，依法治国是党领导人民治理国家的基本方略。"[2] 这是第一次把"三个有机统一"正式概括为中国特色社会主义民主政治的根本特点和核心内容，不仅明确了三者有机统一的原则，还明确了三者的内涵及关系，为发展社会主义民主政治，提高党的领导水平和执政能力，确定了原则，指出了方向，明确了路径。牢牢把握这三者的有机统一，就能不断提高发展社会主义民主政治的能力，顺利推进社会主义民主政治建设。

江泽民同志提出："坚持和完善人民代表大会制度，保证人民代表大会及其常委会依法履行职能，保证立法和决策更好地体现人民的意志。"重申"到2010年形成中国特色社会主义法律体系"，要加强对权力的制约和监督，"建立结构合理、配置科学、程序严密、制约有效的权力运行机制，从决策和执行等环节加强

---

〔1〕　江泽民：《全面建设小康社会，开创中国特色社会主义事业新局面》，载《江泽民文选》第二卷，人民出版社2006年版，第553页。党的十六大通过的新党章也作出建设社会主义政治文明的规定。

〔2〕　江泽民：《全面建设小康社会，开创中国特色社会主义事业新局面》，载《江泽民文选》第三卷，人民出版社2006年版，第543、553页。此前，江泽民同志说："发展社会主义民主政治，坚持党的领导、人民当家作主和依法办事，三者缺一不可，关系要说清楚。"见江泽民：《关于十六大报告起草工作的批示》，载《江泽民文选》第三卷，人民出版社2006年版，第440页。

对权力的监督，保证把人民赋予的权力真正用来为人民谋利益。"[1]

1993 年 3 月，八届全国人大一次会议通过的宪法修正案，明确规定"国家实行社会主义市场经济"。1999 年 3 月，九届全国人大二次会议通过的宪法修正案，将"邓小平理论"和"依法治国，建设社会主义法治国家"写进宪法。同时，全国人大及其常委会制定和修改了一大批重要的经济方面的法律，形成中国特色社会主义市场经济法律体系。特别是立法法、代表法、预算法、审计法等法律进一步健全了人大组织、职权及其行使程序，我国民主法制建设取得新成效。

第四节　科学发展观与人民代表大会制度

党的十六大后，以胡锦涛同志为主要代表的中国共产党人，在全面建设小康社会进程中推进实践创新、理论创新、制度创新，形成科学发展观，在新的历史起点上坚持和发展了中国特色社会主义。其中，在发展社会主义民主政治方面，对民主法制、人民代表大会制度理论作了发展，进一步阐述有关人民代表大会制度的重大理论观点，人民代表大会制度和人大工作与时俱进，取得了新进展新成效。

---

〔1〕　江泽民：《全面建设小康社会，开创中国特色社会主义事业新局面》，载《江泽民文选》第三卷，人民出版社 2006 年版，第 554、557 页。

一、"依法治国首先要依宪治国，依法执政首先要依宪执政"

2002 年 12 月 4 日，胡锦涛同志指出：发展社会主义民主政治，最根本的是要把坚持党的领导、人民当家作主和依法治国有机统一起来。"实行依法治国的基本方略，首先要全面贯彻实施宪法。这是建设社会主义政治文明的一项根本任务，也是建设社会主义法治国家的一项基础性工作，要长期抓下去，坚持不懈地抓好。"全国人大及其常委会要从国家和人民的根本利益出发，"在立法过程中充分保障宪法规定的公民的自由和权利；要切实担负起监督宪法实施的职责，坚决纠正违宪行为；要切实履行解释宪法的职能，对宪法实施中的问题作出必要的解释和说明，使宪法的规定更好地得到落实"[1]。2002 年 12 月 26 日，胡锦涛同志在党的十六届中央政治局第一次集体学习时发表讲话，强调树立宪法意识和宪法权威，"必须坚持实施依法治国的基本方略，在全社会进一步树立宪法意识和宪法权威，切实保证宪法贯彻实施。"[2]依法治国首先要依宪治国；保障法律贯彻实施，首先要保障宪法贯彻实施。这就是要充分发挥宪法对我国社会主义物质文明、政治文明、精神文明协调发展的促进和保障作用。2003 年 10 月，党的十六届三中全会提出"全面推进经济法制建设"。按照依法治国基本方略，着眼于确立制度、规范权责、保障权益，

[1] 胡锦涛：《在首都各界纪念中华人民共和国宪法公布施行二十周年大会上的讲话》，载中共中央文献研究室编：《十六大以来重要文献选编》（上），中央文献出版社 2005 年版，第 73—74 页。

[2] 胡锦涛：《树立宪法意识和宪法权威》，载《胡锦涛文选》第二卷，人民出版社 2016 年版，第 14—15 页。

加强经济立法，着重完善 6 个方面的法律制度，同时"加强执法和监督"，确保法律法规的有效实施，维护法制的统一和尊严。[1]

2004 年 9 月 15 日，胡锦涛同志进一步指出："依法治国首先要依宪治国，依法执政首先要依宪执政。宪法法律是党的主张和人民意志相统一的体现，是中国革命、建设、改革伟大实践的科学总结。宪法是国家的根本法，是治国安邦的总章程，是保证国家统一、民族团结、经济发展、社会进步、长治久安的法律基础，是党执政兴国、带领全国各族人民建设中国特色社会主义的法制保证。"[2] 这是我们党首次明确提出依法治国首先要依宪治国和依宪执政。

二、"人民代表大会制度是中国人民当家作主的重要途径和最高实现形式，是中国特色社会主义政治文明的重要制度载体"

2004 年 9 月 15 日，胡锦涛同志对人民代表大会制度作了全面系统的阐述。人民代表大会制度是符合中国国情、体现中国社会主义国家性质、能够保证中国人民当家作主的根本政治制度。一是人民代表大会制度是党在国家政权中充分发扬民主、贯彻群众路线的最好实现形式，"是中国人民当家作主的重要途径和最

---

[1] 《中共中央关于完善社会主义市场经济体制若干问题的决定》，载中共中央文献研究室编：《十六大以来重要文献选编》（上），中央文献出版社 2005 年版，第480—481 页。

[2] 胡锦涛：《在首都各界纪念全国人民代表大会成立五十周年大会上的讲话》，载《胡锦涛文选》第二卷，人民出版社 2016 年版，第 232 页。

高实现形式，是中国特色社会主义政治文明的重要制度载体"[1]。二是坚持和完善人民代表大会制度，是发展社会主义民主政治、建设社会主义政治文明的重要内容。要"更好把坚持党的领导、人民当家作主和依法治国统一于社会主义民主政治建设实践，统一于社会主义现代化建设全过程，推动人民代表大会制度与时俱进，使社会主义民主更加完善，社会主义法制更加完备，依法治国基本方略得到全面实施，人民政治、经济、文化权益得到切实保障"[2]。这里提出两个"统一于"，既统一于实践又统一于过程。三是充分发挥人大及其常委会"作为国家权力机关的作用，使人民代表大会及其常务委员会成为全面担负起宪法赋予的各项职责的工作机关，成为同人民群众保持密切联系的代表机关"。这是我们党首次提出要把各级人大及其常委会建设成为"三个机关"。人大及其常委会作为国家权力机关的监督，"是代表国家和人民进行的具有法律效力的监督。人民代表大会及其常务委员会监督的目的，在于确保宪法法律得到正确实施，确保行政权和司法权得到正确行使，确保公民、法人和其他组织的合法权益得到尊重和维护"。这是首次提出人大监督目的的"三个确保"。他强调："衡量一个政治制度是不是民主的，关键要看最广大人民意愿是否得到了充分反映，最广大人民当家作主权利是否得到了充分实现，最广大人民合法权益是否得到了充分保障。"[3]

---

〔1〕　胡锦涛：《在首都各界纪念全国人民代表大会成立五十周年大会上的讲话》，载《胡锦涛文选》第二卷，人民出版社 2016 年版，第 230—231 页。

〔2〕　胡锦涛：《在首都各界纪念全国人民代表大会成立五十周年大会上的讲话》，载《胡锦涛文选》第二卷，人民出版社 2016 年版，第 231 页。

〔3〕　胡锦涛：《在首都各界纪念全国人民代表大会成立五十周年大会上的讲话》，载《胡锦涛文选》第二卷，人民出版社 2016 年版，第 234—236 页。

胡锦涛同志提出要改善党对国家事务的领导，提高党的领导水平和执政水平。各级人大及其常委会都要自觉接受党的领导。一是按照党总揽全局、协调各方的原则，科学规范党委和人民代表大会的关系，支持人民代表大会依法履行自己的职能。二是适应新形势新任务的要求，不断改革和完善党的领导方式和执政方式，坚持依法治国基本方略，把依法执政作为党治国理政的一个基本方式，坚持在宪法法律范围内活动，严格依法办事，善于运用国家政权处理国家事务。三是党关于国家事务的重要主张，属于全国人民代表大会职权范围内的、需要全体人民一体遵行的，要作为建议向全国人民代表大会提出，使之经过法定程序成为国家意志。四是各级党组织和全体党员都要模范地遵守宪法法律。国家政权机关领导人员要经过人大的法定程序选举和任命，并接受人大及其常委会监督。五是充分发挥国家政权机关中党组织和党员的作用，贯彻党的理论和路线方针政策，实现党对国家事务的领导。[1]

三、"坚持科学执政、民主执政、依法执政"

2004 年 9 月 19 日，胡锦涛同志指出，"坚持科学执政、民主执政、依法执政"[2]，并对此作了深刻阐述，这是我们总结党执政成功经验的必然结论，也是新形势下我们党更好执政的根本要求。党的十六届四中全会通过的《中共中央关于加强党的执政能

---

〔1〕 胡锦涛：《在首都各界纪念全国人民代表大会成立五十周年大会上的讲话》，载《胡锦涛文选》第二卷，人民出版社 2016 年版，第 233 页。

〔2〕 胡锦涛：《加强党的执政能力建设》，载《胡锦涛文选》第二卷，人民出版社 2016 年版，第 243 页。

力建设的决定》提出："必须坚持科学执政、民主执政、依法执政，不断完善党的领导方式和执政方式。"[1] 要坚定不移地走中国共产党和中国人民自己选择的政治发展道路，坚持四项基本原则，积极稳妥地推进政治体制改革，发挥社会主义政治制度的特点和优势，巩固和发展民主团结、生动活泼、安定和谐的政治局面。

坚持和发展人民民主，是我们党执政为民的本质要求和根本途径。一是推进社会主义民主的制度化、规范化和程序化，保证人民当家作主。强调坚持和完善人民代表大会制度，保证各级人民代表大会都由民主选举产生、对人民负责、受人民监督，支持人民通过人民代表大会行使国家权力，支持人大及其常委会依法履行职能，密切人大代表同人民群众的联系，使国家的立法、决策、执行、监督等工作更好地体现人民的意志，维护人民的利益。尊重和保障人权，保证人民依法享有广泛的权利和自由。二是贯彻依法治国基本方略，提高依法执政水平。改革和完善决策机制，推进决策的科学化、民主化。三是加强对权力运行的制约和监督，保证把人民赋予的权力用来为人民谋利益。四是按照党总揽全局、协调各方的原则，改革和完善党的领导方式。"依法执政是新的历史条件下党执政的一个基本方式。"[2] 明确要求在完成建设社会主义政治文明的历史性任务中，必须紧紧抓住坚持和完善人民代表大会制度这个重要环节，进一步健全民主制度，丰富民主形式，扩大公民有序的政治参与。

---

〔1〕《中共中央关于加强党的执政能力建设的决定》，载中共中央文献研究室编：《十六大以来重要文献选编》（中），中央文献出版社 2005 年版，第 274 页。
〔2〕《中共中央关于加强党的执政能力建设的决定》，载中共中央文献研究室编：《十六大以来重要文献选编》（中），中央文献出版社 2005 年版，第 280、282 页。

四、加强民主法治和公平正义

2005 年 2 月 19 日，胡锦涛同志明确提出"构建社会主义和谐社会"的战略目标。"我们所要建设的社会主义和谐社会，应该是民主法治、公平正义、诚信友爱、充满活力、安定有序、人与自然和谐相处的社会。"[1] 这不仅强调了民主法治，也强调了公平正义，就是社会各方面的利益关系得到妥善协调，人民内部矛盾和其他社会矛盾得到正确处理，社会公平和正义得到切实维护和实现。

2005 年 5 月 26 日，中共中央转发《中共全国人大常委会党组关于进一步发挥全国人大代表作用，加强全国人大常委会制度建设的若干意见》，提出坚持和完善人民代表大会制度，重点是要做好两方面工作：一是进一步发挥全国人大代表作用，支持、规范和保证其依法履行职责和行使权力；二是加强全国人大常委会的制度建设，使全国人大及其常委会更好发挥最高国家权力机关、工作机关和代表机关的作用[2] 这是深刻总结全国人大成立 50 多年特别是党的十六大以后的实践经验，是坚持和完善人民代表大会制度的一个重要举措。

2006 年 10 月，党中央提出要完善法律制度，夯实社会和谐的法治基础，"坚持科学立法、民主立法，完善发展民主政治、保障公民权利、推进社会事业、健全社会保障、规范社会组织、

---

〔1〕 胡锦涛：《在省部级主要领导干部提高构建社会主义和谐社会能力专题研讨班上的讲话》，载中央文献研究室编：《十六大以来重要文献选编》（中），中央文献出版社 2008 年版，第 706 页。

〔2〕《中共中央转发〈中共全国人大常委会党组关于进一步发挥全国人大代表作用，加强全国人大常委会制度建设的若干意见〉的通知》，载中共中央文献研究室编：《十六大以来重要文献选编》（中），中央文献出版社 2005 年版，第 886—897 页。

加强社会管理等方面的法律法规。"[1]　这是首次提出"科学立法"，强调要在科学发展观指导下全面加强立法工作。

五、"人民民主是社会主义的生命"

这是 2007 年 10 月党的十七大鲜明提出的科学社会主义的一个新的重要命题。要"坚定不移发展社会主义民主政治"，"坚持中国特色社会主义政治发展道路，坚持党的领导、人民当家作主、依法治国有机统一，坚持和完善人民代表大会制度、中国共产党领导的多党合作和政治协商制度、民族区域自治制度以及基层群众自治制度，不断推进社会主义制度自我完善和发展。"[2]这明确了中国特色社会主义政治发展道路的科学内涵。

胡锦涛同志指出：要扩大人民民主，保证人民当家作主。"人民当家作主是社会主义民主政治的本质和核心。要健全民主制度，丰富民主形式，拓宽民主渠道，依法实行民主选举、民主决策、民主管理、民主监督，保障人民的知情权、参与权、表达权、监督权。支持人民代表大会依法履行职能，善于使党的主张通过法定程序成为国家意志；保障人大代表依法行使职权，密切人大代表同人民的联系，建议逐步实行城乡按相同人口比例选举人大代表；加强人大常委会制度建设，优化组成人员知识结构和年龄结构。"[3]　这是在党的政治报告中正式提出逐步实行城乡按相同人

---

〔1〕《中共中央关于构建社会主义和谐社会若干重大问题的决定》，载中央文献研究室编：《十六大以来重要文献选编》（下），中央文献出版社 2008 年版，第 658 页。

〔2〕胡锦涛：《高举中国特色社会主义伟大旗帜，为夺取全面建设小康社会新胜利而奋斗》，载《胡锦涛文选》第二卷，人民出版社 2016 年版，第 634—635 页。

〔3〕胡锦涛：《高举中国特色社会主义伟大旗帜，为夺取全面建设小康社会新胜利而奋斗》，载《胡锦涛文选》第二卷，人民出版社 2016 年版，第 635 页。

口比例选举人大代表，为完善民主选举制度作出明确部署。

胡锦涛同志提出："要坚持党总揽全局、协调各方的领导核心作用，提高党科学执政、民主执政、依法执政水平，保证党领导人民有效治理国家。"[1] 这对加强和改善党对人大工作的领导具有指导意义，为各级党委进一步加强和改善对人大工作的领导、各级人大进一步履行宪法和法律赋予的职能，提供了强大动力，指明了前进方向。一是对加强和改进立法工作作了战略部署，"要坚持科学立法、民主立法，完善中国特色社会主义法律体系"，推进决策科学化民主化，"制定与群众利益密切相关的法律法规和公共政策原则上要公开听取意见。"正式提出"科学立法和民主立法"的要求。二是"加强宪法和法律实施，坚持公民在法律面前一律平等，维护社会公平正义，维护社会主义法制的统一、尊严、权威。"[2] 这对加强和改进人大监督工作提出了新的要求。

六、明确提出"三大根本成就"和"三个自信"

2012 年 11 月，党的十八大对中国特色社会主义事业作出新的总体部署，"总依据是社会主义初级阶段，总布局是五位一体，总任务是实现社会主义现代化和中华民族伟大复兴"[3]。还首次明确提出"三大根本成就"和"三个自信"，这就是：中国特色

---

〔1〕 胡锦涛：《高举中国特色社会主义伟大旗帜，为夺取全面建设小康社会新胜利而奋斗》，载《胡锦涛文选》第二卷，人民出版社 2016 年版，第 635 页。

〔2〕 胡锦涛：《高举中国特色社会主义伟大旗帜，为夺取全面建设小康社会新胜利而奋斗》，载《胡锦涛文选》第二卷，人民出版社 2016 年版，第 636—637 页。

〔3〕 胡锦涛：《坚定不移沿着中国特色社会主义道路前进，为全面建成小康社会而奋斗》，载《胡锦涛文选》第三卷，人民出版社 2016 年版，第 622 页。

社会主义道路，中国特色社会主义理论体系，中国特色社会主义制度，是党和人民九十多年奋斗、创造、积累的根本成就，全党要坚定道路自信、理论自信、制度自信[1]。

胡锦涛同志指出：发展中国特色社会主义是一项长期的艰巨的历史任务，必须准备进行具有许多新的历史特点的伟大斗争。一是必须坚持人民主体地位，坚持依法治国这个党领导人民治理国家的基本方略；必须坚持推进改革开放，不断推进我国社会主义制度自我完善和发展；必须坚持维护社会公平正义，加紧建设对保障社会公平正义具有重大作用的制度等。总之，就是要在党的十六大、十七大确立的全面建设小康社会目标的基础上实现新的要求。二是发展更加广泛、更加充分、更加健全的人民民主，提出了"三个更加注重"，即"要更加注重改进党的领导方式和执政方式，保证党领导人民有效治理国家；更加注重健全民主制度、丰富民主形式，保证人民依法实行民主选举、民主决策、民主管理、民主监督；更加注重发挥法治在国家治理和社会管理中的重要作用，维护国家法治统一、尊严、权威，保证人民依法享有广泛权利和自由"[2]。这在党的政治报告中首次提出"国家治理"的概念。三是支持和保证人民通过人民代表大会行使国家权力，加强立法工作组织协调，加强对政府全口径预算决算的审查监督，在人大设立代表联络机构，完善代表联系群众制度。四是首次提出作为我国人民民主重要形式的"社会主义协商民主"的概念，"要完善协商民主制度和工作机制，推进协商民主广泛、

[1]　胡锦涛：《坚定不移沿着中国特色社会主义道路前进，为全面建成小康社会而奋斗》，载《胡锦涛文选》第三卷，人民出版社2016年版，第621、625页。

[2]　胡锦涛：《坚定不移沿着中国特色社会主义道路前进，为全面建成小康社会而奋斗》，载《胡锦涛文选》第三卷，人民出版社2016年版，第632—633页。

多层、制度化发展。通过国家政权机关、政协组织、党派团体等渠道，就经济社会发展重大问题和涉及群众切身利益的实际问题广泛协商，广纳群言、广集民智，增进共识、增强合力。"[1] 还提出"全面推进依法治国"的重大任务。法治是治国理政的基本方式。"完善中国特色社会主义法律体系，加强重点领域立法，拓展人民有序参与立法途径。"[2]

2004 年 3 月，九届全国人大二次会议通过的宪法修正案，将"'三个代表'重要思想"写入宪法，并增加规定"国家尊重和保障人权"，强调"公民的合法的私有财产不受侵犯"。"人权"概念的入宪，使得我国宪法关于公民基本权利的规定更加完整。这既是我国人民民主理论和实践成果的最高法律体现，也为立法、执法、司法等法治实践提供了指导原则，有利于人权事业健康发展，保证人民依法享有广泛的权利和自由。截至 2011 年，以宪法为核心的中国特色社会主义法律体系宣告形成。这些都是坚持和完善人民代表大会制度的重大成果。时间之短，速度之快，质量之高，世界绝无仅有，堪称世界法制史上的奇迹。

第五节　习近平新时代中国特色社会主义思想与人民代表大会制度

党的十八大以来，中国特色社会主义进入新时代。以习近平

---

〔1〕　胡锦涛：《坚定不移沿着中国特色社会主义道路前进，为全面建成小康社会而奋斗》，载《胡锦涛文选》第三卷，人民出版社 2016 年版，第 633—634 页。

〔2〕　胡锦涛：《坚定不移沿着中国特色社会主义道路前进，为全面建成小康社会而奋斗》，载《胡锦涛文选》第三卷，人民出版社 2016 年版，第 634 页。

同志为主要代表的中国共产党人，创立了习近平新时代中国特色社会主义思想，实现了马克思主义中国化新的飞跃。以习近平同志为核心的党中央，统筹中华民族伟大复兴战略全局和世界百年未有之大变局，从坚持和完善党的领导、巩固中国特色社会主义制度的战略全局出发，继续推进人民代表大会制度理论和实践创新，提出一系列新理念新思想新要求，形成习近平法治思想、习近平总书记关于坚持和完善人民代表大会制度的重要思想，成为习近平新时代中国特色社会主义思想的重要组成部分，是我们党在人民代表大会制度理论创新最珍贵的成果，标志着我们党对人民代表大会制度的认识达到了一个历史的新高度，为在新时代坚定不移走中国特色社会主义政治发展道路和法治道路，提供了理论指导和行动指南，推动人大工作取得历史性成就，推动人民代表大会制度和人民民主不断发展进步。

一、"依法治国，首先是依宪治国；依法执政，关键是依宪执政"

2012 年 12 月，习近平总书记在首都各界纪念现行宪法公布施行 30 周年大会上的讲话中强调："宪法是国家的根本法，是治国安邦的总章程，具有最高的法律地位、法律权威、法律效力，具有根本性、全局性、稳定性、长期性。"[1] 一是必须维护宪法权威和尊严。宪法与国家前途、人民命运息息相关。"维护宪法权威，就是维护党和人民共同意志的权威。捍卫宪法尊严，就是捍卫党和人民共同意志的尊严。保证宪法实施，就是保证人民根

---

〔1〕 习近平：《在首都各界纪念现行宪法公布施行 30 周年大会上的讲话》，载《习近平谈治国理政》第一卷，外文出版社 2018 年版，第 138 页。

本利益的实现。"[1] 二是宪法的生命在于实施，宪法的权威也在于实施。全面贯彻实施宪法，"是建设社会主义法治国家的首要任务和基础性工作"[2]，并从坚持正确政治方向、落实依法治国基本方略、坚持人民主体地位、坚持党的领导等四个方面提出明确要求，特别是首次提出"通过完备的法律推动宪法实施"，保证宪法确立的制度和原则得到落实。三是坚持人民主体地位，切实保障公民享有权利和履行义务。"公民的基本权利和义务是宪法的核心内容，宪法是每个公民享有权利、履行义务的根本保证。宪法的根基在于人民发自内心的拥护，宪法的伟力在于人民出自真诚的信仰。"[3] 四是"依法治国，首先是依宪治国；依法执政，关键是依宪执政"[4]。强调更加注重改进党的领导方式和执政方式。在这之后，习近平总书记还在多个重要场合就宪法问题发表讲话、作出指示。

二、"完善和发展中国特色社会主义制度，推进国家治理体系和治理能力现代化"

2013 年 11 月，党的十八届三中全会通过《中共中央关于全面深化改革若干重大问题的决定》，提出"全面深化改革的总目标是完善和发展中国特色社会主义制度，推进国家治理体系和治

---

[1] 习近平：《在首都各界纪念现行宪法公布施行 30 周年大会上的讲话》，载《习近平谈治国理政》第一卷，外文出版社 2018 年版，第 137 页。

[2] 习近平：《在首都各界纪念现行宪法公布施行 30 周年大会上的讲话》，载《习近平谈治国理政》第一卷，外文出版社 2018 年版，第 138 页。

[3] 习近平：《在首都各界纪念现行宪法公布施行 30 周年大会上的讲话》，载《习近平谈治国理政》第一卷，外文出版社 2018 年版，第 140 页。

[4] 习近平：《在首都各界纪念现行宪法公布施行 30 周年大会上的讲话》，载《习近平谈治国理政》第一卷，外文出版社 2018 年版，第 141 页。

理能力现代化。"这是完善和发展中国特色社会主义制度的必然要求，是实现社会主义现代化的应有之义。"国家治理体系和治理能力是一个国家制度和制度执行能力的集中体现。"〔1〕

一是"紧紧围绕坚持党的领导、人民当家作主、依法治国有机统一深化政治体制改革，加快推进社会主义民主政治制度化、规范化、程序化，建设社会主义法治国家，发展更加广泛、更加充分、更加健全的人民民主。"〔2〕发展社会主义民主政治，必须以保证人民当家作主为根本，坚持和完善人民代表大会制度、中国共产党领导的多党合作和政治协商制度、民族区域自治制度以及基层群众自治制度，更加注重健全民主制度、丰富民主形式，从各层次各领域扩大公民有序政治参与，充分发挥我国社会主义政治制度优越性。二是推动人民代表大会制度与时俱进。坚持人民主体地位，推进人民代表大会制度理论和实践创新，发挥人民代表大会制度的根本政治制度作用。决定还从完善中国特色社会主义法律体系、健全人大监督制度、落实税收法定原则、加强人大常委会同人大代表的联系、充分发挥代表作用等方面提出要求。三是建设法治中国，必须坚持依法治国、依法执政、依法行政共同推进，坚持法治国家、法治政府、法治社会一体建设。深化司法体制改革，加快建设公正高效权威的社会主义司法制度，维护人民权益，让人民群众在每一个司法案件中都感受到公平正义。强调维护宪法法律权威，要进一步健全宪法实施监督机制和程序，把全面贯彻实施宪法提高到一个新水平。逐步增加有地方立法权

---

〔1〕　习近平：《把完善和发展中国特色社会主义制度，推进国家治理体系和治理能力现代化作为全面深化改革的总目标》，载习近平：《论坚持人民当家作主》，中央文献出版社 2021 年版，第 45—46 页。

〔2〕　《中共中央关于全面深化改革若干重大问题的决定》，载中共中央文献研究室编：《十八大以来重要文献选编》（上），中央文献出版社 2014 年版，第 512 页。

的较大的市数量[1]。习近平总书记强调要着力处理好改革和法治的关系，"凡属重大改革都要于法有据"[2]。在整个改革过程中，都要高度重视运用法治思维和法治方式，发挥法治的引领和推动作用，加强对相关立法工作的协调，确保在法治轨道上推进改革。

三、关于人民代表大会制度的两个新的重大论断

习近平总书记在庆祝全国人民代表大会成立 60 周年大会上的讲话，对人民代表大会制度和社会主义民主政治建设作了全面系统论述，是一篇发展社会主义民主政治的纲领性文献。一是"人民代表大会制度是坚持党的领导、人民当家作主、依法治国有机统一的根本制度安排。"[3] 这就把三者有机统一于根本政治制度这一重要平台（或者制度载体）。二是"人民代表大会制度是中国特色社会主义制度的重要组成部分，也是支撑中国国家治理体系和治理能力的根本政治制度。"[4] 这就把人民代表大会制度同国家治理体系和国家治理能力联系起来，同全面深化改革总目标联系起来。三是坚定中国特色社会主义政治制度自信。中国特色社会主义民主是个新事物，也是个好事物。"制度自信不是自视清高、自我满足，更不是裹足不前、固步自封，而是要把坚定制度自信和不断改革创新统一起来，不断推进制度体系完善和

---

〔1〕《中共中央关于全面深化改革若干重大问题的决定》，载中共中央文献研究室编：《十八大以来重要文献选编》（上），中央文献出版社 2014 年版，第 527—529 页。

〔2〕 习近平：《在法治下推进改革，在改革中完善法治》，载习近平：《论坚持全面依法治国》，中央文献出版社 2020 年版，第 35 页。

〔3〕 习近平：《在庆祝全国人民代表大会成立六十周年大会上的讲话》，载习近平：《论坚持全面依法治国》，中央文献出版社 2020 年版，第 71 页。

〔4〕 习近平：《在庆祝全国人民代表大会成立六十周年大会上的讲话》，载习近平：《论坚持全面依法治国》，中央文献出版社 2020 年版，第 73 页。

发展。"[1] 在新的奋斗征程上，我们要毫不动摇坚持人民代表大会制度，必须充分发挥人民代表大会制度的根本政治制度作用，继续通过人民代表大会制度牢牢把国家和民族前途命运掌握在人民手中。同时，要按照总结、继承、完善、提高的原则，加强和改进立法工作、法律实施工作、监督工作、人大代表和人民群众的联系、人大工作以及人大自身建设等，推进人民代表大会制度理论和实践创新，推动人大工作提高水平。这些都有很强的针对性。

习近平总书记强调，人民民主是中国共产党始终高举的旗帜。坚持正确的政治发展道路是关系根本、关系大局的重大问题。在一个国家的各种制度中，政治制度处于关键环节。"以什么样的思路来谋划和推进中国社会主义民主政治建设，在国家政治生活中具有管根本、管全局、管长远的作用。"[2] 在中国，走什么样的政治发展道路，建立什么样的政治制度，是近代以后中国人民面临的一个历史性课题。"设计和发展国家政治制度，必须注重历史和现实、理论和实践、形式和内容有机统一。"而不能想象突然就搬来一座政治制度上的"飞来峰"[3]。

四、全面推进依法治国和"四个全面"战略

2014 年 10 月，党的十八届四中全会专门研究全面推进依法

〔1〕习近平：《在庆祝全国人民代表大会成立六十周年大会上的讲话》，载习近平：《论坚持全面依法治国》，中央文献出版社 2020 年版，第 81 页。
〔2〕习近平：《在庆祝全国人民代表大会成立六十周年大会上的讲话》，载习近平：《论坚持全面依法治国》，中央文献出版社 2020 年版，第 77 页。
〔3〕习近平：《在庆祝全国人民代表大会成立六十周年大会上的讲话》，载习近平：《论坚持全面依法治国》，中央文献出版社 2020 年版，第 77 页。

治国问题，第一次提出"坚持走中国特色社会主义法治道路，建设中国特色社会主义法治体系"这一重大论断，明确全面推进依法治国的重大意义、指导思想和战略部署。一是依法治国"是坚持和发展中国特色社会主义的本质要求和重要保障，是实现国家治理体系和治理能力现代化的必然要求，事关我们党执政兴国，事关人民幸福安康，事关党和国家长治久安"[1]。二是全面推进依法治国"总目标是建设中国特色社会主义法治体系，建设社会主义法治国家"，实现这个总目标，必须坚持五条原则，即坚持中国共产党的领导、坚持人民主体地位、坚持法律面前人人平等、坚持依法治国和以德治国相结合、坚持从中国实际出发[2]。三是依法治国的基本格局，即科学立法、严格执法、公正司法、全民守法四个方面[3]。这是适应推进国家治理体系和治理能力现代化需要的重大举措，是我国民主法治史上的一座里程碑，标志着中国法治理论和实践进入一个新的发展阶段。

2014年12月，习近平总书记在江苏调研时提出："主动把握和积极适应经济发展新常态，协调推进全面建成小康社会、全面深化改革、全面依法治国、全面从严治党，推进改革开放和社会

---

〔1〕《中共中央关于全面推进依法治国若干重大问题的决定》，载中共中央文献研究室编：《十八大以来重要文献选编》（中），中央文献出版社2016年版，第155页。

〔2〕《中共中央关于全面推进依法治国若干重大问题的决定》，载中共中央文献研究室编：《十八大以来重要文献选编》（中），中央文献出版社2016年版，第157—159页。

〔3〕《中共中央关于全面推进依法治国若干重大问题的决定》，载中共中央文献研究室编：《十八大以来重要文献选编》（中），中央文献出版社2016年版，第160—174页。参见习近平：《关于〈中共中央关于全面推进依法治国若干重大问题的决定〉的说明》，载《中共中央关于全面推进依法治国若干重大问题的决定》，人民出版社2014年版，第145页。

主义现代化建设迈上新台阶。"这既有战略目标，也有战略举措〔1〕，是党中央第一次提出"四个全面"。"四个全面"的战略布局，是党的十八大以来党中央治国理政的总体框架，是中国在新的历史条件下治国理政方略，进一步彰显了党中央对法治的高度重视，进一步提升了法治在党和国家事业的战略地位。

五、"健全人民当家作主制度体系，发展社会主义民主政治"

2017 年 10 月 18 日，习近平总书记在党的十九大报告中首次对习近平新时代中国特色社会主义思想作了集中阐述。其中，一是"明确中国特色社会主义最本质的特征是中国共产党领导，中国特色社会主义制度的最大优势是中国共产党领导，党是最高政治领导力量，提出新时代党的建设总要求，突出政治建设在党的建设中的重要地位。"坚持党对一切工作的领导，党政军民学，东西南北中，党是领导一切的。〔2〕二是"健全人民当家作主制度体系，发展社会主义民主政治"。这是首次明确提出并强调我国社会主义民主是维护人民根本利益的最广泛、最真实、最管用的民主，"发展社会主义民主政治就是要体现人民意志、保障人民权益、激发人民创造活力，用制度体系保证人民当家作主。"〔3〕三是坚持中国特色社会主义政治发展道路。"坚持党的

---

〔1〕 习近平：《协调推进"四个全面"战略布局》，载《习近平谈治国理政》第二卷，外文出版社 2017 年版，第 22—23 页。

〔2〕 习近平：《决胜全面建成小康社会，夺取新时代中国特色社会主义伟大胜利》，载《习近平谈治国理政》第三卷，外文出版社 2020 年版，第 16 页。

〔3〕 习近平：《决胜全面建成小康社会，夺取新时代中国特色社会主义伟大胜利》，载《习近平谈治国理政》第三卷，外文出版社 2020 年版，第 28 页。

领导、人民当家作主、依法治国有机统一是社会主义政治发展的必然要求。""党的领导是人民当家作主和依法治国的根本保证，人民当家作主是社会主义民主政治的本质特征，依法治国是党领导人民治理国家的基本方式，三者统一于我国社会主义民主政治伟大实践。"[1] 要保证人民当家作主落实到国家政治生活和社会生活之中。四是加强人民当家作主制度保障。"人民代表大会制度是坚持党的领导、人民当家作主、依法治国有机统一的根本政治制度安排，必须长期坚持、不断完善。"[2] 这是对三者有机统一的最新权威表述，还对发挥社会主义协商民主重要作用、深化依法治国实践、深化机构和行政体制改革等作出部署。

六、专题研究修宪问题

宪法是党和人民意志的集中体现，是通过科学民主程序形成的国家根本法。修改宪法，是党和国家政治生活中的一件大事，是"事关全局的重大政治活动和重大立法活动"[3] 以习近平同志为核心的党中央以极其严肃认真的态度来对待宪法修改，强调必须在中共中央集中统一领导下进行，要广察民情、广纳民意、广聚民智，充分体现人民的意志。

2018 年 1 月，党的十九届二中全会专题研究修宪，习近平总书记发表重要讲话。一是宪法集中体现了党和人民的统一意

〔1〕 习近平：《决胜全面建成小康社会，夺取新时代中国特色社会主义伟大胜利》，载《习近平谈治国理政》第三卷，外文出版社 2020 年版，第 17、28—29 页。

〔2〕 习近平：《决胜全面建成小康社会，夺取新时代中国特色社会主义伟大胜利》，载《习近平谈治国理政》第三卷，外文出版社 2020 年版，第 29 页。

〔3〕 习近平：《宪法修改要充分体现人民的意志》，载习近平：《论坚持全面依法治国》，中央文献出版社 2020 年版，第 188 页。

志和共同愿望，是国家意志的最高表现形式。二是修宪的目的"是在保持宪法连续性、稳定性、权威性的前提下，通过修改使我国宪法更好体现人民意志，更好体现中国特色社会主义制度的优势，更好适应提高中国共产党长期执政能力、推进全面依法治国、推进国家治理体系和治理能力现代化的要求，为新时代坚持和发展中国特色社会主义提供宪法保障"[1]。三是切实尊崇宪法，严格实施宪法。"宪法是全面依法治国的根本依据，具有最高的法律地位、法律权威、法律效力。"强调要"用科学有效、系统完备的制度体系保证宪法实施"。指出宪法是我们党长期执政的根本法律依据；新时代中国特色社会主义发展，对我们党依宪治国、依宪执政提出了新的更高要求。[2] 这一重要讲话从七个方面对如何严格实施宪法、维护宪法权威作了深刻阐述，提出明确要求。

七、形成习近平法治思想

2018 年 8 月，习近平总书记在中央全面依法治国委员会第一次会议上发表重要讲话时强调，"坚持以全面依法治国新理念新思想新战略为指导，坚定不移走中国特色社会主义法治道路"。概括起来，全面依法治国新理念新思想新战略，主要有十个方面。[3]

---

〔1〕 习近平：《深刻认识宪法修改的重大意义》，载习近平：《论坚持全面依法治国》，中央文献出版社 2020 年版，第 199 页。

〔2〕 习近平：《切实尊崇宪法，严格实施宪法》，载习近平：《论坚持全面依法治国》，中央文献出版社 2020 年版，第 201 页。

〔3〕 习近平：《在中央全面依法治国委员会第一次会议上的讲话》，载习近平：《论坚持全面依法治国》，中央文献出版社 2020 年版，第 227—232 页。

2020 年 11 月，中央全面依法治国工作会议召开，会议最重要的成果是正式确立习近平法治思想在全面依法治国工作中的指导地位。习近平法治思想的主要内容和核心要义，集中体现为"十一个坚持"，即坚持党对全面依法治国的领导，坚持以人民为中心，坚持中国特色社会主义法治道路，坚持依宪治国、依宪执政，坚持在法治轨道上推进国家治理体系和治理能力现代化，坚持建设中国特色社会主义法治体系，坚持依法治国、依法执政、依法行政共同推进，法治国家、法治政府、法治社会一体建设，坚持全面推进科学立法、严格执法、公正司法、全民守法，坚持统筹推进国内法治和涉外法治，坚持建设德才兼备的高素质法治工作队伍，坚持抓住领导干部这个"关键少数"[1]。习近平法治思想是对马克思主义法治理论、中国特色社会主义法治理论的创新发展，是对中国法治实践的理论总结，更是为新时代全面依法治国提供了根本遵循和行动指南。

八、"坚持和完善中国特色社会主义制度、推进国家治理体系和治理能力现代化"

2019 年 10 月，党的十九届四中全会第一次完整深刻阐述了坚持和完善中国特色社会主义制度在各方面必须坚持的根本制度、基本制度、重要制度，明确提出坚持和完善人民代表大会制度这一根本政治制度。

一是"坚持和完善人民当家作主制度体系，发展社会主义民

---

〔1〕 习近平：《以科学理论指导全面依法治国各项工作》，载习近平：《论坚持全面依法治国》，中央文献出版社 2020 年版，第 2—6 页。

主政治"。必须坚持人民主体地位，坚定不移走中国特色社会主义政治发展道路。二是坚持和完善人民代表大会制度这一根本政治制度。人民行使国家权力的机关是全国人民代表大会和地方各级人民代表大会。支持和保证人民通过人民代表大会行使国家权力，保证各级人大都由民主选举产生、对人民负责、受人民监督，保证各级国家机关都由人大产生、对人大负责、受人大监督。支持和保证人大及其常委会依法行使职权，健全人大对"一府一委两院"监督制度。密切人大代表同人民群众的联系，健全代表联络机制，更好发挥人大代表作用。还对健全人大组织制度、选举制度和议事规则，加强地方人大及其常委会建设等提出要求。三是坚持和完善中国共产党领导的多党合作和政治协商制度，坚持社会主义协商民主的独特优势。四是坚持和完善中国特色社会主义法治体系，提高党依法治国、依法执政能力。必须坚定不移走中国特色社会主义法治道路，全面推进依法治国，推进法治中国建设。五是健全保证宪法全面实施的体制机制。加强宪法实施和监督，落实宪法解释程序机制，推进合宪性审查工作，加强备案审查制度和能力建设，依法撤销和纠正违宪违法的规范性文件。坚持宪法法律至上，健全法律面前人人平等保障机制，维护国家法制统一、尊严、权威。六是完善立法体制机制。坚持科学立法、民主立法、依法立法，完善党委领导、人大主导、政府依托、各方参与的立法工作格局，立改废释并举，不断提高立法质量和效率。七是完善以宪法为核心的中国特色社会主义法律体系，加强重要领域立法，加快我国法域外适用的法律体系建设，以良法保障善治。要健全社会公平正义法治保障制度。坚持法治建设为了人民、依靠人民，加强人权法治保障，保证人民依法享有广泛的权利和自由、承担应尽的义务，引导全体人民做社会主义法治的忠实崇尚者、自觉遵守者、坚定捍卫者。八是加强对法律实施的监督。保证行政权、监察权、审判权、检察权得到依法正确行使，保证公民、法人和其他组织合法权益得到切实保障，坚决排除对执法司法活动的干预。[1]

九、关于坚持和完善人民代表大会制度的重要思想

2021年10月，在首次中央人大工作会议上，习近平总书记发表重要讲话，全面阐述了坚持和完善人民代表大会制度的重要思想，明确了其科学内涵，核心要义，实践要求。一是深刻阐释人民代表大会制度的显著优势和独特功效，它是在我国政治发展史乃至世界政治发展史上具有重大意义的"全新政治制度"，有效保证国家沿着社会主义道路前进，最大限度保障人民当家作主，有效保证国家治理跳出治乱兴衰的历史周期率。二是提出"六个必须"的重大论断，即必须坚持中国共产党领导，必须坚持用制度体系保障人民当家作主，必须坚持全面依法治国，必须坚持民主集中制，必须坚持中国特色社会主义政治发展道路，必须坚持推进国家治理体系和治理能力现代化。这具有极其重要的方法论意义。三是强调制度竞争是综合国力竞争的重要方面，制度优势是一个国家赢得战略主动的重要优势。四是要毫不动摇坚持、与时俱进完善人民代表大会制度，加强和改进新时代人大工作，并从六个方面作出部署、提出要求。五是首次提出人大要成为"四机关"，"成为自觉坚持中国共产党领导的政治机关、保证人民当家作主的国家权力机关、全面担负起宪法法律赋予的各

---

[1] 《中共中央关于坚持和完善中国特色社会主义制度　推进国家治理体系和治理能力现代化若干重大问题的决定》，人民出版社2019年版，第10—15页。

项职责的工作机关、始终同人民群众保持密切联系的代表机关"[1]。这明确提出了新时代加强和改进人大工作的指导思想、重大原则和主要工作，深刻回答新时代坚持和完善人民代表大会制度的一系列重大理论和实践问题。

习近平总书记把马克思主义民主政治理论与中国当代实际相结合，不断深化对民主政治发展规律的认识，重新提炼概括了关于民主的理论，集中阐述了我们党关于民主的根本立场、重大理念、重要观点和成功做法，全面系统论述了全过程人民民主。一是"民主是全人类的共同价值，是中国共产党和中国人民始终不渝坚持的重要理念。"特别是强调中国共产党始终高举人民民主的旗帜，并高度概括了我们党坚持和发展人民民主的"五个基本观点"。这就是：人民民主是社会主义的生命，没有民主就没有社会主义，就没有社会主义的现代化，就没有中华民族伟大复兴；人民当家作主是社会主义民主政治的本质和核心，发展社会主义民主政治就是要体现人民意志、保障人民权益、激发人民创造活力，用制度体系保证人民当家作主；中国特色社会主义政治发展道路是符合中国国情、保证人民当家作主的正确道路，是近代以来中国人民长期奋斗历史逻辑、理论逻辑、实践逻辑的必然结果，是坚持党的本质属性、践行党的根本宗旨的必然要求；人民通过选举、投票行使权利和人民内部各方面在重大决策之前进行充分协商，尽可能就共同性问题取得一致意见，是中国社会主义民主的两种重要形式，共同构成了中国社会主义民主政治的制度特点和优势；发展社会主义民主政治关键是要把我国社会主义民主政治的特点和优势充分发挥出来，不断推进社会主义民主政

---

〔1〕习近平：《坚持和完善人民代表大会制度，不断发展全过程人民民主》，载习近平：《论坚持人民当家作主》，中央文献出版社 2021 年版，第 333 页。

治制度化、规范化、程序化，为党和国家兴旺发达、长治久安提供更加完善的制度保障[1]。二是明确了一个国家政治制度是不是民主的、有效的评价标准。习近平总书记在中央人大工作会议上发表的重要讲话中，重申了"八个能否"评价标准，并创造性地提出一个国家民主不民主"四个要看、四个更要看"的标准，即要看人民有没有投票权，更要看人民有没有广泛参与权；要看人民在选举过程中得到了什么口头许诺，更要看选举后这些承诺实现了多少；要看制度和法律规定了什么样的政治程序和政治规则，更要看这些制度和法律是不是真正得到了执行；要看权力运行规则和程序是否民主，更要看权力是否真正受到人民监督和制约[2]。总之，政治制度不能脱离特定社会政治条件和历史文化传统来抽象评判。三是首次集中阐述全过程人民民主这一重大理念。2019 年 11 月，习近平总书记在上海市长宁区虹桥街道古北市民中心考察社区治理和服务情况时提出："我们走的是一条中国特色社会主义政治发展道路，人民民主是一种全过程的民主。所有的重大立法决策都是依照程序、经过民主酝酿，通过科学决策、民主决策产生的。"[3] 2021 年 7 月 1 日，在庆祝中国共产党成立 100 周年大会上，习近平总书记进一步强调，"站稳人民立场，贯彻党的群众路线，尊重人民首创精神，践行以人民为中心的发展思想，发展全过程人民民主，维护社会公平正义"[4]。在

〔1〕 习近平：《在中央人大工作会议上的讲话》，载《求是》2022 年第 5 期，第 12—13 页。

〔2〕 习近平：《坚持和完善人民代表大会制度，不断发展全过程人民民主》，载习近平：《论坚持人民当家作主》，中央文献出版社 2021 年版，第 334—335 页。

〔3〕 习近平：《人民民主是一种全过程的民主》，载习近平：《论坚持人民当家作主》，中央文献出版社 2021 年版，第 303 页。

〔4〕 习近平：《人民民主是一种全过程的民主》，载习近平：《论坚持人民当家作主》，中央文献出版社 2021 年版，第 304 页。

中央人大工作会议上发表的重要讲话中，习近平总书记首次全面阐明全过程人民民主这一重大理念。在深刻阐述人民民主的"五个基本观点"的基础上，强调"我国全过程人民民主不仅有完整的制度程序，而且有完整的参与实践。我国全过程人民民主实现了过程民主和成果民主、程序民主和实质民主、直接民主和间接民主、人民民主和国家意志相统一，是全链条、全方位、全覆盖的民主，是最广泛、最真实、最管用的社会主义民主"。[1] 这是对中国式民主的一个重大论断和全新概括，是中国共产党关于人民民主理论的集大成。习近平总书记在这篇重要讲话中明确要求从三个方面"具体地、现实地"践行全过程人民民主。四是"人民代表大会制度是实现我国全过程人民民主的重要制度载体。"[2] 这是一个全新的重大论断，进一步阐明了人民代表大会制度在发展全过程人民民主中的重要地位和作用。人民代表大会制度是我国的根本政治制度，是人民当家作主的根本途径和最高实现形式。人民代表大会是主要民主渠道。坚持和完善人民代表大会制度，发挥这一根本政治制度的职能作用，有利于实现和发展全过程人民民主。这生动阐明了我国社会主义民主的特质和优势，是总结我们党百年来为实现和保证人民当家作主不懈奋斗的宝贵经验，丰富和发展马克思主义关于人民民主的思想，不断深化对人类政治文明发展规律认识的重大理论创新成果，为新时代发展社会主义民主政治、建设社会主义政治文明指明了前进方向、提供了根本遵循。党的十九届六中全会通过的《中共中央关

---

〔1〕 习近平：《坚持和完善人民代表大会制度，不断发展全过程人民民主》，载习近平：《论坚持人民当家作主》，中央文献出版社2021年版，第336页。

〔2〕 习近平：《坚持和完善人民代表大会制度，不断发展全过程人民民主》，载习近平：《论坚持人民当家作主》，中央文献出版社2021年版，第337页。

于党的百年奋斗重大成就和历史经验的决议》，把"发展全过程
人民民主"列为习近平新时代中国特色社会主义思想的重要内
容，既从党的十八大以来党和国家事业取得的历史性成就的高度
进行总结，又从未来发展的战略高度作出部署。

党的十八大以来，以习近平同志为核心的党中央，团结带领
全国各族人民，坚定不移走中国特色社会主义政治发展道路和法
治道路，坚持党的领导、人民当家作主、依法治国有机统一，积
极发展社会主义民主政治，全国人大及其常委会依法履职，新时
代人大工作取得历史性成就，人民代表大会制度创新发展，加快
建设中国特色社会主义法治体系、建设社会主义法治国家，完善
了全面、广泛、有机衔接的人民当家作主制度体系，全过程人民
民主建设取得新的重大进展。举其要者，党的领导、人民当家作
主、依法治国有机统一的制度建设全面加强，健全党领导人大的
体制机制，完善宪法实施制度，完善全国人大组织制度，推进国
家监察体制在内的国家机构改革，健全立法制度和体制，加强县
乡人大工作和建设，等等。同时，制定民法典、外商投资法、国
家安全法、监察法等法律，修改立法法、国防法、环境保护法等
法律，加快完善以宪法为核心的中国特色社会主义法律体系。通
过人民代表大会制度把坚持党的领导、人民当家作主、依法治国
三者真正打通、有机统一起来，有力促进了改革开放和社会主义
现代化建设，有力维护了国家统一、民族团结、社会稳定。

回顾我们党走过的百年辉煌历程，可以看到，人民代表大会
制度是实现和保证人民当家作主的好制度，是实现和保证全过程
人民民主的好制度。党的十九届六中全会深刻总结了我们党领导
人民进行伟大奋斗、积累的"十个坚持"的宝贵经验，强调必须
倍加珍惜、长期坚持，并在新时代实践中不断丰富和发展。从党

和国家的指导思想与人民代表大会制度的创新角度来说，这些经验，也是弥足珍贵的。第一，坚持理论创新。马克思主义是我们立党立国、兴党强国的根本指导思想。毛泽东思想、邓小平理论、"三个代表"重要思想、科学发展观、习近平新时代中国特色社会主义思想，是坚持把马克思主义基本原理同中国具体实际相结合、同中华优秀传统文化相结合的产物，是人民代表大会制度建立和实行的根本指导思想，是人民代表大会制度与时俱进、社会主义民主建设的强大思想武器。第二，坚持党的领导。中国共产党是领导我们事业的核心力量。党的领导是中国特色社会主义最本质的特征。人民代表大会制度是实现党的领导、保证党长期执政的根本政治制度。必须坚持党的全面领导特别是党中央集中统一领导，始终保证正确政治方向，确保人大各项工作都在党的领导下进行，确保党的领导落实到人大工作各方面各环节全过程。第三，坚持人民至上。国家的一切权力属于人民。人民当家作主是社会主义民主政治的本质和核心。人民代表大会制度承载着党的初心和使命，是中国人民当家作主的最高实现形式和根本途径。必须高举人民民主的旗帜，坚持用制度体系保障人民当家作主，发挥好人民代表大会制度作为实现我国全过程人民民主的重要制度载体作用，通过人大依法行使职权、开展工作，加强人权法治保障，保证人民依法享有广泛的权利和自由，不断实现和发展全过程人民民主。第四，坚持中国道路。中国特色社会主义道路是创造人民美好生活、实现中华民族伟大复兴的康庄大道。必须保持政治上的清醒和坚定，坚定不移走中国特色社会主义政治发展道路和法治道路，坚持全面依法治国，发挥好人大在依法治国中的职能作用。第五，坚持民主集中制。民主集中制是中国国家组织形式和活动方式的基本原则。坚持人民代表大会统一行使国家权力，实行决策权、执行权、监督权既有合理分工又有相互协调，保证国家机关依照法定权限和程序行使职权、履行职责，坚持在党中央统一领导下，充分发挥地方主动性和积极性，保证国家统一高效组织推进各项事业。第六，坚持推进国家治理体系和治理能力现代化。人民代表大会制度是中国特色社会主义制度的重要组成部分，是支撑中国国家治理体系和治理能力的根本政治制度。在新时代推进国家制度和法律制度建设中担负起人大的职责使命，不断完善中国特色社会主义法律体系，助力经济社会发展和改革攻坚任务，以良法促进发展、保障善治；要加强对法律实施和制度执行情况的监督，推动增强法律制度的执行力，切实把中国制度优势转化为治理效能。

/ 第二章 /

人民代表大会制度概述

我国是工人阶级领导的、以工农联盟为基础的人民民主专政的社会主义国家，国体是人民民主专政，与这一国体相适应的政体是人民代表大会制度。习近平总书记对此有深刻论述。他指出："人民代表大会制度是坚持党的领导、人民当家作主、依法治国有机统一的根本政治制度安排，必须长期坚持、不断完善。"[1] "人民代表大会制度是中国特色社会主义制度的重要组成部分，也是支撑中国国家治理体系和治理能力的根本政治制度。新形势下，我们要毫不动摇坚持人民代表大会制度，也要与时俱进完善人民代表大会制度。"[2]

第一节　人民代表大会制度是我国的根本政治制度

人民代表大会制度是我国的根本政治制度，是我国的国家政权组织形式，是保证和实现人民当家作主的新型政治制度。这一说法最早见于刘少奇同志在《关于中华人民共和国宪法草案的报

---

〔1〕 习近平：《决胜全面建成小康社会，夺取新时代中国特色社会主义伟大胜利》，载中共中央党史和文献研究院编：《十九大以来重要文献选编》（上），中央文献出版社 2019 年版，第 26 页。

〔2〕 习近平：《在庆祝全国人民代表大会成立六十周年大会上的讲话》，载中央文献研究室编：《十八大以来重要文献选编》（中），中央文献出版社 2016 年版，第 56 页。

告》中提出："人民代表大会制既规定为国家的根本政治制度，一切重大问题就都应当经过人民代表大会讨论，并作出决定。"[1]

我国的政治制度有很多方面，包括人民代表大会制度、中国共产党领导的多党合作和政治协商制度、民族区域自治制度、基层群众自治制度等重要内容。其中，人民代表大会制度是国家政权的组织形式，涉及我们国家整个政权体系，具有根本性。所以，我们对人民代表大会制度的理解决不能局限于各级人大及其常委会的组织制度和工作制度，而必须从我国社会主义国家政权的组织形式来全面认识这一政治制度的内涵和特点。

进入新时代，以习近平同志为核心的党中央统筹中华民族伟大复兴战略全局和世界百年未有之大变局，从坚持和完善党的领导、巩固中国特色社会主义制度的战略高度出发，继续推进人民代表大会制度理论和实践创新，提出一系列新理念新思想新要求，形成习近平总书记关于坚持和完善人民代表大会制度的重要思想，极大地深化和丰富了人民代表大会制度的科学内涵。

什么是人民代表大会制度？简单地说，人民代表大会制度是根据国家一切权力属于人民的宪法原则，在党的领导下，通过民主选举各级人大代表，组成国家权力机关，由国家权力机关产生其他国家机关，在人民代表大会统一行使国家权力的基础上，明确划分国家立法权、行政权、监察权、审判权、检察权和武装力量领导权，按照民主集中制原则运行，保证和实现人民当家作主的国家政权组织形式。换句话说，人民代表大会制度不仅是国家权力机关的制度，而且包括了以人民代表大会为核心的整个国家机关

---

[1] 刘少奇：《关于中华人民共和国宪法草案的报告》，载《刘少奇选集》下卷，人民出版社1984年版，第157页。

组织体系的建立、职权划分、相互关系、活动原则和运行机制。

一、人民代表大会制度的科学内涵

人民代表大会制度建立和实行以来，始终坚持以中国共产党的领导和社会主义制度为本根，始终坚持以支持和保证人民当家作主为目标和追求，并随着党和国家事业的发展不断巩固、完善、发展，形成了一整套内涵丰富的科学制度体系。从人民代表大会制度的内容来说，它是以人大及其常委会为骨干，以人大及其常委会各项制度为基础，包括党与人民的关系、人民与国家政权的关系、人大与它的常委会的关系、人大及其常委会与"一府一委两院"的关系、人大及其常委会的自身运作、中央政权机构与地方政权机构的关系等。

具体来说，根据我国宪法和有关法律规定以及实践，这一制度体系包括以下基本内容[1]。

（一）我国是工人阶级领导的、以工农联盟为基础的人民民主专政的社会主义国家

这是我国的国体，是国家性质，明确了中国特色社会主义最本质的特征。社会主义制度是我国的根本制度。什么是国体？毛泽东同志在《新民主主义论》中有十分经典的论述。他指出，国体问题，"其实，它只是指的一个问题，就是社会各阶级在国家中的地位""国体——各革命阶级联合专政。"[2] 邓小平同志说，

---

〔1〕 王晨：《坚持和完善人民代表大会制度这一根本政治制度》，载本书编写组编著：《〈中共中央关于坚持和完善中国特色社会主义制度推进国家治理体系和治理能力现代化若干重大问题的决定〉辅导读本》，人民出版社2019年版，第25—26页。

〔2〕 毛泽东：《新民主主义论》，载《毛泽东选集》第二卷，人民出版社1991年6月第2版，第676—677页。

国体要解决的，是民主和专政问题。

1949年9月，《中国人民政治协商会议共同纲领》第一条规定："中华人民共和国为新民主主义即人民民主主义的国家，实行工人阶级领导的、以工农联盟为基础的、团结各民主阶级和国内各民族的人民民主专政，反对帝国主义、封建主义和官僚资本主义，为中国的独立、民主、和平、统一和富强而奋斗。"1954年9月，新中国第一部宪法第一条规定："中华人民共和国是工人阶级领导的、以工农联盟为基础的人民民主国家。"共同纲领和1954年宪法规定的，就是毛泽东同志在《新民主主义论》里说的"几个革命阶级联合的、统一战线的"国家政权。这里，工人阶级是国家政权的领导阶级，工人和农民的联盟是国家政权的阶级基础，国家政权的团结对象是小资产阶级和民族资产阶级。工人阶级、农民阶级、小资产阶级、民族资产阶级都属于人民民主专政中人民的范畴。所以，中华人民共和国的国家政权，是人民民主的政权，是广泛民主的政权。

现阶段，我国人民的范畴已经大大扩大了，不仅包括工人、农民、知识分子，还包括全体社会主义劳动者，全体社会主义事业建设者，以及全体拥护社会主义的爱国者和拥护祖国统一的爱国者。国家专政的对象，只是极少数的敌特分子，破坏社会主义秩序的刑事犯罪分子和其他坏分子，贪污盗窃的新剥削分子。这说明，确保我们国家安定团结、统一强大的阶级基础，是非常广泛、非常深厚的。

习近平总书记在党的十九大报告中深刻指出，中国特色社会主义最本质的特征是中国共产党领导，中国特色社会主义制度的最大优势是中国共产党领导，党是最高政治领导力量。坚持党对一切工作的领导。党政军民学，东西南北中，党是领导一切的。[1] 他在庆祝中国共产党成立 100 周年大会上的讲话中指出："以史为鉴、开创未来，必须坚持中国共产党坚强领导。办好中国的事情，关键在党。"[2] 在首次中央人大工作会议上的重要讲话中，习近平总书记全面阐述关于坚持和完善人民代表大会制度的重要思想，其中第一条就是"必须坚持中国共产党领导"，强调"人民代表大会制度是党领导国家政权机关的重要制度载体，也是党在国家政权中充分发扬民主、贯彻群众路线的重要实现形式。"[3] 人民代表大会制度是加强党对人大工作的全面领导的重要制度平台。

（二）国家的一切权力属于人民，人民行使国家权力的机关是全国人民代表大会和地方各级人民代表大会

这就明确了人民与国家的关系，就是人民如何组织国家政权。这也就是政体问题。对此，毛泽东同志深刻指出："至于还有所谓'政体'问题，那是指的政权构成的形式问题，指的一定的社会阶级取何种形式去组织那反对敌人保护自己的政权机关。没有适当形式的政权机关，就不能代表国家。""政体——民主集中制。"[4] 以毛泽东同志为主要代表的中国共产党人，对实行什么样的政体（国家政权组织形式）从理论和实践上进行了艰苦探索。1945 年，毛泽东在《论联合政府》中指出："新民主主义的

〔1〕 习近平：《决胜全面建成小康社会，夺取新时代中国特色社会主义伟大胜利》，载《习近平谈治国理政》第三卷，外文出版社 2020 年版，第 16 页。

〔2〕 习近平：《在庆祝中国共产党成立 100 周年大会上的讲话》，载《求是》2021 年第 14 期，第 9 页。

〔3〕 习近平：《在中央人大工作会议上的讲话》，载《求是》2022 年第 5 期，第 11 页。

〔4〕 毛泽东：《新民主主义论》，载《毛泽东选集》第二卷，人民出版社 1991 年 6 月第 2 版，第 676—677 页。

政权组织，应该采取民主集中制，由各级人民代表大会决定大政方针，选举政府。它是民主的，又是集中的，就是说，在民主基础上的集中，在集中指导下的民主。只有这个制度，才既能表现广泛的民主，使各级人民代表大会有高度的权力；又能集中处理国事，使各级政府能集中地处理被各级人民代表大会所委托的一切事务，并保障人民的一切必要的民主活动。"[1]

我们党和国家坚持以人民为中心。人民是历史的创造者，是决定党和国家前途命运的根本力量。现行宪法规定，中华人民共和国的一切权力属于人民。在我国，人民，只有人民，才是国家和社会的主人。人民当家作主是社会主义民主政治的本质特征，这其中最根本、最重要的就是掌握国家政权，行使国家权力。我国幅员辽阔，人口众多，全国各族人民不可能每个人都直接行使国家权力，而是要通过一定的政权组织形式来实现。

现行宪法规定，人民行使国家权力的机关是全国人大和地方各级人大。人民代表大会制度是我国的政体，是同我国国体相适应的政权组织形式。这是我们国家制度的核心内容和基本准则。人民代表大会制度的组织基础是民主选举。全国人大和地方各级人大都由民主选举产生，对人民负责，受人民监督。

进一步说，这又包括许多具体制度，主要有：1. 人大组织制度。（1）全国人大组织制度，包括全国人大及其常委会、全国人大专门委员会，以及人大工作机构和办事机构。（2）地方各级人大组织制度，包括地方各级人大及其常委会、地方各级人大专门委员会以及人大工作机构和办事机构，乡镇人大。2. 人大代表选举制度。3. 人大代表执行职务制度，以及服务保障制度。4. 人大

〔1〕 毛泽东：《论联合政府》，载《毛泽东选集》第三卷，人民出版社1991年6月第2版，第1057页。

及其常委会选举任免制度。5. 人大立法制度。6. 人大监督制度。7. 人大讨论决定重大事项制度。8. 人大会议制度和工作制度等。

（三）国家行政机关、监察机关、审判机关、检察机关都由人民代表大会产生，对人大负责，受人大监督

这是国家权力机关与其他国家机关之间的关系。就是说，人大与"一府一委两院"的关系是选举和被选举、监督和被监督、议决和执行的关系。现行宪法第三条第二款规定："全国人民代表大会和地方各级人民代表大会都由民主选举产生，对人民负责，受人民监督。"这一规定在 1954 年宪法中并没有，而是在总结经验教训的基础上，1982 年宪法增写的。

现行宪法规定，国家机构实行民主集中制的原则。在人民代表大会统一行使国家权力的前提下，明确划分国家的行政权、监察权、审判权和检察权，各国家机关在宪法和法律规定的职责范围内独立负责地行使职权、开展工作。在制定法律法规和决定国家（或地区）重大问题上，由人大按照民主集中制原则，充分发扬民主，集体讨论问题，集体作出决定；在法律法规的贯彻执行上，实行严格的责任制，由政府、监察委员会、法院、检察院依法各负其责。人大及其常委会不代行国家行政机关、监察机关、审判机关、检察机关的职权。

简单地说，就是人大选举组成"一府一委两院"，"一府一委两院"对人大负责，受人大监督；全国人大还选举产生国家主席、副主席，中央军委主席；人大审议决定，"一府一委两院"执行；人大监督"一府一委两院"，"一府一委两院"接受人大的监督。

（四）中央和地方国家机构职权的划分，遵循在中央的统一领导下、充分发挥地方的主动性积极性的原则

我国是中央集中统一领导的单一制国家，明确划分中央与地

方国家机构的职权，全国人大和地方各级人大分别行使最高国家权力和地方国家权力。这就是我国的中央与地方的关系。

当然，我国的单一制国家结构形式，具有自身的特点和优势。这主要体现为既有原则性又有灵活性。就原则性来说，就是集中统一领导，包括：作为长期执政的中国共产党的集中统一领导、一部宪法（即现行宪法）、一个法律体系（以宪法为核心的中国特色社会主义法律体系）、法制（法治）统一和尊严等。就灵活性而言，就是在单一制国家结构形式下，有自治地方借鉴了联邦制中充分调动地方积极性的因素。这又包括两个方面：在国家统一领导下，各少数民族聚居的地方实行区域自治；实行"一国两制""港人治港""澳人治澳"、高度自治方针下的香港特别行政区和澳门特别行政区。

（五）坚持各民族一律平等，实行民族区域自治，维护和发展平等团结互助和谐的社会主义民族关系

我国是统一的多民族国家，各民族一律平等，各少数民族聚居的地方实行民族区域自治，设立自治机关，行使自治权。各民族自治地方都是国家不可分离的一部分。我们有 5 个自治区、30 个自治州、120 多个自治县，还有作为补充形式的近 1000 个民族乡。

（六）坚持全面依法治国，健全社会主义法治，建设社会主义法治国家

依法治国是党领导人民治理国家的基本方式。坚持全面依法治国是习近平新时代中国特色社会主义思想的重要组成部分，新时代党的基本方略，是习近平总书记关于坚持和完善人民代表大会制度的重要思想的内容，是中国特色社会主义的本质要求和重要保障。

坚持全面依法治国基本方略，必须坚持以习近平法治思想为指导，把党的领导贯彻落实到依法治国全过程和各方面，坚定不移走中国特色社会主义法治道路，完善以宪法为核心的中国特色社会主义法律体系，建设中国特色社会主义法治体系，建设社会主义法治国家，"弘扬社会主义法治精神，依照宪法法律推进国家各项事业和各项工作，维护社会公平正义，尊重和保障人权，实现国家各项工作法治化"[1]。

（七）坚持党和国家的指导思想

《中共中央关于党的百年奋斗重大成就和历史经验的决议》明确提出："马克思主义是我们立党立国、兴党强国的根本指导思想。"[2]这是总结我们党百年奋斗的历史经验所得出的重要结论。我们党百年奋斗的一个重大历史意义，就是充分展示了马克思主义的强大生命力。

坚持以马克思列宁主义、毛泽东思想、邓小平理论、"三个代表"重要思想、科学发展观、习近平新时代中国特色社会主义思想为指导。这在我们的党章和现行宪法中都有明确规定。因此，这既是我们党的指导思想，也是我们国家的指导思想。这是实现国家根本任务目标的行动指南和根本遵循，确保沿着中国特色社会主义道路前进，建设富强民主文明和谐美丽的社会主义现代化强国，实现中华民族伟大复兴。

总之，正是通过这一系列紧密联系、相互贯通的重要政治思想和理论原则，一整套构建科学、运转协调的重要政治制度和行

---

〔1〕习近平：《在中央人大工作会议上的讲话》，载《求是》2022年第5期，第6页。

〔2〕《中共中央关于党的百年奋斗重大成就和历史经验的决议》，载本书编写组编著：《〈中共中央关于党的百年奋斗重大成就和历史经验的决议〉辅导读本》，人民出版社2021年版，第75页。

为规范，人民代表大会制度为中国特色社会主义事业发展提供了可靠的制度支撑和保障。

二、人民代表大会制度具有强大生命力和独特优势

新中国成立以来，人民代表大会制度不断得到巩固和发展完善，显示出强大的生命力和巨大的优越性。党的十九届四中全会系统总结了我国国家制度和国家治理体系十三个方面的显著优势，其中很多优势都在人民代表大会制度中得到体现和贯彻。2021 年 10 月，习近平总书记在中央人大工作会议上的重要讲话中，深刻阐明我国实行人民代表大会制度的重大意义，并用"三个有效保证"进一步精辟概括了它的重要作用和独特优势。总括起来，人民代表大会制度的优越性主要包括以下内容。

（一）人类政治制度史上的伟大创造

人民代表大会制度这一全新的人民民主制度在中国大地上诞生了，这本身就是一个值得大书特书的大事件。

2014 年 9 月 5 日，习近平总书记在庆祝全国人民代表大会成立 60 周年大会上的重要讲话中，深刻阐明了我国实行人民代表大会制度的历史必然性和重大意义。他指出："在中国实行人民代表大会制度，是中国人民在人类政治制度史上的伟大创造，是深刻总结近代以后中国政治生活惨痛教训得出的基本结论，是中国社会 100 多年激越变革、激荡发展的历史结果，是中国人民翻身作主、掌握自己命运的必然选择。"[1]

---

〔1〕 习近平：《在庆祝全国人民代表大会成立六十周年大会上的讲话》，载习近平：《论坚持人民当家作主》，中央文献出版社 2021 年版，第 72—73 页。

2021 年 10 月 13 日，习近平总书记在中央人大工作会议上的重要讲话中，回顾总结党领导人民建立、发展和完善人民代表大会制度的非凡历程和巨大成就，指出："人民代表大会制度是符合我国国情和实际、体现社会主义国家性质、保证人民当家作主、保障实现中华民族伟大复兴的好制度，是我们党领导人民在人类政治制度史上的伟大创造，是在我国政治发展史乃至世界政治发展史上具有重大意义的全新政治制度。"[1] 这是对人民代表大会制度的定性，强调它是"伟大创造"，是具有重大意义的"全新政治制度"。这是被历史和实践充分证明了的。

（二）"有效保证国家沿着社会主义道路前进"

我国是共产党领导的社会主义国家。习近平总书记指出："人民代表大会制度，坚持中国共产党领导，坚持马克思主义国家学说的基本原则，适应人民民主专政的国体，有效保证国家沿着社会主义道路前进。"[2] 在中央全面依法治国工作会议上的讲话中，习近平总书记强调，坚持依宪治国、依宪执政，就包括"坚持宪法确定的中国共产党领导地位不动摇，坚持宪法确定的人民民主专政的国体和人民代表大会制度的政体不动摇"[3]。

中国共产党领导是中国特色社会主义最本质特征，是中国特色社会主义制度的最大优势。中国共产党的领导，就是支持和保证人民当家作主。党发挥总揽全局、协调各方的领导核心作用，通过人民代表大会制度，使党的主张通过法定程序成为国家意

---

〔1〕　习近平：《在中央人大工作会议上的讲话》，载《求是》2022 年第 5 期，第 5 页。

〔2〕　习近平：《在中央人大工作会议上的讲话》，载《求是》2022 年第 5 期，第 5 页。

〔3〕　习近平：《以科学理论指导全面依法治国各项工作》，载习近平：《论坚持全面依法治国》，中央文献出版社 2020 年版，第 3 页。

志，使党组织推荐的人选通过法定程序成为国家政权机关的领导人员，保证党通过国家政权机关实施对国家和社会的领导，保证党的路线方针政策和决策部署在国家工作中得到全面贯彻和有效执行。比如，毛泽东同志亲自主持起草的新中国第一部宪法（即1954年宪法），是一部很好的宪法，1982年修改宪法就是以它为基础的，它的基本原则实际上被1982年宪法继承下来并加以发展。又如，从1953年到现在，在党中央的领导下，通过人民代表大会制度，制定和实施了14个五年发展计划（规划），集中力量办大事，凝聚各方面智慧和力量为实现国家发展目标不懈奋斗，取得了举世瞩目的巨大成就。

（三）"有效保证国家治理跳出治乱兴衰的历史周期率"

习近平总书记指出："人民代表大会制度，坚持国家一切权力属于人民，最大限度保障人民当家作主，把党的领导、人民当家作主、依法治国有机统一起来，有效保证国家治理跳出治乱兴衰的历史周期率。"[1]

人民当家作主是社会主义民主政治的本质特征，人民代表大会制度是人民当家作主的重要途径和最高实现形式。坚持国家一切权力属于人民，支持和保证人民通过人民代表大会行使国家权力，充分保障和实现人民当家作主，保证人民依法实行民主选举、民主协商、民主决策、民主管理、民主监督，享有广泛的权利和自由，动员全体人民以国家主人翁姿态投身社会主义建设。改革开放以来，我国选举制度不断健全完善，直接选举的范围扩大到县级，实行普遍的差额选举，实现城乡按照相同人口比例选举人大代表，先后进行了11次乡级人大代表直接选举、10次县

---

〔1〕 习近平：《在中央人大工作会议上的讲话》，载《求是》2022年第5期，第5页。

级人大代表直接选举、8 次县级以上人大代表间接选举，充分保障了人民的选举权和被选举权。2017 年底，我国共有五级人大代表262 万多名，其中直接选举产生的县乡人大代表占94%。代表们发挥来自人民、植根人民的特点和优势，代表人民参加行使国家权力，在人大会议上讨论决定国家和地方的大事。公民有序政治参与不断扩大，人大审议的法律法规草案都公开征求社会公众的意见，各国家机关都建立起联系群众、听取意见、接受监督、回应社会关切的机制。通过完备的法律制度保障人民享有广泛而真实的权利和自由，宪法明确规定国家尊重和保障人权，全国人大及其常委会制定和修改了政治、经济、社会、文化、生态文明等方面的一大批法律，切实保证人民依法享有广泛的权利和自由。

人民代表大会制度是推进全面依法治国的重要制度载体和平台。我们党历来重视法治建设。特别是党的十八大以来，党中央明确提出全面依法治国，并将其纳入"四个全面"战略布局，作出一系列重大决策部署，推动我国社会主义法治建设发生历史性变革、取得历史性成就。通过人民代表大会制度，全面推进依法治国，坚持宪法法律至上，大力弘扬社会主义法治精神，推进科学立法、严格执法、公正司法、全民守法，依照人大及其常委会制定的法律法规来展开和推进国家各项事业和各项工作，实现国家各项工作法治化。全国人大及其常委会依法行使国家立法权，国务院、有立法权的地方人大及其常委会等依法开展立法工作，以宪法为核心的中国特色社会主义法律体系如期形成并不断完善，科学立法、民主立法、依法立法深入推进，立法工作取得了举世瞩目的重大成就。截至目前，我国现行有效的法律 275 件、行政法规 750 多件、地方性法规 12000 多件，国家和社会生活各方面已经实现了有法可依。各级人大及其常委会加强和改进监督工作，形成执法检查、听取审议工作报告、专题询问等一套行之有效的监督机制，保证宪法法律有效实施，促进依法行政、依法监察、公正司法。

（四）"有效保证国家政治生活既充满活力又安定有序"

习近平总书记指出："人民代表大会制度，正确处理事关国家前途命运的一系列重大政治关系，实现国家统一高效组织各项事业，维护国家统一和民族团结，有效保证国家政治生活既充满活力又安定有序。"[1]

我们党将民主集中制原则推广运用于人民政权建设中，将其作为我国国家组织形式和活动方式的基本原则。按照民主集中制原则，在国家机构设置上，有国家权力机关，就是各级人大；有国家行政机关、监察机关、审判机关、检察机关。在国家机构产生上，通过民主选举产生各级人大，其他国家机关都由人大产生，对人大负责、受人大监督。在国家权力配置上，在党的集中统一领导下，人民代表大会统一行使国家权力，行政权、监察权、审判权、检察权等分别由政府、监察委员会、法院、检察院负责行使。各国家机关实行决策权、执行权、监督权，既有合理分工，又密切协作，形成一个有机统一高效的整体和工作合力，极大地提高了国家治理的效能。

强调党的十八大以来，"人大工作取得历史性成就，人民代表大会制度更加成熟、更加定型"，"为党领导人民创造经济快速发展奇迹和社会长期稳定奇迹提供了重要制度保障"。

---

〔1〕 习近平：《在中央人大工作会议上的讲话》，载《求是》2022 年第 5 期，第 5 页。

总之，人民代表大会制度为党领导人民创造经济快速发展奇迹和社会长期稳定奇迹提供了重要制度保障。

第二节　人民代表大会制度的形成和发展完善

一、人民代表大会制度的探索和建立

中国共产党自成立之日起，牢记初心使命，以实现人民当家作主为己任，在团结带领人民进行不懈奋斗的历史进程中，创造性地把马克思主义国家学说与我国具体情况结合起来、与中华优秀传统文化结合起来，从发动和组织工农运动开始，积极探索革命根据地、抗日根据地、解放区政权建设，最终建立起符合中国国情、具有中国特色的政权组织形式——人民代表大会制度这一新型政治制度。

（一）探索建立劳工专政的政权形式

十月革命一声炮响，给我们送来了马克思列宁主义。1921年7月党的一大通过的《中国共产党第一个纲领》明确，"承认无产阶级专政，直到阶级斗争结束""承认苏维埃管理制度，把工农劳动者和士兵组织起来，并承认党的根本政治目的是实行社会革命"。[1] 1921年至1927年，中国共产党积极探索劳工专政的

---

〔1〕《中国共产党第一个纲领》，载中共中央文献研究室、中央档案馆编：《建党以来重要文献选编（一九二一——一九四九）》第一册，中央文献出版社2011年版，第1页。

政权形式，为建立新型国家治理模式进行了初步尝试。

一是组织发动了一系列工人运动。其中，1925年6月爆发、持续近两年的省港大罢工，由罢工工人选出代表组成罢工工人代表大会和罢工委员会，执行了革命政权的一些重要职能，如制定革命法规、决定重大事项、分配食品、建立革命法庭、维持秩序等。1927年3月，上海市民代表会议，选举产生市人民代表会议主席和执行委员，通过《上海特别市市民代表会议政府组织条例》。其中规定，"上海特别市以市民代表会议为最高权力机关"。

二是通过农民协会把农民组织起来。1921年9月，浙江萧山县衙前镇组织召开农民代表大会，通过《衙前农民协会宣言》和《衙前农民协会章程》，选举产生农会执行委员会，成立中国第一个新型农民组织。1924年国共合作形成之后，毛泽东等人在广州创办农民运动讲习所，培养农民运动骨干，提出"一切权力归农会"[1]。

（二）建立中华苏维埃共和国

1927年至1935年，中国共产党领导人民创建革命根据地，学习苏联的制度模式，明确提出要建立"工农苏维埃"，直至建立中华苏维埃共和国。

一是尝试建立工农兵代表苏维埃（会议）。1927年9月初，毛泽东在领导秋收起义的准备工作时明确提出，应当扩大宣传苏维埃政权，在暴动力量发展最大的地方建立苏维埃，把一切权力归工农兵代表会议。10月，彭湃在广东海陆丰领导秋收起义成功后，立即召开海丰和陆丰工农兵代表大会，揭开了中国苏维埃运动的序幕。11月28日，成立了湘赣边界第一个工农兵政权——茶

---

〔1〕 毛泽东：《湖南农民运动考察报告》，载《毛泽东选集》第一卷，人民出版社1991年第2版，第14页。

陵县工农兵政府，谭震林任主席。此后，革命根据地的政权组织形式实现由农民协会向工农苏维埃（工农兵代表会议）转变。

二是党的六大明确提出力争建立工农兵代表会议（苏维埃）政权。1928年6月至7月，党的六大在莫斯科召开。会议通过的《政治决议案》提出党在民主革命中的三大任务、十大纲领，明确"力争建立工农兵代表会议（苏维埃）政权，这是引进广大的劳动群众参加管理国事的最好的形式，也就是实行工农民主专政的最好的形式"。

三是各地陆续召开工农兵代表大会。1930年3月，在吉安县召开赣西南第一次工农兵代表大会，成立赣西南苏维埃政府，后发展为江西省工农民主政府。同时，闽西根据地建立起来。到1931年9月中旬，赣南、闽西两大根据地连成一片，形成了拥有21个县、250万人口的中央革命根据地（又称中央苏区），为中华苏维埃共和国的建立奠定了基础。

四是建立中华苏维埃共和国。1931年11月7日至20日，中华苏维埃第一次全国代表大会在江西瑞金叶坪村举行。会议通过《中华苏维埃共和国宪法大纲》和劳动法等，选出63人组成的中央执行委员会。宪法大纲不仅明确了中国苏维埃政权的性质，还规定苏维埃共和国之最高政权为全国工农兵会议（苏维埃）的大会，在大会闭会期间，全国苏维埃中央执行委员会为最高政权机关，中央执行委员会下组织人民委员会，处理日常政务，发布一切法令和决议案。1931年11月27日，中央执行委员会召开第一次会议，选举毛泽东为中央执行委员会主席。在中央执行委员会之下，组织最高行政机关——人民委员会，选举毛泽东为主席。"毛主席"的称呼由此而来。这次会议的召开标志着中国共产党领导的革命政权建设已经发展成为国家的形态。1934年1月，第二次全国苏维埃代表大会举行。

临时中央政府十分关注地方的政权建设。1931年11月以后，仅在中央根据地范围内，即先后建立了江西、福建、闽赣、粤赣、赣南等省苏维埃政府，到1935年1月，先后建立过的县级苏维埃政府有250多个。在其他地区，先后建立过湘赣、陕甘边（特区）和陕北、大金等省级（或相当于省级）苏维埃政府。

中华苏维埃共和国是中华人民共和国的雏形。工农兵代表大会是我国历史上第一次以国家形式出现的劳动人民当家作主的权力机关。这时的政权组织形式在很大程度上借鉴移植了苏联苏维埃制度，同时也进行了适度创新。如中华苏维埃设立了中央审计委员会，一些基层苏维埃代表由差额选举产生等，都是当时苏联所没有的。

（三）实行参议会，推行"三三制"

为适应全面抗战需要，以毛泽东同志为主要代表的中国共产党人把民族利益放在首位，继续探索统一战线性质的政权组织形式，在边区实行参议会制度，同时提出了建立人民代表大会制度的初步构想。

一是把边区的工农民主专政性质的政权转变为抗日统一战线性质的政权。1937年5月，毛泽东宣布："为了和平、民主和抗战，为了建立抗日的民族统一战线，……共产党领导的陕甘宁革命根据地的政府改名为中华民国特区政府，红军改名为国民革命军，受南京中央政府及军事委员会的指导"[1]。9月，中共中央正式宣布取消中华苏维埃共和国的称号，改为中华民国特区政府，即陕甘宁边区政府。

---

[1] 毛泽东：《中国共产党在抗日时期的任务》，载《毛泽东选集》第一卷，人民出版社1991年第2版，第258页。

二是逐步实行参议会制度。1937 年后，参议会制度逐渐在县区以下的基层政治生活中代替工农兵代表会议制度，成为各抗日根据地的组织形式和最基本的政治制度。1937 年 7 月，陕甘宁边区各区县广泛发动人民选举参议员，召开参议员大会，选出基层各级抗日民主政府和参议会常驻机构。1939 年 1 月 17 日至 2 月 4 日，陕甘宁边区召开第一届参议会第一次会议，选出议长、副议长，政府主席、副主席，制定施政纲领。在政权组织形式上明确实行"三三制"，即在政权机关的人员构成上，实行共产党员、进步分子、中间分子各占 1/3。1940 年 3 月，中共中央通知要求，革命根据地按照"三三制"原则建立各级参议会制政权。1943 年 1 月，晋察冀边区第一届参议会召开，为 5 年后华北人民政府成立奠定了基础。

三是明确提出"人民代表大会"的概念。1940 年 1 月，毛泽东在《新民主主义论》中首次明确提出了"人民代表大会"这样一个崭新的概念，指出"没有适当形式的政权机关，就不能代表国家。中国现在可以采取全国人民代表大会、省人民代表大会、县人民代表大会、区人民代表大会直到乡人民代表大会的系统，并由各级代表大会选举政府。……这种制度即是民主集中制"[1]。1945 年 4 月，毛泽东在《论联合政府》中进一步指出："新民主主义的政权组织，应该采取民主集中制，由各级人民代表大会决定大政方针，选举政府。它是民主的，又是集中的，就是说，在民主基础上的集中，在集中指导下的民主。只有这个制度，才既能表现广泛的民主，使各级人民代表大会有高度的权

---

〔1〕　毛泽东：《新民主主义论》，载《毛泽东选集》第二卷，人民出版社 1991 年 6 月第 2 版，第 676—677 页。为此，"必须实行无男女、信仰、财产、教育等差别的真正普遍平等的选举制"。

力；又能集中处理国事，使各级政府能集中地处理被各级人民代表大会所委托的一切事务，并保障人民的一切必要的民主活动。"[1] 在这里，毛泽东为人民代表大会制度勾勒出初步轮廓。这不仅是新民主主义的政权组织形式，也将成为社会主义的政权组织形式。

（四）采用两种形式向人民代表大会制度过渡

抗日战争结束，适用于抗战期间的政权组织形式即将完成其历史使命。以毛泽东同志为主要代表的中国共产党人探索废除国民党一党专政、建立民主联合政府，进一步从理论和实践上向人民代表大会制度过渡。

一是将参议会改为人民代表会议。1945 年 10 月，陕甘宁边区参议会常驻会和边区政府发出联合通知，决定把乡参议会改为乡人民代表会议，作为乡政权的权力机关。1946 年 4 月，陕甘宁边区第三届参议会第一次大会通过的《陕甘宁边区宪法原则》规定："边区、县、乡人民代表会议（参议会）为人民管理政权机关"，"人民普遍直接平等无记名选举各级代表，各级代表会选举政府人员"，"各级政府对各级代表会负责，各级代表对选举人负责。"这就以立法的形式确立了人民代表会议制度。

1947 年 4 月，在内蒙古王爷庙召开的内蒙古人民代表会议，通过了《内蒙古人民代表会议宣言》《内蒙古自治政府施政纲领》等文件。5 月 1 日，内蒙古自治政府正式成立，乌兰夫当选为主席。这是中国共产党领导下建立的我国第一个实行民族区域自治的省级民主政权。

1948 年 4 月，毛泽东指出，在土地改革斗争当中建立起来的

---

〔1〕 毛泽东：《论联合政府》，载《毛泽东选集》第三卷，人民出版社 1991 年第 2 版，第 1057 页。

区村（乡）两级人民代表会议是一项极为宝贵的经验。"在一切解放区，也就应当这样做。在区村两级人民代表会议普遍地建立起来的时候，就可以建立县一级的人民代表会议。有了县和县以下的各级人民代表会议，县以上的各级人民代表会议就容易建立起来了。"[1] 这既充分肯定了在土地改革斗争中所建立的区村两级人民代表会议，又明确要求各解放区普遍建立起各级人民代表会议，使之成为当地人民的权力机关。

党中央对此积极支持，认真总结经验，要求在土改中应使解放区政权自下而上地实行人民代表会议制。1948 年 11 月 30 日，中共中央发出了关于新解放城市中组织各界代表会的指示，在城市解放后实行军管制的初期，应以各界代表会议为党和政权的领导机关联系群众的最好组织形式。1949 年 8 月至 9 月，中共中央先后发出关于三万以上人口的城市及各县一律召开各界人民代表会议的指示、关于召开各界代表会议的指示和关于召开县各界代表会议问题的指示。

按照中央部署，各解放区陆续召开各界人民代表会议，人民代表会议制度逐步建立起来。特别是 1948 年 8 月 7 日至 20 日，华北临时人民代表大会在石家庄召开。1948 年 8 月 7 日，董必武在大会开幕时表示："它是一个临时性的，也是华北一个地区的，但是，它将成为全国人民代表大会的前奏和雏形。因此，它是中国民主革命历史中划时代的一次大会，在中国民主革命历史上将占有光荣的篇章。"[2] 会议通过《华北解放区施政方针》、《华北

---

〔1〕　毛泽东：《在晋绥干部会议上的讲话》，载《毛泽东选集》第四卷，人民出版社 1991 年第 2 版，第 1308—1309 页。
〔2〕　董必武：《人民的世纪，人民的会议》，载《董必武选集》，人民出版社 1985 年版，第 199 页。

人民政权组织大纲》和《村县（市）人民政权组织条例》等法令，选举董必武等 27 人为华北人民政府委员会委员。华北人民政府成立后，开展了大量的工作，积累了丰富的政权建设经验，并为中央人民政府的建立在组织上做了准备。后来中央人民政府的许多机构，就是在华北人民政府所属有关各机构的基础上建立起来的。1949 年 8 月 13 日，北平市各界代表会议召开。毛泽东到会并讲话，祝贺北平市各界代表会议的成功，希望全国各城市都能迅速召集同样的会议，加强政府与人民的联系，协助政府进行各项建设工作，克服困难，并从而为召集普选的人民代表大会准备条件。"一俟条件成熟，现在方式的各界人民代表会议即可执行人民代表大会的职权，成为全市的最高权力机关，选举市政府。"

二是准备召开政治协商会议。1948 年 4 月 30 日，中共中央发布纪念"五一"节口号，提出"各民主党派、各人民团体、各社会贤达迅速召开政治协商会议，讨论并实现召集人民代表大会，成立民主联合政府！"10 月 10 日，毛泽东提出："召集政治协商会议的口号，团结了国民党区域一切民主党派、人民团体和无党派民主人士于我党周围。现在，我们正在组织国民党区域的这些党派和团体的代表人物来解放区，准备在 1949 年召集中国一切民主党派、人民团体和无党派民主人士的代表们开会，成立中华人民共和国临时中央政府。"[1] 1949 年 1 月 6 日至 8 日，中共中央政治局会议在西柏坡举行。会议通过的《目前形势和党在一九四九年的任务》的决议中指出："一九四九年必须召集没有反动派代表参加的以完成中国人民革命任务为目标的各民主党派

---

[1] 毛泽东：《中共中央关于九月会议的通知》，载《毛泽东选集》第四卷，人民出版社 1991 年第 2 版，第 1347 页。

各人民团体的政治协商会议，宣告中华人民民主共和国的成立，组成共和国的中央政府，并通过共同纲领。"〔1〕 这就从政治上理论上为新政治协商会议的召开做了充分准备。

三是将人民代表会议改为人民代表大会。1948 年后，毛泽东在一系列书信、指示中谈到要召开人民代表大会。在 1948 年 9 月中央政治局会议上，毛泽东深刻阐述了建立民主集中制的各级人民代表大会问题，明确新中国既不采用资产阶级的议会制和立法、行政、司法三权鼎立等，又不能照搬苏联的苏维埃政权形式，而应该实行基于民主集中制的人民代表大会制度，由各级人民代表大会决定大政方针，选举政府。1949 年 6 月，毛泽东在《论人民民主专政》中指出："总结我们的经验，集中到一点，就是工人阶级（经过共产党）领导的以工农联盟为基础的人民民主专政。这个专政必须和国际革命力量团结一致。这就是我们的公式，这就是我们的主要经验，这就是我们的主要纲领。"〔2〕 这深刻阐明了人民共和国的性质、国家的前途等根本问题，奠定了新政治协商会议和共同纲领的理论基础和政策基础，实际上规划了建设新中国的蓝图。

二、人民代表大会制度在全国范围内建立起来和初步运行

新中国诞生后，亿万中国人民成为国家和社会的主人。1954

---

〔1〕 中共中央文献研究室编：《毛泽东年谱（一八九三——一九四九）》下卷，中央文献出版社 2002 年版，第 430 页。

〔2〕 中共中央文献研究室编：《毛泽东年谱（一八九三——一九四九）》下卷，中央文献出版社 2002 年版，第 430 页。

年9月，召开一届全国人大一次会议和制定宪法。从此，人民代表大会制度终于在全国范围内正式建立起来。

（一）共同纲领对人民代表大会制度的主要规定

1949年9月21日至30日，中国人民政治协商会议第一届全体会议在北平召开。会议通过《中国人民政治协商会议共同纲领》和《中国人民政治协商会议组织法》、《中华人民共和国中央人民政府组织法》等。共同纲领具有临时宪法性质，明确了新中国的国体和政体，规定中华人民共和国为新民主主义即人民民主主义的国家，实行工人阶级领导的、以工农联盟为基础的、团结各民主阶级和国内各民族的人民民主专政；中华人民共和国的国家政权属于人民，国家最高政权机关为全国人民代表大会，人民行使国家政权的机关为各级人民代表大会和各级人民政府。这就把人民代表大会制度作为新中国的根本政治制度确定下来。

（二）积极筹备召开全国人民代表大会

1952年秋，中国人民政治协商会议第一届全体会议已经届满，何时召开全国人民代表大会的问题就提上了议事日程，当时，党中央和毛泽东开始考虑向社会主义过渡的问题。[1] 1952年12月24日，政协一届全国委员会常委会举行第四十三次会议，听取周恩来关于中国共产党提议1953年召开全国人民代表大会及地方各级人民代表大会的说明。1953年1月13日，中央人民政府委员会第二十次会议通过关于召开全国人大及地方各级

――――――――――

〔1〕 1952年9月底，刘少奇率中共代表团赴莫斯科参加苏共十九大。在访苏期间，刘少奇受毛泽东委托，就中国向社会主义过渡这个问题向斯大林征求意见。斯大林建议中国可以考虑尽早进行选举和制定宪法，不给西方敌对势力在此问题上反对中国的借口。中共中央接受了这个建议。

人大的决议，决定于 1953 年召开由人民用普选方法产生的乡、县、省（市）各级人民代表大会，并在此基础上召开全国人民代表大会。会议还决定成立以毛泽东为主席，朱德、宋庆龄等 32人为委员的宪法起草委员会；以周恩来为主席、由 23 人组成的选举法起草委员会。

进行全国范围的普选，是建立并实行人民代表大会制度的一个重要前提。1953 年 2 月，中央人民政府委员会听取邓小平所作的选举法草案的说明，通过选举法，并决定成立以刘少奇为主席的中央选举委员会。1953 年下半年，我国举行了历史上第一次规模空前的普选。这样，召开全国人民代表大会的一切准备工作就绪。这里，介绍一下我国举行的第一次普选。全国6 亿人口，登记的选民为 3.23 亿人，占进行选举地区 18 周岁以上人口总数的 97.18%。其中参加投票选举的 2.78 亿人，占登记选民总数的 85% 以上。到 1954 年 8 月，全国共选出基层人大代表 566 万余名，逐级召开人民代表大会会议。由省、市人民代表大会，中央直辖少数民族行政单位以及军队单位和华侨单位分别选举产生 1226 名出席一届全国人大的代表（台湾省代表暂缺）。同时，《中华人民共和国宪法（草案）》在毛泽东的主持下起草完成，经反复讨论、修改，提交中央人民政府委员会审议。

（三）召开一届全国人大一次会议和制定 1954 年宪法

1954 年 9 月 15 日至 28 日，一届全国人大一次会议在北京隆重举行。这标志着人民代表大会制度在全国范围内正式建立起来。会议通过《中华人民共和国宪法》。这是我国历史上第一部社会主义类型的宪法，在总结共同纲领和新中国成立 5 年来国家机关工作经验的基础上，对国家的政治制度作了更为完备的规定。1954 年宪法第一条规定："中华人民共和国是工人阶级领导的、以工农联盟为基础的人民民主国家。"第二条规定："中华人民共和国的一切权力属于人民。人民行使权力的机关是全国人民代表大会和地方各级人民代表大会。""全国人民代表大会、地方各级人民代表大会和其他国家机关，一律实行民主集中制。"这进一步肯定、确认了适合我国国情、便于人民行使国家权力的人民代表大会制度。

全国人大及其常委会认真落实宪法关于人民代表大会制度的各项规定，制定了关于国家机构、经济建设和社会秩序方面的一批重要法律法令，全国人民代表大会代表视察制度、全国人大常委会与全国人民代表大会代表的联系制度等一些具体制度也逐步建立和完善。

第一届全国人大会议期间，我国的社会主义民主法制建设获得了较快的发展，人民代表大会在国家的政治生活中发挥了积极的作用。主要表现在：参与国家重大事项的讨论决策，例如"一五"计划、根治黄河计划等；制定了一系列重要的法律和法令，例如兵役法、城市居民委员会组织条例等 19 项；重视发挥代表的作用，为代表提供活动津贴，要求代表每年视察工作两次以上，了解各地情况，倾听群众呼声等；逐步建立、健全全国人大常委会的工作机构、工作程序、工作制度等。

三、人民代表大会制度的曲折发展

由于随后在国家工作的指导上出现了"左"倾错误，我国人民代表大会制度从 1957 年底开始，进入了长达 20 年的曲折发展时期，尤其是在"文化大革命"中，遭到了严重破坏和冲击。

1957 年底进行的反右斗争扩大化和接着进行的"大跃进"及人民公社运动，使"左"的错误思想泛滥。我国的社会主义民主与法制建设，特别是人民代表大会制度建设受到干扰，它在国家政治生活中的地位和作用逐步下降。主要表现在：属于人大及其常委会职权范围内的许多重大事项，不再提交人大及其常委会审议决定；全国人大的组织机构被不合理地精简压缩，使人大及其常委会行使职权失去了组织基础及相应的保证；刚刚处于起步阶段的全国人大立法工作也几乎停顿下来，人大代表的权利难以得到保障。

从 1957 年底至"文化大革命"前的十年间，人民代表大会制度尽管受到"左"倾思想干扰，但各级人民代表大会以及由它产生的国家机构，基本上还能够维持运行，也取得了一定的成绩。1966 年开始的"文化大革命"，带来了全国性的混乱，对各个领域都是一场灾难。已经确定并得到初步发展的人民代表大会制度也难以幸免。"文化大革命"开始后，在长达 8 年的时间里，全国人大及其常委会没有举行过一次会议，除了没有通过立法程序废止人民代表大会制度以外，人民代表大会制度遭到了全面的践踏和破坏。由于受错误理论和错误路线的影响，尤其是受"四人帮"反革命集团的干扰，1975 年宪法存在着严重的缺陷和不足。总之，这一时期，人民代表大会制度一度遭到严重破坏，党和国家的工作、社会主义民主法制建设也受到严重影响，给我们留下了深刻教训。

四、人民代表大会制度全面恢复

1976 年 10 月，"四人帮"反革命集团被彻底粉碎，"文化大革命"宣告结束。人民代表大会制度开始得到逐步恢复，特别是党的十一届三中全会的召开和 1982 年宪法的颁布，使人民代表大会制度步入了健康发展的轨道，经历了从初步恢复到全面恢复的阶段。

在"文化大革命"结束后的头两年，人民代表大会制度只能在中央一级开始恢复，地方各级人民代表大会的工作仍处于停滞状态。1978 年五届全国人大一次会议取得的一项重要成果是修改了 1975 年宪法。修改后的宪法与 1975 年宪法相比，一方面，恢复了 1954 年宪法的基本原则，重新确定全国人大为最高国家权力机关，重新确认了人民代表大会制度的法律地位和作用；另一方面，修改后的宪法在指导思想上仍然没有完全摆脱"以阶级斗争为纲"的"左"倾思想的影响。

1978 年 12 月，党的十一届三中全会实现了新中国成立以来我们党历史上具有深远意义的伟大转折，中国进入改革开放和现代化建设新的历史时期，人民代表大会制度也进入了新的发展阶段。党的十一届三中全会提出，为了保障人民民主，必须加强社会主义法制，使民主制度化、法律化，使这种制度和法律具有稳定性、连续性和极大的权威。党的十一届三中全会之后，我国的人民代表大会制度进入了新的重要发展阶段。1979 年 2 月，五届全国人大常委会成立了以彭真为主任的法制委员会，加强了立法工作。1982 年通过的新宪法，全面地发展了 1954 年宪法，对我国的政治制度，对公民的基本权利和义务，对国家机构等都作出许多新的重要规定。这个时期，人民代表大会制度得到了不断发展和完善，主要表现在：

一是民主选举制度不断完善，选举民主日益扩大，公民的选举权利得到有效实现和更好保障。特别是 2010 年对选举法的第五次修改，明确规定实行城乡按相同人口比例选举人大代表，进一步体现人人平等、地区平等、民族平等。

二是大力加强国家机关组织制度和运行机制建设，保证各国家机关高效协调运转。适当扩大了全国人大常委会职权；加强全国人大及其常委会的组织建设，1986 年六届全国人大设立民族委员会等 6 个专门委员会，优化全国人大常委会组成人员结构；健全委员长会议制度和常委会工作机构等。在地方，县级以上地方各级人大首次设立常委会，确立并不断扩大地方人大及其常委会立法权等。

三是立法制度日益完善，立法工作成绩显著。在 1982 年宪法关于立法体制规定的基础上，全国人大组织法、全国人大议事规则、全国人大常委会议事规则、地方组织法等法律，对立法权限、立法程序等作出规定。2000 年，立法法颁布施行，对立法制度和立法活动作出全面系统的规范。

四是监督制度不断健全，国家机关的权力运行受到有效制约和监督。特别是预算法、审计法、监督法等法律颁布实施，有力规范和促进了人大监督工作的开展。

五是代表制度不断健全，人大代表工作实现法制化。1992 年通过的代表法，对人大代表在会议期间的工作和代表在闭会期间的活动等作了全面规定。2010 年修改代表法，进一步明确了代表的权利和义务，细化代表履职规范，加强对代表的监督。

这一时期，各级人大及其常委会在党的领导下，认真履行宪法法律赋予的职责，积极探索，勇于实践，各方面工作取得了较大进展。特别是截至 2010 年，如期实现中国特色社会主义法律体系形成的目标。

第三节　新时代人民代表大会制度和人大工作创新发展

党的十八大以来，以习近平同志为核心的党中央团结带领全国各族人民，以习近平新时代中国特色社会主义思想为指导，坚定不移走中国特色社会主义政治发展道路和法治道路，坚持党的领导、人民当家作主、依法治国有机统一，推动人民代表大会制度和人大工作开拓创新，取得历史性成就。

一、人民代表大会制度更加健全完善

党的十八大以来，以习近平同志为核心的党中央对加强人民代表大会制度建设作出一系列部署安排，全国人大及其常委会依法履职，修改宪法、全国人大组织法、地方组织法、选举法、代表法、预算法等，制定监察法，出台指导性文件，进一步健全和完善了人民代表大会制度。主要内容有：

（一）健全党全面领导人大的制度

一是宪法增加规定"中国共产党领导是中国特色社会主义最本质的特征"。这就从社会主义制度的本质属性角度对坚持和加强党的全面领导作出明确规定，进一步确认了中国共产党总揽全局、协调各方的核心地位。这有利于在全体人民中强化党的领导意识，维护习近平总书记权威和核心地位，维护以习近平同志为核心的党中央权威和集中统一领导，切实把党的领导贯彻落实到国家政治和社会生活各领域，确保党的领导核心作用在国家运行机制和各项制度中得到充分体现，确保党和国家事业始终沿着正确方向前进。

二是新修改的全国人大组织法、选举法都增加规定，坚持中国共产党的领导。

三是健全坚持党的领导的制度安排。从 2015 年开始，习近平总书记连续 8 年主持召开中央政治局常委会会议，听取全国人大常委会党组的工作汇报，这已经成为一项重要制度。党的十八大、十九大、二十大报告和中央全会文件部署了加强人大制度建设、人大工作的任务举措，党中央多次研究人大工作重要事项，特别是 2021 年 10 月首次召开中央人大工作会议，先后出台有关人大建设和工作的重要指导性文件 30 多件。全国人大常委会坚持党中央集中统一领导，坚决贯彻党中央重要决策部署；人大工作中的重大问题、重要情况由全国人大常委会党组向党中央请示报告。这些制度举措为坚持党对人大的领导提供了有力保证。

（二）完善宪法实施制度

进入新时代，特别注重通过完备的法律制度推动宪法实施。

一是设立国家宪法日。2014 年 11 月十二届全国人大常委会第十一次会议通过关于设立国家宪法日的决定，将 12 月 4 日设立为国家宪法日。2014 年、2016 年和 2018 年，习近平总书记先后 3 次在国家宪法日到来之际作出重要指示，强调普及宪法知识，增强宪法意识，弘扬宪法精神。截至 2022 年 11 月，全国人大常委会办公厅会同有关方面连续 8 年开展国家宪法日活动，加强宪法宣传教育，在全社会弘扬宪法精神。

二是实施宪法规定的特赦制度。在中国人民抗日战争暨世界反法西斯战争胜利 70 周年之际，2015 年 8 月十二届全国人大常委会第十六次会议通过关于特赦部分服刑罪犯的决定，国家主席习近平签署发布特赦令。这是我国改革开放后第一次实行特赦，体现依法治国理念和人道主义精神，具有重大政治意义和法治意义。2019 年 6 月十三届全国人大常委会第十一次会议通过关于在中华人民共和国成立 70 周年之际对部分服刑罪犯予以特赦的决定，国家主席习近平签署发布特赦令。

三是制定国家勋章和国家荣誉称号法。2019 年和 2020 年先后两次作出授予国家勋章和国家荣誉称号的决定，依法授予国家勋章和国家荣誉称号。2015 年和 2019 年先后两次实施宪法规定的特赦制度，推动宪法实施和监督达到新水平。

四是建立宪法宣誓制度，开展宪法宣誓活动。

五是推进合宪性审查工作，健全备案审查制度。贯彻党中央决策部署，各有关方面认真开展合宪性审查、宪法解释等工作。2020 年，全国人大常委会在审议关于推迟召开全国人大三次会议的决定草案、关于香港特别行政区第六届立法会继续履行职责的决定草案时，分别就涉宪性、合宪性问题进行研究，作出判断。

贯彻落实党的十八届四中全会精神和修改后的立法法有关加强备案审查、规范和监督司法解释等的规定，落实备案审查衔接联动机制，全国人大常委会制定法规、司法解释备案工作办法和规范性文件备案审查工作规程，建立全国统一的备案审查信息平台，将所有规范性文件纳入备案审查范围，实行有件必备、有备必审、有错必纠。建立常委会听取和审议备案审查工作情况报告制度，2017 年 12 月，常委会首次听取审议备案审查工作情况报告，目前已连续 5 年听取这一报告并向社会公开。

（三）完善全国人大组织制度

一是新的宪法修正案修改全国人大专门委员会的有关规定，

将法律委员会更名为"宪法和法律委员会"。

二是修改全国人大组织法。2021年3月十三届全国人大四次会议对该法作了全面修改完善。（1）增设"总则"一章，明确全国人大及其常委会的性质、地位，增加规定坚持党的领导、坚持党和国家指导思想，明确全国人大及其常委会的组织和活动原则，增加规定全国人大及其常委会开展对外交往，等等。（2）完善全国人大会议主席团和全国人大常委会委员长会议相关规定。（3）完善全国人大专门委员会相关规定。（4）适应监察体制改革需要增加相关内容。（5）健全全国人大常委会人事任免权。（6）加强代表工作、密切与代表的联系。

三是完善全国人大专门委员会设置和工作职责。十三届全国人大一次会议作出关于设立专门委员会的决定，设立10个专门委员会，即在以往9个专门委员会的基础上，增设社会建设委员会。2018年6月十三届全国人大常委会第三次会议通过关于全国人大宪法和法律委员会职责问题的决定，明确该委员会的职责：增加推动宪法实施、开展宪法解释、推进合宪性审查、加强宪法监督、配合宪法宣传等工作职责。完善专门委员会设置和工作职责，有利于全国人大及其常委会行使职权、开展工作。

（四）推动国家机构改革

根据党中央关于深化党和国家机构改革的决策部署，全国人大先后就国务院机构改革作出2个决定，全国人大常委会作出多个涉及机构改革、职责调整的决定，推动构建系统完备、科学规范、运行高效的党和国家机构职能体系。

（五）推进国家监察体制改革

修改宪法，增加一节，对监察委员会作出规定；制定监察法，构建集中统一、权威高效的国家监察体系。这是涉及国家权力结构和国家机构组织结构的一次重大改革，是人民代表大会制度的一次重大发展。

（六）健全立法制度和体制

修改宪法和立法法，赋予设区的市人大及其常委会地方立法权，明确其立法的权限和范围。作出关于国家监察委员会制定监察法规的决定。还制定出台了许多完善立法体制机制的工作文件。

（七）加强县乡人大工作和建设

党中央印发关于加强县乡人大工作和建设的意见，全国人大常委会统筹修改地方组织法、选举法、代表法，健全完善了县乡人大会议、工作、组织等方面的制度。这是推动地方人大工作和建设的一次重大改革，解决了长期制约基层人大工作发展的一些突出难题，夯实了国家基层政权根基。

二、人大工作实现了创新发展

党的十八大以来，全国人大及其常委会紧紧围绕党和国家工作大局履职尽责，各方面工作都取得新成效、呈现新气象。

（一）宪法实施提高到了一个新水平

习近平总书记深刻指出："全面贯彻实施宪法，是建设社会主义法治国家的首要任务和基础性工作。""宪法的生命在于实施，宪法的权威也在于实施。我们要坚持不懈抓好宪法实施工作，把全面贯彻实施宪法提高到一个新水平。"[1] 我国的宪法实施有一个重要特点，就是通过完备的法律来细化、具体化宪法规

---

〔1〕 习近平：《在首都各界纪念现行宪法公布施行三十周年大会上的讲话》，载《习近平谈治国理政》第一卷，外文出版社 2018 年版，第 138 页。

定的原则和精神，从而推动宪法全面有效实施。并且，以往不常用也不习惯用宪法的名义开展工作。进入新时代，党和国家把宪法摆在十分突出的位置，实践中开展了一系列具有开创性的工作，不断完善以宪法为核心的中国特色社会主义法律体系，采取一系列有力的措施加强宪法宣传教育和全面贯彻实施工作，维护宪法法律权威。除了前述的以外，还有以下重要表现。

一是妥善处理辽宁拉票贿选案有关问题。2016 年 9 月十二届全国人大常委会第二十三次会议通过全国人大常委会代表资格审查委员会关于辽宁省人大选举产生的部分第十二届全国人大代表当选无效的报告、关于成立辽宁省第十二届人大七次会议筹备组的决定。这是根据宪法精神和有关法律原则，采取创制性办法，妥善处理辽宁拉票贿选案有关问题，维护了人民代表大会制度和社会主义法治的权威、尊严。

二是维护宪法和香港基本法确立的特别行政区宪制秩序。行使宪法和香港基本法赋予的权力，2020 年 5 月十三届全国人大三次会议通过关于建立健全香港特别行政区维护国家安全的法律制度和执行机制的决定；常委会制定香港特别行政区维护国家安全法，为确保"一国两制"事业行稳致远提供法律支撑。

2014 年 8 月十二届全国人大常委会第十次会议通过关于香港特别行政区行政长官普选问题的决定，明确香港特别行政区循序渐进发展民主的方向和基本制度安排。2016 年 11 月十二届全国人大常委会第二十四次会议通过关于香港基本法第 104 条的解释，坚决遏制和反对"港独"行径，捍卫宪法和基本法权威。2017 年 12 月，十二届全国人大常委会第三十一次会议通过关于批准内地和香港特别行政区关于在广深港高铁西九龙站设立口岸实施"一地两检"的合作安排，为推动香港与全国高铁网络实现互联互通，支持香港融入国家发展大局提供了法律保障。

三是制定国歌法，修改国旗法和国徽法。2017年9月十二届全国人大常委会第二十九次会议通过国歌法。国歌法与国旗法、国徽法一道，落实和构成了宪法规定的关于国家象征和标志的重要制度。同时，常委会决定将国歌法列入香港特别行政区基本法附件三、澳门特别行政区基本法附件三，确保该法在香港、澳门得到一体遵循。2020年10月十三届全国人大常委会第二十二次会议对国旗法、国徽法作了修改，进一步为宪法规定的国家重要制度夯实了法治基础。

四是依法授予国家勋章和国家荣誉称号。2015年12月十二届全国人大常委会第十八次会议通过国家勋章和国家荣誉称号法，为推动建立健全党和国家功勋荣誉表彰制度体系奠定了重要法治基础。2019年9月十三届全国人大常委会第十三次会议通过关于授予国家勋章和国家荣誉称号的决定，习近平主席签署主席令，首次授予为新中国建设和发展作出杰出贡献的功勋模范人物国家勋章和国家荣誉称号。2020年8月十三届全国人大常委会第二十一次会议通过关于授予在抗击新冠肺炎疫情斗争中作出杰出贡献的人士国家勋章和国家荣誉称号的决定，习近平主席签署主席令。这是全面实施宪法、落实国家勋章荣誉制度的重要举措，有利于强化国家意识，弘扬民族精神和时代精神。

五是制定英雄烈士保护法。贯彻社会主义核心价值观，体现宪法原则和精神，2018年4月十三届全国人大常委会第二次会议通过英雄烈士保护法，维护英雄烈士尊严和合法权益，惩治歪曲丑化、侮辱诽谤英雄烈士的行为，促进了英雄烈士事迹和爱国主义精神的传承弘扬，有力抵制了历史虚无主义，为实现"两个一百年"奋斗目标、实现中华民族伟大复兴的中国梦凝聚强大精神力量。

（二）立法工作开拓新局面

为适应新形势新任务新要求，立法工作呈现出数量多、分量重、节奏快、效果好的特点。十二届全国人大及其常委会制定法律 25 件，修改法律 127 件次，通过有关法律问题和重大问题的决定 46 件次，作出法律解释 9 件。截至 2022 年 11 月，十三届全国人大及其常委会通过宪法修正案制定法律 46 件，修改法律 109 件次，通过有关法律问题和重大问题的决定 51 件次。坚持立法与改革决策相衔接，保证重大改革于法有据，成为新时代立法工作的鲜明特色。十二届全国人大以来共作出 28 件授权决定和改革决定，审议通过 23 个统筹修改法律的决定，涉及修改法律 144 件次。在坚持党领导立法工作这一前提下，更好发挥人大在立法工作中的主导作用，科学立法、民主立法、依法立法的机制和程序不断完善。包括健全完善人大及其常委会主导立法工作的机制，建立健全全国人大专门委员会、常委会工作机构组织起草重要法律草案制度；完善立法听证、论证制度，健全立法项目征集和论证工作规范，制定争议较大的重要立法事项引入第三方评估的工作规范、立法中涉及的重大利益调整论证咨询的工作规范、向社会公布法律草案的工作规范。完善法律草案表决程序，建立重要条款单独表决制度。建立法律通过前评估、后评估制度，依法建立健全专门委员会、工作委员会立法专家顾问制度等。建立基层立法联系点。2019 年 11 月 2 日，习近平总书记到上海虹桥的基层立法联系点考察时，对这项工作给予了充分肯定。全国人大常委会学习贯彻总书记重要指示精神，后又在部分地方增设立法联系点，实现全覆盖。

（三）监督工作取得新进展

人大监督工作的思路、机制、方式方法等都有创新和发展。

一是在执法检查方面，强调紧扣法律规定开展检查，对照法律条文查找问题，督促有关方面把法定责任落到实处；创新组织方式和工作方法，形成"全链条"工作流程，引入第三方评估，进行点名曝光，真正形成监督压力。

二是在听取审议工作报告方面，注重围绕大局、贴近民生确定监督项目，加强前期调研和后续督促落实，切实推动改进工作、解决问题。

三是在预算决算审查监督方面，对政府全口径预算决算进行审查监督，推进人大预算审查监督重点向支出预算和政策拓展，建立预算审查前听取人大代表和社会各界意见建议的机制，建立审计查出突出问题整改情况向全国人大常委会报告机制，加强人大预算联网监督。

四是建立健全国务院向全国人大常委会报告国有资产管理情况制度这一新的监督机制，已连续五年听取审议国有资产管理情况报告，并制定了五年工作规划。

五是改进完善专题询问工作，"一府两院"负责同志到会报告工作并应询，已经实现制度化机制化，专题询问更有针对性、更具力度和权威。

（四）人大代表作用得到进一步发挥

人大常委会和人大机关尊重代表主体地位，增强为代表服务的意识，健全代表工作机制，不断提高代表服务保障工作水平。

一是出台关于加强和改进全国人大代表工作的 35 条具体措施。常委会组成人员直接联系代表的制度不断健全，联系的方式和内容进一步拓展。

二是建立与列席常委会会议的代表座谈机制，代表对常委会和专门委员会工作的参与进一步扩大，增加每次列席常委会会议的代表人数，根据会议议程，注重邀请提出相关议案或有关专业背景的代表列席。

三是代表联系人民群众的机制更加健全。各级人大建立起包括代表集中视察、专题调研、代表小组和代表联络站活动、接待群众、向原选区选民或原选举单位述职等在内的一整套代表联系群众的制度机制，社情民意反映和表达渠道更加畅通。

/ 第三章 /

人大组织制度

习近平总书记深刻指出："坚持和完善人民代表大会制度，必须坚持民主集中制。民主集中制是中国国家组织形式和活动方式的基本原则。人民代表大会统一行使国家权力，全国人民代表大会是最高国家权力机关，地方各级人民代表大会是地方国家权力机关。我们必须坚持人民通过人民代表大会制度行使国家权力；各级人民代表大会都由民主选举产生，对人民负责、受人民监督；各级国家行政机关、审判机关、检察机关都由人民代表大会产生，对人大负责、受人大监督；国家机关实行决策权、执行权、监督权既有合理分工又有相互协调；在中央统一领导下，充分发挥地方主动性和积极性，保证国家统一高效组织推进各项事业。"[1]

在我国，人民代表大会有两种含义，一是指国家权力机关，既包括各级人民代表大会，也包括县级以上人大常委会（以下简称人大及其常委会）；二是指各级人民代表大会会议。在本章中，我们来介绍人大作为国家权力机关的组织制度。

---

〔1〕 习近平：《在庆祝全国人民代表大会成立六十周年大会上的讲话》，载习近平：《论坚持全面依法治国》，中央文献出版社 2020 年版，第 72—73 页。

第一节 全国人大组织制度

一、全国人大是我国最高国家权力机关

（一）全国人大的性质和地位

根据现行宪法第二条和第五十七条的规定，中华人民共和国的一切权力属于人民；人民行使国家权力的机关是全国人民代表大会和地方各级人民代表大会；全国人民代表大会是最高国家权力机关。这就明确了全国人民代表大会的性质和它在整个国家机关体系中的宪法地位。

那么，如何理解全国人大的地位呢？这可以从以下几方面来加以理解。

1. 全国人大是全国人民的代表机关

全国人大由省、自治区、直辖市、特别行政区和军队选出的代表组成。它代表了全国各族人民的根本利益和意志，统一行使最高国家权力，向全国人民负责，受全国人民监督。

2. 全国人大在国家机构中居于首要地位

国家主席、国务院、中央军事委员会、国家监察委员会、最高人民法院、最高人民检察院等国家机构都由全国人大产生，对它负责，受它监督。其他任何国家机关都不能凌驾于全国人大之上，也不能与它并列。

3. 全国人大行使最高立法权

全国人大行使国家立法权，处于核心地位。全国人大有权修

改宪法、监督宪法的实施，制定和修改刑事、民事、国家机构的和其他的基本法律。其他任何机关制定的法律法规规章以及规范性文件都不得与全国人大制定的宪法和法律相抵触。全国人大通过的法律和决议、决定，全国各族人民、其他一切国家机关和武装力量、各政党和各社会团体、各企事业组织都必须严格遵守。

4. 全国人大行使最高决定权

全国人大可以对国家生活中的重大事项行使决定权，如审查和批准国民经济和社会发展计划和计划执行情况的报告；审查和批准国家的预算和预算执行情况的报告；批准省、自治区、直辖市的建置；决定特别行政区的设立及其制度；决定战争和和平的问题；作出各种授权决定等。

5. 全国人大行使最后决定权

全国人大有权改变和撤销全国人大常委会不适当的决定。就是说，全国人大作出的决定是最后的、最终的，除了它自己可以修改或者废止以外，其他任何机关均无权予以更改。现行宪法充分保证全国人大作为最高国家权力机关的地位。1982 年 11 月 26 日，彭真同志在《关于中华人民共和国宪法修改草案的报告》中特别指出："全民讨论中，有人提出，在扩大全国人大常委会的职权时，应当充分保证全国人大作为最高权力机关的地位。这个意见是对的。因此，宪法修改草案第六十七条关于全国人大常委会的职权第三项原来规定，在全国人大闭会期间，对全国人大制定的法律进行部分补充和修改，现在加上了'不得同该法律的基本原则相抵触'这样的限制。在第六十二条关于全国人大的职权又加上了第十一项，即'改变或者撤销全国人民代表大会常务委员会不适当的决定'。"[1]

（二）全国人大的组成

全国人大由省、自治区、直辖市、特别行政区和军队选出的代表组成。全国人大代表由省、自治区、直辖市的人大、特别行政区和人民解放军选举产生。全国人大代表的名额不超过三千人。关于全国人大代表名额的分配和选举，在本书第四章中加以论述。

（三）全国人大的职权

全国人大的职权有一个发展变化过程。1954 年宪法列举全国人大职权有十四项，1975 年宪法只规定了五项，1978 年宪法列举了十项，1982 年宪法有十五项加一个兜底规定。现行宪法第六十二条规定全国人大的职权。概括起来，全国人大的职权包括以下几个方面。

1. 修改宪法和监督宪法实施的权力

修宪权是全国人大的专有权力，只有全国人大才有权修改宪法。截至目前，全国人大先后对现行宪法作了五次修改，通过了五个宪法修正案。为了维护宪法的权威和尊严，保证国家法制的统一，全国人大还有权监督宪法的实施。这包括：（1）有权改变或者撤销全国人大常委会不适当的决定，这里应该包括全国人大常委会制定的法律，因为宪法具有最高法律效力。（2）对国务院的行政法规、决定和命令进行监督，全国人大常委会有权撤销国务院制定的同宪法、法律相抵触的行政法规、决定和命令。（3）对国家监察委员会、最高人民法院和最高人民检察院等的

---

[1] 彭真：《关于中华人民共和国宪法修改草案的报告》，载全国人大常委会办公厅、中共中央文献研究室编：《人民代表大会制度重要文献选编》（二），中国民主法制出版社、中央文献出版社 2015 年版，第 569 页。

工作进行监督。（4）对省级、设区的市级人大及其常委会制定的地方性法规和决议进行监督，全国人大常委会有权撤销它们所制定和批准的同宪法、法律和行政法规相抵触的地方性法规和决议。

2. 国家立法权

国家立法权是以国家名义制定法律的权力，具有权威性，是集中体现党的主张和全国各族人民的共同意志、维护国家法制统一的关键所在。国家立法权是相对于行政权、监察权、司法权等而言的，是依照法定程序制定、修改、补充、解释或者废止法律的权力，是一项重要的国家权力。我国现行宪法对立法权限的划分作了基本界定，全国人大及其常委会行使国家立法权。全国人大有权制定与修改刑事、民事和国家机构的和其他的基本法律。

3. 最高决定权

这应作广义理解，除了上述权力以外，还包括：（1）审查和批准国民经济和社会发展计划及计划执行情况的报告；（2）审查和批准国家预算及预算执行情况的报告；（3）批准省、自治区和直辖市的建置；（4）决定特别行政区的设立及其制度；（5）决定战争和和平的问题等权力。1954 年 9 月 26 日，一届全国人大一次会议通过关于中华人民共和国现行法律、法令继续有效的决议，这是全国人大第一次行使重大事项决定权。

4. 最高任免权

全国人大有权选举、决定任免最高国家机构的领导人员和有关组成人员。这包括选举和决定任命两种情况。（1）选举全国人大常委会委员长、副委员长、委员、秘书长，国家主席、副主席，中央军委主席，国家监察委员会主任，最高人民法院院长，最高人民检察院检察长。（2）根据国家主席的提名，决定国务院总理的人选；根据国务院总理的提名，决定国务院副总理、国务委员、各部部长、各委员会主任、审计长、秘书长的人选；根据中央军委主席的提名，决定中央军委其他组成人员的人选。

全国人大有权罢免由它选举或决定的上述所有人员，接受这些人员的辞职等。

5. 最高监督权

全国人大有权负责监督宪法的实施，监督其他国家机关的工作。这主要包括：（1）在全国人大会议期间，听取和审议全国人大常委会、国务院、最高人民法院、最高人民检察院的工作报告；（2）对国务院或者国务院的各部、委提出质询案；（3）改变或撤销全国人大常委会不适当的决定等。

6. 应当由最高国家权力机关行使的其他职权。

二、全国人大常委会是全国人大的常设机关

根据1954年宪法的规定，全国人大设立常委会。目前，全国人大已经设立了十四届常委会。

（一）全国人大常委会的性质和地位

全国人大常委会作为全国人大的常设机关，具有两个显著特征：第一，拥有广泛职权。根据现行宪法规定，全国人大常委会行使国家立法权，决定国家的重要问题，任免和决定国家机关领导人员，监督国家机关工作，并行使全国人大授予它的其他职权。第二，它是我国集体元首制度的重要组成部分，与国家主席结合起来行使国家元首的职权。但是，它不具有超越全国人大的权力，而是必须对全国人大负责，并接受它的监督。

全国人大常委会对全国人大负责，在每年全国人大会议上报

告工作。在全国人大闭会期间，国务院、中央军事委员会、国家监察委员会、最高人民法院和最高人民检察院对全国人大常委会负责。全国人大常委会有权监督国务院、中央军事委员会、国家监察委员会、最高人民法院和最高人民检察院的工作。

这里，需要指出的是，国家权力机关设立常设机关，是我国的独创。国家权力机关设立常设机关，这是由我国的国情决定的。全国人大代表人数众多，不便于经常召开会议。同时，我国的人大代表采用兼职代表制，人大的会期不能太长。会议期间审议、讨论、决定的都是极其重要的事项。但无论是最高国家权力机关还是地方国家权力机关，许多工作特别是立法、监督等工作，如果一年才审议、讨论一次，势必会影响工作，甚至耽误大事。这样就无法保证国家权力行使的连续性、国家权力机关工作的连续性。人大通过选举产生常委会作为它的常设机关，在人大闭会期间行使国家权力机关的职权，既有利于国家权力机关行使国家权力，又符合我国的民主法治建设实际。实际上，人大常委会的组成人员就是常务人大代表，人数相对较少，便于经常召开会议，承担权力机关的经常性工作。

（二）全国人大常委会的产生

全国人大常委会组成人员，由每届全国人大第一次会议主席团从代表中提出候选人，经各代表团酝酿协商后，再由主席团根据多数代表的意见确定正式候选人名单，最后由大会的全体会议选举产生，以全体代表的过半数通过。每届全国人大第一次会议以后的全国人大会议，可以补选全国人大常委会组成人员。

2018年3月，十三届全国人大一次会议通过的《第十三届全国人民代表大会第一次会议选举和决定任命的办法》规定：十三届全国人大常委会组成人员的名额为175名；委员长、副委员长、秘书长共提名 16 名，进行等额选举；委员应选名额为 159 名，按照不少于 8% 的差额比例，提名 172 名，进行差额选举，差额数为 13 名。常委会组成人员候选人获得的赞成票数超过全体代表的半数，始得当选。同时还规定：（1）在等额选举时，每提 1 名另选人，必须相应反对 1 名候选人。另选人数少于或者等于反对的候选人人数的，该选举票有效；否则，该选举票为无效票。（2）在差额选举常委会委员时，反对和弃权的候选人总数不得少于差额数 13 名，否则，该选举票为无效票。如另提人选，则每提 1 名另选人，必须在反对和弃权 13 名候选人的基础上，至少再反对 1 名候选人，否则，该选举票为无效票。（3）在选举常委会委员时，如获得全体代表过半数赞成票的候选人超过应选名额时，以获得赞成票多的当选。如获得全体代表过半数赞成票的候选人少于应选名额时，不足的名额留待十三届全国人大一次会议以后的全国人大会议另行选举。如遇票数相等不能确定当选人时，应当就票数相等的候选人再次投票，以获得赞成票多的当选。再次投票在 3 月 19 日举行的第七次全体会议上进行。

（三）全国人大常委会的组成和任期

1. 全国人大常委会的组成

全国人大常委会由委员长、副委员长若干人、秘书长、委员若干人组成。全国人大常委会组成人员的名额是多少呢？以往的做法是，每届的具体名额由每届全国人大一次会议选举和决定任命办法确定。如，十三届全国人大一次会议通过的《第十三届全国人民代表大会第一次会议选举和决定任命的办法》规定："第十三届全国人民代表大会常务委员会组成人员的名额为 175 名。"

全国人大常委会组成人员名额的发展变化有个过程。一届和二届为 79 名，三届为 115 名，四届为 167 名，五届为 196 名，六届至九届为 155 名。为了改善全国人大常委会组成人员的年龄结构和知识结构，加强全国人大常委会经常性的工作，十届全国人大常委会组成人员增加到 175 名，所增加的 20 名用于选举一部分相对比较年轻、富有业务专长的委员。十一届至十三届全国人大常委会继续延续了这一做法，常委会组成人员名额仍然保持在 175 名。

全国人大常委会组成人员，由每届全国人大一次会议从代表中选出。全国人大常委会组成人员一般包括：（1）来自中国共产党的代表；（2）各民主党派和无党派爱国民主人士的代表；（3）工、青、妇等人民团体的代表；（4）人民解放军的代表；（5）人口在 100 万人以上的各少数民族代表。宪法明确规定，全国人大常委会组成人员不得担任国家行政机关、监察机关、审判机关和检察机关的职务；如果担任上述职务，必须向全国人大常委会辞去常委会组成人员的职务。这样规定的目的是有利于全国人大常委会监督国务院、国家监察委员会、最高人民法院和最高人民检察院。全国人大常委会组成人员，如有不称职者，或因犯有严重错误等不宜继续任职者，全国人大有权罢免。

全国人大常委会委员长主持常委会会议和常委会的工作。副委员长、秘书长协助委员长工作。副委员长受委员长委托，可以代行委员长的部分职权。委员长因健康状况不能工作或者缺位的时候，由常委会在副委员长中推选一人代理委员长的职务，直到委员长恢复健康或者全国人大选出新的委员长为止。委员长、副委员长连续任职不得超过两届。国家主席、副主席缺位时，全国人民代表大会补选之前，由委员长暂时代理国家主席职位。

依照宪法、全国人大组织法的规定，全国人大常委会委员长会议负责处理全国人大常委会的重要日常工作，主要有：（1）决定常委会每次会议的会期，拟订会议议程草案，必要时提出调整会议议程的建议；（2）对向常委会提出的议案和质询案，决定交由有关的专门委员会审议或者提请常委会全体会议审议；（3）决定是否将议案和决定草案、决议草案交付常委会全体会议表决，对暂不交付表决的，提出下一步处理意见；（4）制定常委会年度工作要点、立法工作计划、监督工作计划、代表工作计划、专项工作规划和工作规范性文件等；（5）指导和协调各专门委员会的日常工作；（6）处理常委会其他重要日常工作等。

2. 全国人大常委会的任期

全国人大常委会每届任期同全国人大每届任期相同，都是五年，但起止时间略有不同。每届全国人大任期从举行第一次会议开始，到下一届全国人大第一次会议举行为止。而全国人大常委会的任期是从全国人大选举产生时开始计算，到下一届全国人大选出新的常委会为止。由于常委会的选举一般是在大会的后一阶段进行的，因此，两者的起止时间有所不同。

（四）全国人大常委会的职权

关于全国人大常委会职权的规定，有一个发展变化的过程。1954年宪法没有规定全国人大常委会制定法律的权力，它的职权较为有限。1982年修改宪法，扩大了全国人大常委会的职权，将原来属于全国人大的 部分职权交由它行使，并加强全国人大常委会的组织建设，以充分发挥国家权力机关的职能作用。

现行宪法和全国人大组织法等有关法律明确规定了全国人大常委会的职权。概括起来，全国人大常委会的职权可以分为以下几个方面。

1. 国家立法权

需要说明的是，1982年宪法实施以前，全国人大是行使国家立法权的唯一机关。1954 年宪法规定，"全国人民代表大会是行使国家立法权的惟一机关"，全国人大常委会只有"解释法律"和"制定法令"的权力。然而，实践表明，仅由全国人大立法，不能适应现实的需要。1955 年和 1959 年，全国人大会议分别通过决议，授权全国人大常委会在全国人大闭会期间，可以制定单行法规和修改法律。为适应改革开放和现代化建设，特别是加强社会主义民主法制建设的需要，1982 年宪法第五十八条规定，全国人大和全国人大常委会行使国家立法权。可以说，赋予全国人大常委会以国家立法权是我国立法体制的一次重要改革。

根据现行宪法的规定，全国人大常委会和全国人大共同行使国家立法权。具体来说，全国人大常委会制定和修改除应由全国人大制定的法律以外的其他法律，在全国人大闭会期间，对全国人大制定的法律进行部分补充和修改，但是不得同该法律的基本原则相抵触。这里的"基本法律"，是指在刑事、民事、国家机构和其他法律门类中基础性起支架性作用的法律，如刑法、民法典、诉讼法、全国人大组织法、国务院组织法、地方组织法等。全国人大每年只举行一次例会，会期也不长，因此，最高国家权力机关大量的、经常性的立法工作是由全国人大常委会承担的。即使全国人大修改宪法、制定和修改法律，一般也要先经常委会会议一次或多次审议后，由全国人大常委会向全国人大提出议案，或者经常委会会议多次审议后由其他机关依法向全国人大提出议案，再由全国人大会议审议通过。这样，除了宪法和基本法律外，大量的立法工作都由全国人大常委会承担。

2. 宪法和法律的解释权

解释宪法，即对宪法条文本身需要进一步明确界限或作补充规定而作的立法解释。宪法解释权是宪法赋予全国人大常委会的一项重要职权，这对于维护宪法的权威和尊严，保障宪法的正确实施，保证国家法制的统一，具有重要作用。

法律解释权属于全国人大常委会。当法律的规定需要进一步明确具体含义，或者法律制定后出现新的情况，需要明确适用法律依据时，由全国人大常委会进行法律解释。根据需要对宪法和法律进行解释，是与行使国家立法权紧密相关的又一项重要工作。这样便于从立法的角度及时回答和解决宪法和法律实施过程中提出的问题，保障宪法和法律的准确实施。全国人大常委会对法律的解释属于立法解释，这种解释同法律具有同等效力。

3. 宪法实施的监督权

现行宪法除规定全国人大监督宪法的实施外，还赋予全国人大常委会监督宪法实施的职权。全国人大常委会作为全国人大的常设机关，它行使这一职权，便于对宪法的实施进行经常性的监督。

4. 对其他国家机关工作的监督权

监督权是宪法和法律赋予全国人大常委会的一项重要职权，通常包括工作监督和法律监督两个方面的内容。全国人大常委会有权监督国务院、国家监察委员会、最高人民法院和最高人民检察院的工作；撤销由国务院制定的同宪法、法律相抵触的行政法规、决定和命令；撤销省、自治区、直辖市国家权力机关制定的同宪法、法律和行政法规相抵触的地方性法规和决议。

全国人大常委会行使监督权，目的就是确保宪法和法律得到正确实施，维护社会主义法制的统一、尊严和权威；确保行政权、监察权、审判权、检察权得到正确行使，推进"一府一委两院"依法行政、依法监察、公正司法和改进工作；确保公民、法人和其他组织的合法权益得到切实尊重和维护，实现好、维护好广大人民的根本利益和切身利益。

5. 对其他国家机关工作人员的人事任免权

在以往，有全国人大常委会决定代理人选的情况。1987 年 11 月 24 日，六届全国人大常委会第二十三次会议作出决定，同意赵紫阳辞去国务院总理职务，报请七届全国人大一次会议确认；同意国务院总理赵紫阳建议，在七届全国人大一次会议决定国务院总理人选前，由副总理李鹏任国务院代总理，行使总理职权，领导国务院的工作。1989 年制定全国人大议事规则时，首次明确常委会接受辞职、决定代理人选的职权。

根据现行宪法和新修改的全国人大组织法规定，在全国人大闭会期间，全国人大常委会行使对国家机关领导人员的任免权。（1）大会闭会期间提出辞职的，由委员长会议将其辞职请求提请全国人大常委会审议决定。这分为两种情况：一是全国人大常委会接受全国人大常委会委员长、副委员长、秘书长，国家主席、副主席，国务院总理、副总理、国务委员，中央军事委员会主席，国家监察委员会主任，最高人民法院院长，最高人民检察院检察长辞职的，应当报请全国人大下次会议确认。二是全国人大常委会接受全国人大常委会委员辞职的，应当向全国人大报告。实践中，全国人大常委会曾接受国务院总理辞职并决定代理总理人选。（2）关于决定代理人选。在全国人大闭会期间，国务院总理、中央军事委员会主席、国家监察委员会主任、最高人民法院院长、最高人民检察院检察长缺位的，全国人大常委会可以分别在国务院副总理、中央军事委员会副主席、国家监察委员会副主任、最高人民法院副院长、最高人民检察院副检察长中决定代理人选。（3）关于任免。在全国人大闭会期间，全国人大常委会行使人事任免权。具体来说，在全国人大闭会期间，常委会有权行使任免权的范围包括：一是根据国务院总理的提名，可以决定国务院其他组成人员的任免。在以往规定的基础上，总结实践经验，增加了任免国务院副总理和国务委员。二是根据中央军事委员会主席的提名，可以决定中央军事委员会其他组成人员的任免。这里，所任免的人员中实际上增加了中央军事委员会副主席。三是根据国家监察委员会主任的提请，任免国家监察委员会副主任、委员。四是根据最高人民法院院长的提请，任免最高人民法院副院长、庭长、副庭长、审判员、审判委员会委员和军事法院院长。五是根据最高人民检察院检察长的提请，任免最高人民检察院副检察长、检察员、检察委员会委员和军事检察院检察长，并且批准省、自治区、直辖市的人民检察院检察长的任免。六是决定驻外全权代表的任免。七是决定全国人大专门委员会个别副主任委员和部分委员，全国人大常委会代表资格审查委员会主任委员、副主任委员和委员，全国人大常委会副秘书长和各工作委员会主任、副主任的任免。（4）关于撤职。以往的实践中，全国人大常委会有作出撤职决定的情况。1989 年 6 月 30 日，七届全国人大常委会第八次会议根据宪法和中央军委主席邓小平的提请，决定撤销赵紫阳的中央军委副主席职务。2018 年 2 月，十二届全国人大常委会第三十三次会议根据委员长会议的提请，作出关于撤销杨晶同志的国务委员、国务院秘书长职务的决定。但是，宪法和有关法律都没有对由全国人大及其常委会选举或者决定任命的国家机构组成人员的撤职作出明确规定。总结经验，最新修改的全国人大组织法增加规定，在全国人大闭会期间，一是全国人大常委会根据委员长会议、国务院总理的提请，可以决定撤销国务院其他个别组成人员的职务；二是根据中央军事委员会主席的提请，可以决定撤销中央军事委员会其他个别组成人员的职务。

6. 重大事项决定权

包括：（1）主持全国人民代表大会代表的选举。（2）负责召集全国人民代表大会会议。（3）在全国人大闭会期间，审查和批准国民经济和社会发展计划、国家预算（中央预算）在执行过程中所必须作的部分调整方案。（4）决定同外国缔结的条约和重要协定的批准和废除。这类事项是比较多的，全国人大常委会作出的有关决定也是比较多的。（5）决定授予国家勋章和国家荣誉称号。（6）决定特赦。新中国成立后，常委会作出的特赦决定比较多。改革开放以来，全国人大常委会作出两个特赦决定。一是在中国人民抗日战争暨世界反法西斯战争胜利 70 周年之际，2015 年 8 月十二届全国人大常委会第十六次会议通过关于特赦部分服刑罪犯的决定，国家主席习近平签署发布特赦令。二是 2019 年 6 月十三届全国人大常委会第十一次会议通过关于在中华人民共和国成立 70 周年之际对部分服刑罪犯予以特赦的决定，国家主席习近平签署发布特赦令。（7）在全国人大闭会期间，如果遇到国家遭受武装侵犯或者必须履行国际间共同防止侵略的条约的情况，决定战争状态的宣布。（8）决定全国总动员或者局部动员。（9）决定全国或者个别省、自治区、直辖市进入紧急状态。

7. 全国人民代表大会授予的其他职权

实践中，这方面的例子还是比较多的，举其要者，（1）1982 年 3 月 8 日，五届全国人大常委会第二十二次会议通过关于国务院机构改革问题的决议，原则批准国务院机构改革初步方案。（2）1987 年 4 月 11 日，六届全国人大五次会议通过关于授权全国人大常委会审议批准《中华人民共和国政府和葡萄牙政府关于澳门问题的联合声明》的决定，授权全国人大常委会在《中华人民共和国政府和葡萄牙政府关于澳门问题的联合声明》经中葡两国政府正式签署后予以审议和决定批准。（3）1993年3月31日，八届全国人大一次会议通过关于授权全国人大常委会设立香港特别行政区筹备委员会的准备工作机构的决定。（4）全国人大常委会依法决定授予国家勋章和国家荣誉称号的情况。一是2019年9月十三届全国人大常委会第十三次会议通过关于授予国家勋章和国家荣誉称号的决定，习近平主席签署主席令，首次授予为新中国建设和发展作出杰出贡献的功勋模范人物国家勋章和国家荣誉称号。二是2020年8月十三届全国人大常委会第二十一次会议通过关于授予在抗击新冠肺炎疫情斗争中作出杰出贡献的人士国家勋章和国家荣誉称号的决定，习近平主席签署主席令，授予钟南山共和国勋章，授予张伯礼、张定宇、陈薇"人民英雄"国家荣誉称号。（5）在全国人大闭会期间，联系全国人大代表并组织他们视察，领导各专门委员会的工作，等等。

（五）中共全国人大常委会党组

它是党中央在全国人大常委会中设立的领导机构，是党对全国人大及其常委会实施领导的重要组织形式，在全国人大及其常委会发挥领导作用，确保全国人大及其常委会全面贯彻党的基本理论、基本路线、基本方略，确保党始终成为中国特色社会主义事业的坚强领导核心。中共全国人大常委会党组根据《中国共产党章程》《中国共产党党组工作条例》和有关党内法规开展工作。常委会党组的主要工作职责，就是发挥把方向、管大局、保落实的领导作用，全面履行领导责任，加强对全国人大及其常委会各项工作和党的建设的领导，讨论和决定全国人大及其常委会工作中的重大问题，确保党的主张通过法定程序成为国家意志，确保党中央推荐的人选通过法定程序成为国家政权机关的领导人员，确保党的理论和路线方针政策的贯彻落实。

（六）全国人大常委会的办事机构和工作机构

全国人大组织法第二十七条、第二十八条对此作了明确规定。具体来说，全国人大常委会的办事机构是指办公厅和各委员会办事机构，工作机构是指法制工作委员会、预算工作委员会、香港特别行政区基本法委员会、澳门特别行政区基本法委员会。

1. 办公厅

全国人大常委会办公厅是全国人大常委会的综合办事机构，在常委会秘书长领导下开展工作，副秘书长协助秘书长工作。办公厅下设有秘书局、研究室、联络局、外事局、新闻局、信访局、人事局、离退休干部局、机关事务管理局等单位。

办公厅的主要工作职责是：（1）承担代表大会会议、常委会会议、委员长会议的筹备和会务工作；负责常委会组成人员视察和常委会执法检查的有关工作；负责全国人大及其常委会文电、档案、保密、文印工作。（2）受委员长会议委托，拟定有关议案草案；负责全国人大及其常委会有关报告、文件的起草和准备工作。（3）组织办理全国人大代表提出的建议、批评和意见。（4）承担全国人大与各省、自治区、直辖市人大常委会的联系的有关工作；统一答复各省、自治区、直辖市人大常委会及中央和国家机关有关部门对有关问题的询问。（5）承办全国人大及其常委会同外国议会、议会国际组织的交往和联系工作。（6）办理和接待全国人大代表和群众的来信来访。（7）开展有关调查研究工作，了解情况，提出建议，为全国人大及其常委会行使职权提供参考。（8）负责全国人大常委会的新闻发布会和对外宣传工作；组织对全国人大会议、全国人大常委会会议以及对民主法制建设、人大制度、人大工作的宣传报道。（9）负责全国人大常委会机关的行政、后勤、人事管理和保卫等工作。（10）办理全国人大常委会领导交办的其他事项。

2. 法制工作委员会

全国人大常委会法制工作委员会是常委会工作机构，设主任、副主任。内设办公室、宪法室、立法规划室、刑法室、民法室、经济法室、国家法室、行政法室、社会法室、法规备案审查室、研究室以及机关党委、纪委、工会等，其中办公室同时是宪法和法律委员会的办事机构。

法工委主要工作职责包括：（1）受委员长会议委托，拟订有关议案草案。（2）为全国人大及其常委会审议法律草案服务。对提请全国人大或其常委会审议的有关法律草案，进行调查研究，提供有关资料，提出修改建议；在法律草案交付表决前，负责法律用语的规范和文字方面的工作。（3）对各省、自治区、直辖市人大常委会及中央和国家机关有关部门提出的有关法律方面问题的询问，拟订答复意见。（4）研究处理并答复全国人大代表提出的有关法制工作的建议、批评和意见以及全国政协委员的有关提案。（5）进行与人大工作有关的法学理论、法制史和比较法学的研究，开展法制宣传工作。（6）负责汇编、译审法律文献的有关工作。（7）负责全国人大机关综合信息系统中的法律数据库的有关工作。（8）办理全国人大常委会领导交办的其他事项。

3. 预算工作委员会

1998 年九届全国人大常委会第六次会议决定成立全国人大常委会预算工作委员会。预算工作委员会是全国人大常委会的工作机构，设主任、副主任，内设办公室、预决算审查室、法案室和调研室。

预算工委主要工作职责包括：（1）协助全国人大财政经济委

员会承担全国人大及其常委会审查预决算、审查预算调整方案和监督预算执行方面的具体工作;(2)受全国人大常委会委员长会议委托,承担有关财政、预算、税收等方面法律草案的起草工作、有关法规备案审查的具体工作和监督预算执行方面的具体工作;(3)协助全国人大财政经济委员会承担法律草案审议方面的具体工作;(4)承办委员长会议交付的国务院预算规定、办法、地方预算汇总及其他报送事项的备案审查工作;(5)经委员长会议同意,可以要求政府有关部门提供预算情况,并获取相关信息资料及说明;(6)承担全国人大常委会及其委员长会议交办和全国人大财经委员会需要协助办理的其他具体事项。

4. 香港特别行政区基本法委员会

该委员会是全国人大常委会的工作机构,是根据 1990 年 4 月 4 日七届全国人大三次会议通过的关于批准香港特别行政区基本法起草委员会关于设立全国人民代表大会常务委员会香港特别行政区基本法委员会的建议的决定及其附件规定,在《中华人民共和国香港特别行政区基本法》实施时设立的。香港特别行政区基本法委员会组成人员有十二人,由全国人大常委会任命内地和香港人士各六人组成,任期五年。香港委员应该由在外国无居留权的香港特别行政区永久性居民中的中国公民担任。1997 年 6 月 27 日,八届全国人大常委会第二十六次会议任命了第一批香港基本法委员会成员。

香港特别行政区基本法委员会的基本任务是,就香港特别行政区基本法有关中央与香港特别行政区关系条款实施中的问题进行研究,并向全国人大常委会提供意见。包括:确定香港特别行政区立法会制定的法律是否符合基本法;关于全国性法律在香港特别行政区适用的范围;关于宣布香港特别行政区进入紧急状态的问题；关于基本法的解释权和修改权的问题等。

5. 澳门特别行政区基本法委员会

该委员会是全国人大常委会的工作机构，是根据 1993 年 3 月 31 日八届全国人大一次会议通过的关于批准澳门特别行政区基本法起草委员会关于设立全国人民代表大会常务委员会澳门特别行政区基本法委员会的建议的决定及其附件的规定，在《中华人民共和国澳门特别行政区基本法》实施时设立的。委员会组成人员共十人，由全国人大常委会任命内地和澳门人士各五人组成，任期五年。澳门委员由在外国无居留权的澳门特别行政区永久性居民中的中国公民担任。1999 年 12 月召开的九届全国人大常委会第十三次会议宣布澳门特别行政区基本法委员会正式成立，并通过了委员会组成人员名单。

澳门特别行政区基本法委员会的基本任务是，对澳门特别行政区基本法第十七条、第十八条、第一百四十三条、第一百四十四条实施中的问题进行研究，并向全国人大常委会提供意见。

此外，这里着重介绍代表资格审查委员会和特定问题调查委员会。

1. 代表资格审查委员会

这是全国人大常委会设立的专门负责审查全国人大代表资格的常设机构。根据全国人大组织法第二十六条第二款的规定，代表资格审查委员会的主任委员、副主任委员和委员应当是常委会组成人员，由委员长会议提请常委会任免。

需要注意的是，代表资格审查委员会的设置有一个发展变化的过程。在 1982 年全国人大组织法颁布前，代表资格审查委员会是全国人大的一个专门委员会。在每届全国人大一次会议召开时，由当次会议产生的代表资格审查委员会负责审查每届新选出的全国人大代表的资格。为了理顺代表资格审查工作，1982年全国人大组织法改为由全国人大常委会根据代表资格审查委员会提出的报告确认代表资格是否有效。从此，全国人大常委会设立代表资格审查委员会，全国人大则不再设立代表资格审查委员会。

代表资格审查委员会的工作职责是，依法审查全国人大代表的选举、补选是否符合法律规定，包括：当选代表是否符合宪法、法律规定的代表的资格条件，选举是否符合法律规定的程序，以及是否存在破坏选举和其他当选无效的违法行为。经审查，对符合法律规定的，提请全国人大常委会确认代表资格有效，对不符合法律规定的，提请全国人大常委会确定当选无效。每届新选出的全国人大代表的资格，由上一届全国人大常委会确认后，在新的一届全国人大一次会议举行前公布代表名单。

代表资格审查委员会会议根据需要不定期举行，由主任委员或者主任委员委托的副主任委员召集和主持。代表资格审查委员会会议须有全体组成人员过半数出席，始得举行。代表资格审查委员会向全国人大常委会提出的报告，须经全体组成人员过半数通过。

2. 特定问题调查委员会

根据全国人大组织法第四十一条的规定，全国人大或者全国人大常委会可以组织对于特定问题的调查委员会。就是说，这一委员会是为调查某一特定问题（如罢免案等）而设立的临时机构。它的组织和工作，由全国人大或者全国人大常委会决定。

全国人大会议主席团、三个以上代表团或者十分之一以上的代表联名，可以提议组织关于特定问题的调查委员会，由主席团提请大会全体会议决定。全国人大常委会委员长会议可以提议组织关于特定问题的调查委员会，提请常委会审议。五分之一以上常委会组成人员联名，也可以提议组织关于特定问题的调查委员会，由委员长会议提请常委会决定，或者先交有关的专门委员会审议、提出报告，再决定提请常委会审议。

特定问题调查委员会由主任委员、副主任委员若干人和委员若干人组成，由主席团在全国人大代表中提名，提请大会全体会议通过；或者由委员长会议在常委会组成人员和全国人大代表中提名，提请常委会全体会议通过。特定问题调查委员会可以聘请专家参加调查工作。特定问题调查委员会进行调查时，一切有关的国家机关、社会团体和公民都有义务向它提供必要的材料。

特定问题调查委员会的职责是，就全国人大或者全国人大常委会设立它所确定的特定问题进行调查，并相应地向全国人大或者全国人大常委会提出调查报告。全国人大或者全国人大常委会听取和审议调查委员会的报告后，可以作出决议。全国人大也可以授权全国人大常委会听取和审议调查委员会的调查报告，并可以作出决议，报全国人大下次会议备案。

三、全国人大专门委员会是全国人大的常设工作机构

（一）全国人大专门委员会设置的历史沿革

全国人大专门委员会，是伴随全国人大的建立而产生，并适应坚持和完善人民代表大会制度，进一步加强人民代表大会作用的实际需要而逐步发展起来的，经历了一个由小到大、由少到多的发展过程。

1954年一届全国人大会议召开，通过了新中国第一部宪法和全国人大组织法。根据宪法和全国人大组织法的规定，全国人大设立了民族委员会、法案委员会、预算委员会和代表资格审查委

员会。其中，预算委员会和代表资格审查委员会，是代表大会会议期间设立的临时机构，仅在大会期间工作。民族委员会、法案委员会则是常设的，在全国人大闭会期间仍然存在。1975年四届全国人大通过的宪法没有对全国人大专门委员会作出法律规定，当然也就没有设立专门委员会。1978年五届全国人大一次会议召开，通过了1978年宪法，明确规定全国人大可以根据需要设立若干专门委员会，这是我国宪法第一次使用"专门委员会"这一名称。五届全国人大二次会议设立了民族委员会、法案委员会、预算委员会和代表资格审查委员会，全国人大专门委员会的设置得以恢复。1979年3月，根据五届全国人大常委会第六次会议的决定，全国人大常委会成立了法制委员会。

1982年五届全国人大五次会议通过的宪法（即现行宪法），对全国人大专门委员会设置作出了明确规定。这次大会通过的全国人大组织法，设专章对全国人大专门委员会的组成、产生、职权、工作等方面作了具体规定。据此，全国人大设立民族、法律、财政经济、教育科学文化卫生、外事、华侨6个专门委员会。为适应专门委员会开展工作的需要，根据宪法规定和代表议案的要求，全国人大相继增设专门委员会。具体情况是：1988年七届全国人大一次会议增设内务司法委员会；1993年八届全国人大一次会议增设环境保护委员会，八届全国人大二次会议决定改名为环境与资源保护委员会；1998年九届全国人大一次会议增设农业与农村委员会；2018年十三届全国人大一次会议增设社会建设委员会，使专门委员会增加至10个。自六届全国人大开始，专门委员会正式成为全国人大闭会期间常设的专门机构。经过七、八、九、十三届全国人大会议，专门委员会的设置进一步健全完善，为全国人大及其常委会更好地依法行使职权创造了必要的条件。

（二）全国人大专门委员会的性质

全国人大专门委员会是全国人大常设的专门性机构，是全国人大的重要组成部分。全国人大专门委员会由全国人大产生并对其负责，受全国人大或全国人大会议主席团领导；在全国人大闭会期间，受全国人大常委会领导。

（三）全国人大专门委员会的工作职责

1. 全国人大专门委员会的主要职责

根据宪法和全国人大组织法的规定，全国人大专门委员会是在全国人大及其常委会领导下，研究、审议和拟定有关议案。具体来说，其主要职责包括：（1）审议全国人大会议主席团或者全国人大常委会交付的议案。（2）向全国人大会议主席团或者全国人大常委会分别提出属于全国人大或者其常委会职权范围内同本委员会有关的议案，组织起草法律案和其他议案。（3）承担全国人大常委会听取和审议专项工作报告有关具体工作。（4）承担全国人大常委会执法检查的具体组织实施工作。（5）承担全国人大常委会专题询问有关具体工作。（6）按照全国人大常委会工作安排，听取国务院有关部门和国家监察委员会、最高人民法院、最高人民检察院的专题汇报，提出建议。（7）对属于全国人大或全国人大常委会职权范围内同本委员会有关的问题，进行调查研究，提出建议。（8）审议全国人大常委会交付的被认为同宪法、法律相抵触的国务院的行政法规、决定和命令，国务院各部门的命令、指示和规章，国家监察委员会的监察法规，省、自治区、直辖市和设区的市自治州的人大及其常委会的地方性法规和决定、决议，省、自治区、直辖市和设区的市、自治州的人民政府的决定、命令和规章，民族自治地方的自治条例和单行条例，经济特区法规，以及最高人民法院、最高人民检察院具体应用法律问题的解释，提出意见。（9）审议全国人大主席团或者全国人大常委会交付的质询案，听取受质询机关对质询案的答复，必要时向全国人大主席团或全国人大常委会提出报告。（10）研究办理代表建议、批评和意见，负责有关建议、批评和意见的督促办理工作。（11）按照全国人大常委会的安排开展对外交往。（12）全国人大及其常委会交办的其他工作。

2. 全国人大四个专门委员会的特殊工作职责

包括：（1）民族委员会可以对加强民族团结问题进行调查研究，提出建议；审议自治区报请全国人大常委会批准的自治条例和单行条例，向全国人大常委会提出报告。（2）宪法和法律委员会承担推动宪法实施、开展宪法解释、推进合宪性审查、加强宪法监督、配合宪法宣传等工作职责；统一审议向全国人大或其常委会提出的法律草案和有关法律问题的决定草案，其他专门委员会就有关草案向宪法和法律委员会提出意见，并印发全国人大会议或者常委会会议。（3）财政经济委员会对国务院提出的国民经济和社会发展计划草案、规划纲要草案、中央和地方预算草案、中央决算草案以及相关报告和调整方案进行审查，提出初步审查意见、审查结果报告；其他专门委员会可以就有关草案和报告向财政经济委员会提出意见。（4）外事委员会审议国务院提请批准条约和协定的议案。

各专门委员会在主任委员的主持下，按照民主集中制的原则审议讨论议案。为便于议事，各专门委员会根据法律制定了相应的议事规则，对本委员会的议事程序作出进一步的具体规定。这也是专门委员会工作所要遵循的。

3. 各专门委员会办事机构

全国人大现有 10 个专门委员会，都设立了办公室和一至四个不等的业务室。

专门委员会服务机构的主要职责是：（1）承担本委员会会议的行政、后勤、文秘等各项服务工作。（2）起草或者牵头起草由本委员会提出的法律草案和决议、决定草案等，跟踪了解由国务院及其部门、国家监察委员会、最高人民法院、最高人民检察院牵头起草法律草案的进展情况。（3）承担由本委员会负责具体组织实施的执法检查项目的各项服务工作。（4）承担本委员会外事活动的服务工作。（5）联系国务院及其有关部门、国家监察委员会、最高人民法院、最高人民检察院，了解与本委员会有关的工作情况，承担本委员会听取有关工作情况汇报的服务工作。（6）承担本委员会审议全国人大会议主席团或者常委会委员长会议交付的议案的服务工作。（7）办理由本委员会承办的全国人大代表提出的建议、批评和意见的答复工作。（8）围绕本委员会的职责开展调查研究。（9）办理常委会领导交办的其他事项。

第二节　地方各级人大组织制度

一、地方各级人大是地方国家权力机关

（一）县级以上地方人大的性质和地位

地方人大分为四级：省、自治区、直辖市人大；设区的市、自治州人大；县、不设区的市、市辖区、自治县人大；乡、民族乡、镇人大。

地方各级人大的性质决定它在同级国家机关中处于主导地位。现行宪法和有关法律规定，地方各级人大是地方国家权力机关。地方各级人民政府、监察委员会、人民法院、人民检察院都由同级人大产生，地方人民代表大会听取并审议同级人民政府、人民法院、人民检察院的工作报告，有权罢免"一府一委两院"有关领导人的职务。地方各级人大与同级人民政府、监察委员会、人民法院、人民检察院之间是产生与被产生、决定与执行、监督与被监督的关系。

（二）地方人大的产生和组成

根据宪法和地方组织法的规定，地方各级人大都由民主选举产生，省、自治区、直辖市、自治州、设区的市的人大代表由下一级人大选举；县、自治县、不设区的市、市辖区和乡、民族乡、镇的人大代表由选民直接选举。地方各级人大代表选出后，从举行本届本级人大第一次会议起即告产生，直至下一届人大第一次会议止。地方各级人大代表名额和代表产生办法由选举法规定。有关具体情况，见本书第四章的论述。

（三）地方各级人大的任期制度

目前，地方各级人大每届任期五年。新中国成立以来，地方各级人大的任期制度，经历了几次变化。1954 年宪法规定，全国和省的人大每届任期四年，直辖市、县、市、市辖区、乡、民族乡、镇的人大每届任期两年。1975 年宪法规定，全国和省级人大每届任期五年，自治州、市、县、自治县、市辖区的人大每届任期三年，人民公社、镇的人大每届任期两年。1978 年宪法延续了这一规定。

1982 年宪法规定，省、自治区、直辖市、设区的市、自治州的人大每届任期五年，县、乡的人大每届任期三年。1993 年八届全国人大一次会议修改宪法时，将县级人大的任期改为五年。乡、镇人大任期仍为三年。1995年修改地方组织法时，也作了相应的修改。2004年3月十届全国人大二次会议修改宪法时，将地方各级人大的每届任期都统一为五年。这样，经过50年实践，各级人大任期制度得到完善和定型。

（四）县级以上地方各级人大职权

根据宪法和地方组织法、立法法等有关法律规定，县级以上地方各级人大的职权有以下几个方面。

1. 制定地方性法规

包括：（1）省、自治区、直辖市人大及其常委会根据本行政区域的具体情况和实际需要，在不同宪法、法律、行政法规相抵触的前提下，可以制定地方性法规。设区的市、自治州的人大及其常委会根据本市的具体情况和实际需要，在不同宪法、法律、行政法规和本省、自治区的地方性法规相抵触的前提下，可以对城乡建设与管理、环境保护、历史文化保护等方面的事项制定地方性法规。根据立法法的规定，地方性法规可以就以下两个方面的事项作出规定：一是为执行法律、行政法规的规定，需要根据本行政区域的实际情况作具体规定的事项；二是属于地方性事务需要制定地方性法规的事项。还规定，除应当由全国人大及其常委会制定法律的事项外，其他事项国家尚未制定法律或者行政法规的，省、自治区、直辖市和自治州、设区的市根据本地方的具体情况和实际需要，可以先制定地方性法规。在国家制定的法律或者行政法规生效后，地方性法规同法律或者行政法规相抵触的规定无效，制定机关应当及时予以修改或者废止。（2）自治条例和单行条例。民族自治地方（自治区、自治州、自治县）的人大有权依照当地民族的政治、经济和文化的特点，制定自治条例和单行条例。自治区的自治条例和单行条例，报全国人大常委会批准后生效；自治州、自治县的自治条例和单行条例，报省、自治区、直辖市的人大常委会批准后生效。自治条例和单行条例可以依照当地民族的特点，对法律和行政法规的规定作出变通规定，但不得违背法律或者行政法规的基本原则，不得对宪法和民族区域自治法的规定以及其他有关法律、行政法规专门就民族自治地方所作的规定作出变通规定。（3）经济特区法规。海南省、深圳市、厦门市、汕头市、珠海市等的人大及其常委会按照全国人大及其常委会的授权，根据经济特区的具体情况和实际需要，遵循宪法的规定以及法律和行政法规的基本原则，制定法规，在各自的经济特区范围内实施。

2. 保证遵守和执行权

在本行政区域内，保证宪法、法律、行政法规和上级人大及其常委会决议的遵守和执行，保证国家计划和国家预算的执行。

3. 选举和罢免

选举和罢免本级地方国家机关组成人员或领导人员。县级以上的地方各级人大选举本级人大常委会的组成人员；选举本级政府正副职领导人员；选举本级监察委员会主任、人民法院院长和人民检察院检察长，选出的人民检察院检察长，须报经上一级人民检察院检察长提请该级人大常委会批准；选举上一级人民代表大会代表。

地方组织法第十三条规定，地方各级人大有权罢免本级人民政府的组成人员。县级以上地方各级人大有权罢免本级人大常委会组成人员和由它选出的监察委员会主任、人民法院院长、人民检察院检察长。罢免人民检察院检察长，须报经上一级人民检察院检察长提请该级人民代表大会常务委员会批准。

4. 决定本行政区域重大事项

包括：（1）听取和审议本级人大常委会、政府、法院、检察院的工作报告。（2）审查和决定地方的经济建设、文化建设和公共事业建设的计划。（3）县级以上地方各级人大审查和批准本行政区域内的国民经济和社会发展计划、预算以及它们的执行情况的报告。（4）有权改变或者撤销本级人大常委会不适当的决定。（5）讨论、决定本行政区域内的政治、经济、教育、科学、文化、卫生、环境和资源保护、民政、民族等工作的重大事项。（6）民族乡的人大可以依照法律规定的权限采取适合民族特点的具体措施。

5. 监督"一府一委两院"

县级以上的地方各级人大有权监督本级人大常委会、人民政府、人民法院和人民检察院的工作。包括：有权听取和审查本级人民代表大会常务委员会的工作报告；听取和审查本级人民政府和人民法院、人民检察院的工作报告。改变或者撤销本级人大常委会的不适当的决议；撤销本级人民政府的不适当的决定和命令。

6. 保护机关、组织和公民个人的合法权益

地方各级人民代表大会在本行政区域内，保护社会主义的全民所有的财产和劳动群众集体所有的财产，保护公民私人所有的合法财产，维护社会秩序，保障公民的人身权利、民主权利和其他权利；保护各种经济组织的合法权益；保障少数民族的权利；保障宪法和法律赋予妇女的男女平等、同工同酬和婚姻自由等各项权利。

（五）乡镇人大的职权

包括：（1）在本行政区域内，保证宪法、法律、行政法规和

上级人民代表大会及其常务委员会决议的遵守和执行。（2）在职权范围内通过和发布决议。（3）根据国家计划，决定本行政区域内的经济、文化事业和公共事业的建设计划。（4）审查和批准本行政区域内的财政预算和预算执行情况的报告。（5）决定本行政区域内的民政工作的实施计划。（6）选举本级人民代表大会主席、副主席。（7）选举乡长、副乡长，镇长、副镇长。（8）听取和审查乡、民族乡、镇的人民政府的工作报告。（9）撤销乡、民族乡、镇的人民政府的不适当的决定和命令。（10）保护社会主义的全民所有的财产和劳动群众集体所有的财产，保护公民私人所有的合法财产，维护社会秩序，保障公民的人身权利、民主权利和其他权利。（11）保护各种经济组织的合法权益。（12）保障少数民族的权利。（13）保障宪法和法律赋予妇女的男女平等、同工同酬和婚姻自由等各项权利。

少数民族聚居的乡、民族乡、镇的人民代表大会在行使职权的时候，可以依法采取适合民族特点的具体措施。

二、县级以上地方各级人大常委会是本级人大的常设机关

（一）地方人大常委会的性质和地位

县级以上地方各级人大常委会是同级人大的常设机关，是同级国家权力机关的重要组成部分。地方各级人大常委会对本级人大负责并报告工作，在本级人大闭会期间，行使宪法和法律赋予的权力。

地方人大常委会在地方国家机关中处于主导地位，它和同级行政机关、监察机关、审判机关、检察机关之间是决定与执行、

监督与被监督的主从关系。

（二）地方人大常委会的设立与发展

县级以上地方各级人大设立常委会，经过了长期的酝酿和发展过程。1954 年宪法规定，全国人大设立常委会，没有规定地方各级人大设立常委会。地方人大产生本级人民委员会，地方各级人民委员会是地方各级国家行政机关（即地方各级人民政府），是地方各级人民代表大会的执行机关。1967 年 2 月以后逐渐被革命委员会所替代。

1979 年 7 月五届全国人大二次会议修改 1978 年宪法，通过地方组织法，明确规定县级以上地方各级人大设立常委会，作为本级人大的常设机关。随后，地方各级人大相继设立了常委会。地方各级人大常委会的组织制度建设也进入了一个新的阶段。

（三）地方人大常委会的产生、组成和任期

省、自治区、直辖市人大常委会由本级人大在代表中选举主任、副主任若干人、秘书长、委员若干人组成。它的名额为 45 人至 75 人，人口超过八千万的省不超过 95 人。

自治州、设区的市人大常委会由本级人大在代表中选举主任、副主任若干人、秘书长、委员若干人组成。它的名额为 29 人至 51 人，人口超过八百万的设区的市不超过 61 人。

县、自治县、不设区的市、市辖区的人大常委会由本级人大在代表中选举主任、副主任若干人和委员若干人组成。它的名额为 15 人至 35 人，人口超过一百万的不超过 45 人。

省、自治区、直辖市每届人大常委会组成人员的名额，由省、自治区、直辖市的人大依照地方组织法的规定，按人口多少并结合常委会组成人员结构的需要确定。自治州、县、自治县、市、市辖区每届人大常委会组成人员的名额，由省、自治区、直辖市的人大常委会依照地方组织法的规定，按人口多少并结合常委会组成人员结构的需要确定。每届人大常委会组成人员的名额经确定后，在本届人民代表大会的任期内不再变动。

县级以上的地方各级人大常委会每届任期同本级人大每届任期相同，均为五年，行使职权到下届本级人大选出新的常委会为止。

（四）地方人大常委会的职权

根据现行宪法和地方组织法、立法法、监察法、监督法等有关法律规定，县级以上地方各级人大常委会在本行政区域内，保证宪法、法律、行政法规和上级人大及其常委会决议的遵守和执行。概括起来，县级以上地方各级人大常委会的职权可以概括为以下几个方面。

1. 立法权

包括：（1）省、自治区、直辖市人大及其常委会根据本行政区域的具体情况和实际需要，在不同宪法、法律、行政法规相抵触的前提下，可以制定地方性法规。（2）设区的市、自治州人大及其常委会根据本市的具体情况和实际需要，在不同宪法、法律、行政法规和本省、自治区的地方性法规相抵触的前提下，可以对城乡建设与管理、环境保护、历史文化保护等方面的事项制定地方性法规，法律对设区的市制定地方性法规的事项另有规定的，从其规定。设区的市地方性法规须报省、自治区的人大常委会批准后施行。自治州的人大及其常委会可以依照立法法第八十一条第一款规定行使设区的市制定地方性法规的职权。（3）经济特区所在地的省、市的人大及其常委会根据全国人民代表大会的授权决定，制定法规，在经济特区范围内实施。（4）民族自治地方的人大有权依照当地民族的政治、经济和文化的特点，制定自治条例和单行条例。自治区的自治条例和单行条例，报全国人大常委会批准后生效。自治州、自治县的自治条例和单行条例，报省、自治区、直辖市的人大常委会批准后生效。

2. 决定重大事项权

宪法第一百零四条规定，县级以上地方各级人大常委会讨论、决定本行政区域内各方面工作的重大事项，包括：（1）召集本级人民代表大会会议。（2）讨论、决定本行政区域内的政治、经济、教育、科学、文化、卫生、生态环境保护、自然资源、城乡建设、民政、社会保障、民族等工作的重大事项和项目。（3）根据本级人民政府的建议，审查和批准本行政区域内的国民经济和社会发展规划纲要、计划和本级预算的调整方案。（4）决定授予地方的荣誉称号。（5）有关深化改革和扩大开放方面，比如，上海、天津、成都、杭州等地方人大常委会作出关于促进改革创新的决定。

3. 监督权

县级以上地方各级人大常委会的监督权包括：（1）监督本级人民政府、监察委员会、人民法院、人民检察院的工作，听取和审议有关专项工作报告，组织执法检查，开展专题询问等；（2）监督本行政区域内的国民经济和社会发展规划纲要、计划和预算的执行，审查和批准本级决算，监督审计查出问题整改情况，审查监督政府债务；（3）监督本级政府对国有资产的管理，听取和审议本级政府关于国有资产管理情况的报告；（4）听取和审议本级政府关于年度环境状况和环境保护目标完成情况的报告；（5）听取和审议备案审查工作情况报告；（6）撤销下一级人大及其常委会的不适当的决议；（7）撤销本级人民政府的不适当的决定和命令等。

4. 人事任免权

包括：（1）任命免职。在本级人大闭会期间，决定政府副职领导人员的个别任免；根据政府正职领导人员的提名，决定本级政府秘书长和政府各组成部门正职领导人员的任免，报上一级政府备案；由本级监察委员会主任提请任免监察委员会副主任和委员；任免本级人民法院副院长、庭长、副庭长、审判委员会委员、审判员；省、自治区、直辖市人大常委会根据主任会议的提名，决定在省、自治区内按地区设立的和在直辖市内设立的中级人民法院院长的任免。任免本级人民检察院副检察长、检察委员会委员、检察员；批准任免下一级人民检察院检察长；根据省、自治区、直辖市人民检察院检察长的提名，决定人民检察院分院检察长的任免。（2）决定代理。在人大闭会期间，在本级政府、监察委员会、人民法院、人民检察院正职领导人员因故不能担任职务时，根据主任会议的提名从副职领导人员中决定代理人选。（3）接受辞职。在人大闭会期间，县级以上的地方各级人大常委会组成人员、专门委员会组成人员和政府领导人员，监察委员会主任，人民法院院长，人民检察院检察长，可以向本级人大常委会提出辞职，由常委会决定是否接受辞职。常委会接受辞职后，报本级人大备案。人民检察院检察长的辞职，须报经上一级人民检察院检察长提请该级人大常委会批准。（4）撤职。在人大闭会期间，决定撤销本级政府个别副职领导人员的职务；决定撤销由它任命的本级政府其他组成人员和监察委员会副主任、委员及人民法院院长以外的其他审判人员，人民检察院检察长以外的其他检察人员，中级人民法院院长、人民检察院分院检察长的职务。（5）罢免个别代表。在人大闭会期间，罢免由本级人大选举的个别上一级人大代表。

5. 领导或主持选举权

县级以上地方各级人大常委会领导或者主持本级人大代表的选举。县级人大常委会领导本级选举委员会和乡级选举委员会。

6. 召集会议权

县级以上地方各级人大常委会召集本级人民代表大会会议。

（五）地方人大常委会主任会议

根据法律规定，地方各级人大常委会主任会议是以会议形式处理人大常委会重要日常工作的机构。可以把地方人大常委会重要日常工作分为两类，一类是法律明确规定的主任会议职责；另一类是法规规定或各级人大常委会的惯例等认可由主任会议处理的工作。

根据地方组织法第五十四条等法条的规定，主任会议负责处理的重要日常工作，主要包括：（1）决定常委会每次会议的会期，拟订常委会会议议程草案，必要时提出调整会议议程的建议；（2）指导和协调各专门委员会的日常工作；（3）提名专门委员会个别副主任委员和部分委员的人选，提名代表资格审查委员会组成人员的人选，提名副秘书长和常委会办事机构、工作机构领导人员的人选，提出属于常委会有权撤销其职务的领导人员的撤销案等；（4）提出议案，提议组织特定问题调查委员会；（5）决定将有关国家机关提出的议案列入常委会会议议程，决定是否将常委会组成人员联名提出的议案列入常委会会议议程；（6）决定质询案的答复方式和时间等。

（六）地方各级人大常委会的办事机构和工作机构

1. 办事机构

地方各级人大常委会办事机构的设置不完全一致。县级以上地方各级人大常委会多数设有办公厅（室）、研究室、法制工作委员会等。省、自治区、直辖市人大常委会设办公厅，设区的市、自治州人大常委会设办公厅或办公室。办公厅（室）下设若干处、科。县级人大常委会设办公室。办公厅（室）在本级人大常委会领导下工作，承办人大常委会各项具体事务。其主要职责包括：承担人民代表大会会议、常委会会议、主任会议、人大常委会党组会议的筹备和会务工作；负责公文处理工作；负责内外宾接待服务以及对外交往中的有关具体事务；接待处理人民群众和各级人大代表来信来访；负责机关人事管理、劳动工资工作；承担行政管理、生活福利等后勤服务工作；办理党组、常委会、主任会议交办的其他事项。

2. 工作机构

主要包括常委会各工作委员会（室）和专门委员会所属的业务处（科）。

三、地方人大专门委员会

这是本级人大的常设机构。新修改的地方组织法对此有详细规定。

（一）地方人大专门委员会的产生及性质

根据地方组织法第三十三条规定，省、自治区、直辖市、自治州、设区的市的人大根据需要，可以设法制委员会、财政经济委员会、教育科学文化卫生委员会、环境与资源保护委员会、社会建设委员会和其他需要设立的专门委员会；县、自治县、不设区的市、市辖区的人大根据需要，可以设法制委员会、财政经济委员会等专门委员会。根据这一规定，全国各省、自治区、直辖市、自治州、设区的市人大都设立了监察和司法委员会、财政经济委员会、教科文卫委员会、农村（林）委员会、城建环保委员会、人事选举委员会。在少数民族较多、华侨较多的地方还设立了民族侨务外事委员会等。县级人大设立了法制委员会、财政经济委员会等。

地方人大专门委员会是地方国家权力机关的组成部分，是本级人大专门性的常设机构。在本级人大会议期间受本级人大的领导，在大会闭会期间受本级人大常委会的领导。

专门委员会的主任委员、副主任委员和委员的人选，由主席团在本级人大代表中提名，大会全体会议通过。在代表大会闭会期间，常务委员会可以任免专门委员会的个别副主任委员和部分委员，由主任会议提名，常委会会议通过。

（二）地方人大专门委员会的工作职责

按照地方组织法第三十五条的规定，地方人大专门委员会在本级人大及其常委会领导下开展工作。很多地方人大总结多年的实践经验，在地方性法规中对专门委员会的工作作出了具体规定。

概括起来，大体包括：（1）审议本级人大会议主席团或者人大常委会交付的议案；（2）向本级人大主席团或者常委会提出属于本级人大或者常委会职权范围内同本委员会有关的议案，组织起草有关议案草案；（3）承担本级人大常委会会议听取和审议专项工作报告、执法检查、专题询问等的具体组织实施工作；（4）按照本级人大常委会工作安排，听取本级人民政府工作部门和监察委员会、人民法院、人民检察院的专题汇报，提出建议；（5）对属于本级人大及其常委会职权范围内同本委员会有关的问题，进行调查研究，提出建议；（6）研究办理代表建议、批评和意见，负责有关建议、批评和意见的督促办理工作；（7）办理本级人大及其常委会交办的其他工作。

/ 第四章 /

人大代表选举制度

民主选举制度是人民代表大会制度的前提和基础。在我国，民主选举制度包括两大部分，一是人大代表选举制度，即选民或者人大代表选举人大代表的制度。人民通过民主选举，产生代表自己意愿的代表，组成各级人民代表大会。全国人大和地方各级人大都由民主选举产生。这表明，人民代表大会的权力源泉来自人民，它对人民负责，受人民监督。二是人大及其常委会选举制度，即人大及其常委会选举、任免国家机构组成人员的制度。习近平总书记在第十八届中央纪律检查委员会第七次全体会议上的重要讲话中指出："无论是党委换届还是人大、政府、政协换届，都要体现工人阶级领导的、以工农联盟为基础的人民民主专政的国体，要保证基层群众代表比例，党政干部、企业负责人不要挤占应该给基层群众自治制度的名额，不得搞偷天换日、移花接木的欺骗手段。在中国共产党领导的社会主义国家，一切权力属于人民，决不能依据地位、财富、关系分配政治权力！"[1] 这深刻阐明了包括人大代表选举在内的我国选举制度的本质特征和科学内涵。在首次中央人大工作会议上，习近平总书记指出，"人民代表大会制度是实现我国全过程人民民主的重要制度载体"，强调"要保证人民依法行使选举权利，民主选举产生人大代

---

〔1〕 习近平：《在第十八届中央纪律检查委员会第七次全体会议上的讲话》，载《习近平关于社会主义政治建设论述摘编》，中央文献出版社 2017 年版，第 49 页。

表"〔1〕。在本章中，我们着重介绍人大代表选举制度。

第一节　人大代表选举制度的含义和基本原则

一、人大代表选举制度概述

（一）人大代表选举制度的含义

人大代表选举，是指选民或者人大代表按照自己的意志，依法投票选出自己的代表。具体来说，就是由选民按选区直接投票选举人大代表和由下一级人大作为选举单位选举上一级人大代表，选举出地方各级人大代表和全国人大代表，组成地方各级人大和全国人大。

人大代表选举制度，是关于人大代表选举的原则、组织、程序和方法及其相关规范构成的各种具体制度的总称。这是人民代表大会制度的重要组成部分，是产生各级人大的制度基础。它从我国实际情况出发，按照国家一切权力属于人民的宪法理念和民主集中制原则，采取直接选举和间接选举相结合的原则、方法，选举出地方各级人大代表和全国人大代表，组成地方各级人大和全国人大，实现人民当家作主，使国家权力永远掌握在人民手中。

人大代表选举制度的规定，主要体现在宪法、选举法、全国

---

〔1〕　习近平：《在中央人大工作会议上的讲话》，载《求是》2022 年第 5 期，第 13 页。

人大组织法、地方组织法、解放军选举全国人大和县级以上地方人大代表办法、全国人大议事规则和全国人大及其常委会制定的一系列有关选举的决议和决定，以及各省、自治区、直辖市人大常委会依法制定的选举实施细则等。其中，选举法是保障公民依法行使选举权和被选举权，依法产生各级人大代表的重要法律。

（二）人大代表选举制度的正式确立

我国的民主选举制度产生于新民主主义革命时期。1931 年 11 月，中国共产党领导的江西革命根据地公布《中华苏维埃共和国的选举细则》，1933 年 8 月公布《苏维埃暂行选举法》。1937 年 4 月，在陕甘宁边区制定的选举条例，第一次在中国选举制度史上提出采用"普遍、直接、平等、无记名投票"的原则。1940 年，毛泽东同志在《新民主主义论》中指出，中国现在可以采取人民代表大会的系统，"并由各级代表大会选举政府。但必须实行无男女、信仰、财产、教育等差别的真正普遍平等的选举制，才能适合于各革命阶级在国家中的地位，适合于表现民意和指挥革命斗争，适合于新民主主义的精神"[1]。

1949 年 9 月，中国人民政治协商会议第一届全体会议通过的具有临时宪法地位和作用的共同纲领，第四条明确规定："中华人民共和国人民依法有选举权和被选举权。"第十二条还对实行普选作了原则规定，国家政权属于人民，"人民行使国家政权的机关为各级人民代表大会和各级人民政府。各级人民代表大会由人民用普选方法产生之。"[2] 根据共同纲领的规定，研究总结三

---

〔1〕 毛泽东：《新民主主义论》，载《毛泽东选集》第二卷，人民出版社 1991 年版，第 677 页。

〔2〕 《中国人民政治协商会议共同纲领》，载全国人大常委会办公厅、中共中央文献研究室编：《人民代表大会制度重要文献选编》（一），中国民主法制出版社、中央文献出版社 2015 年版，第 76—77 页。

年多来我国人民民主专政的实际情况，吸收苏联选举的经验，并在征求各方面意见的基础上，1953 年 2 月，中央人民政府委员会通过了全国人民代表大会及地方各级人民代表大会选举法，这"贯穿着一个总的精神，就是如何根据国家的情况，规定一个合乎当前实际的最民主的选举制度"[1]。这部选举法确立了普遍、平等、直接选举与间接选举相结合的人大代表选举原则。此后，在全国范围内进行了中国历史上第一次规模空前的普选，在此基础上自下而上逐级召开了人民代表大会，产生地方各级国家政权机关，为全国人民代表大会的成立奠定了法律基础和组织基础。这部法律的颁布实施，标志着我国社会主义选举制度的正式确立，标志着我国人民民主政治发展的新阶段，为新中国的首次全国普选提供了法律依据。

1953 年 7 月至 1954 年 5 月，在全国范围内开展了基层人大代表的选举。除少数暂不进行选举的地区外，全国进行基层选举的单位共 214798 个，进行选举的人口为 571434511 人；登记选民总数为 323809684 人，占 18 周岁以上人口总数的 97.18%；参加投票的有 278093100 人，占登记选民总数的 85.88%。共选出基层人大代表 5669144 人，成为新中国历史上空前规模的民主运动。

（三）现行选举法及其发展完善

1979 年 7 月，五届全国人大二次会议通过的全国人民代表大会和地方各级人民代表大会选举法，对 1953 年选举法进行了重大修订。这次修订在继承和坚持 1953 年选举法基本原则和基本

---

[1] 邓小平：《关于〈中华人民共和国全国人民代表大会及地方各级人民代表大会选举法（草案）〉的说明》，载《邓小平文集（一九四九——一九七四）》中卷，人民出版社 2014 年版，第 55 页。

制度的同时，根据新时期的实际情况，对我国人大代表选举制度作了一系列改革和发展，包括：将直接选举的范围从乡镇一级扩大到县一级、改进选区划分办法、改进推荐和酝酿代表候选人办法、实行差额选举、改进表决方式等，在选举机构、选举程序改革等方面也作了许多新规定。

改革开放以来，为适应社会主义市场经济发展和社会主义民主政治发展的需要，我国人大代表选举制度进行了一系列重大改革和完善，主要就是不断扩大社会主义民主。1982 年 12 月五届全国人大五次会议、1986 年 12 月六届全国人大常委会第十八次会议、1995 年 2 月八届全国人大常委会第十二次会议、2004 年 10 月十届全国人大常委会第十二次会议、2010 年 3 月十一届全国人大三次会议、2015 年 8 月十二届全国人大常委会第十六次会议和 2020 年 10 月十三届全国人大常委会第二十二次会议，先后 7 次对选举法进行了修改完善。这是在党的领导下我国亿万人民参加多次换届选举的伟大民主实践经验的总结和升华，标志着我国人大代表选举制度向民主化法治化方向不断迈出新的、重要的步伐，是我国民主选举制度和民主选举实践的生动写照。

（四）我国共有五级人大代表

我国的人民代表大会共有五级，即全国人大、省级（省、自治区、直辖市）人大、市级（设区的市、自治州）人大、县级（县、自治县、不设区的市、市辖区）人大、乡级（乡、民族乡、镇）人大。其中，县、乡两级人大代表由本行政区选民直接选举产生，省级人大代表、市级人大代表由下一级人民代表大会选举产生。全国人大代表由各省、自治区、直辖市、特别行政区和解放军分别选举产生。由于在香港、澳门两个特别行政区不实行人民代表大会制度，因此，香港、澳门特区是在全国人大常委会主持下，通过成立一个特定的选举会议选出全国人大代表。由于台湾省同祖国大陆还未实现统一，台湾省的全国人大代表现在是由在祖国大陆的台湾省籍同胞选派代表参加协商选举会议选举产生。解放军的全国人大代表依法单独进行选举，由军队选举委员会领导全军选举产生。

作为最高国家权力机关组成人员，全国人大代表是由内地31个省、自治区、直辖市，以及香港和澳门两个特别行政区、台湾省籍同胞，解放军等35个选举单位选举产生的，相应组成35个代表团。每个代表团不论代表人数多少，都享有平等的权利，都可以依法单独提出议案。

我国各级人大代表由人民群众民主选举产生，分布在全国各个地区、各个部门、各个行业、各个岗位，从事各种不同职业，根植于人民群众之中，生活在人民群众之中，具有极为广泛的代表性。这是国家一切权力属于人民、人民代表大会按照人民意志行使权力的重要保证，也是人民代表大会制度先进性与生命力的重要体现。各级人大是我们党和国家联系人民群众的重要桥梁，也是人民群众表达意愿、实现有序政治参与的重要渠道。

二、人大代表选举基本原则

根据现行宪法和选举法的规定，我国人大代表选举制度中实行以下几项基本原则。

（一）选举普遍性原则

这是指享有选举权的公民具有广泛性、普遍性，绝大多数公民都享有选举权，被排斥在选举之外的人是极少数。选举普遍性原则是选举制度最根本的原则，是我国社会主义民主的重要体

现。选举权的普遍享有是衡量一个国家民主化程度的重要标准
之一。

现行宪法第三十四条规定："中华人民共和国年满十八周岁
的公民，不分民族、种族、性别、职业、家庭出身、宗教信仰、
教育程度、财产状况、居住期限，都有选举权和被选举权；但是
依照法律被剥夺政治权利的人除外。"选举法重申了这一规定。
据此，只要具备中华人民共和国国籍、年满18周岁、依法享有
政治权利这三个条件，都有选举权和被选举权。只有两种情况不
享有选举权和被选举权：一是精神病患者不能行使选举权利的，
经选举委员会确认而不列入选民名单；二是因危害国家安全罪或
者其他严重刑事犯罪案件被羁押、正在受侦查、起诉、审判的
人，经人民法院或者人民检察院决定，在被羁押期间停止行使选
举权利。

我国公民依法普遍享有选举权。选举过程中，必须依照宪法
和选举法等有关法律的规定，尊重选民和人大代表的意志，切实
保障公民的选举权和被选举权，使选举的结果具有广泛的代
表性。

（二）选举平等性原则

这是指所有具有选举权利的公民在平等的基础上参加选举，
不允许有任何特权，也不允许对具有选举权和被选举权的选民或
人大代表行使选举权和被选举权有任何排斥或者妨害，是法律面
前人人平等这一宪法原则在选举中的具体体现。这一原则包含两
层含义：一是投票权相等，一人一票；二是每一票的价值相等，
效力相等。

根据这一原则，要以所在行政区域的人口数和人大代表名额
数平均进行测算，来分配和选举人大代表。选举权和被选举权广

泛地、无差别地赋予选举人，体现着我国国家权力最广泛的群众基础，体现着社会公平和正义。

人大代表选举的城乡人口比例，是选举法的一个重要内容。新中国成立后的相当长一段时间，我国不具备城乡按相同人口比例选举人大代表的经济与社会条件。1953 年制定第一部选举法时，我国的城镇人口比重较低，为此，选举法对我国各级人大代表中农村与城市每一代表所代表的人口数作了不同比例的规定。这"就某种方面来说，是不完全平等的。但是只有这样规定，才能真实地反映我国的现实生活，才能使全国各民族各阶层在各级人民代表大会中有与其地位相当的代表，所以它不但是很合理的，而且是我们过渡到更为平等和完全平等的选举所完全必需的"[1]。1979 年选举法，基本上延续了 1953 年的规定，对于选举人大代表的城乡不同人口比例未作大的修改，但对不同层级规定得更加明确，这就是全国为 8∶1，省、自治区为 5∶1，自治州、县、自治县为 4∶1。

改革开放后，我国经济社会快速发展，城镇化不断推进，城乡人口结构比例发生较大变化，全国人大及其常委会贯彻落实党中央决策部署要求，逐步对城乡按不同人口比例选举人大代表的规定进行修改，适时完善选举制度。1982 年修改选举法时增加规定：县、自治县境内，镇的人口特多或者企事业组织职工人数比例较大的，经省、自治区、直辖市人大常委会决定，农村每一代表与镇或企事业组织职工每一代表所代表的人口数之比可以小于 4∶1 直至 1∶1。1995 年修改选举法，将全国和省、自治区农村

---

〔1〕 邓小平：《关于〈中华人民共和国全国人民代表大会及地方各级人民代表大会选举法（草案）〉的说明》，载《邓小平文集（一九四九——一九七四）》中卷，人民出版社 2014 年版，第 56 页。

与城市每一代表所代表的人口数比例，与自治州、县一样，统一修改为4∶1。

1995年后，我国工业化、城镇化进一步加速，农村经济文化水平大幅提高，社会结构发生深刻变化。城乡差别日益缩小，由1995年的29.04%上升为2009年的46.6%。同时，我国各级人大经历了数次换届选举，积累了丰富经验，社会主义民主政治建设和法治建设取得巨大成就，为逐步实行城乡按相同人口比例选举人大代表创造了前提和基础。对选举法进行修改，实行城乡按相同人口比例选举人大代表的客观条件已经具备。

为贯彻落实党的十七大提出的逐步实行城乡按相同人口比例选举人大代表，2010年3月十一届全国人大三次会议对选举法作了重要修改，明确城乡按相同人口比例选举人大代表。这就使我国人大代表选举的平等性原则得到更充分的体现，使我国的人大代表选举制度向更为平等的方向迈出了一大步。这对充分调动各方面积极性，统筹城乡协调发展，更好地体现人人平等、地区平等和民族平等，进一步扩大人民民主，保证人民当家作主，具有重大而深远的历史意义。

必须指出的是，为了充分保障人大代表选举的平等性，1953年选举法第八条规定：全国人民代表大会及地方各级人民代表大会之选举经费，由国库开支。这是在物质方面保证选举人和代表候选人能够在实际上享受自由选举权利的重大措施，从而有效避免了选举被资本操纵、选举成为有钱人的"游戏"。可以说，这种民主选举的平等性、真实性，是我国社会主义民主选举制度优越性的具体体现，是资本主义选举制度所不能比拟的。这一规定一直延续下来，现行选举法明确规定，选举经费列入财政预算，由国库开支。

（三）直接选举和间接选举相结合原则

直接选举是由选民按选区直接投票选举产生人大代表。间接选举是先由选民选出代表或选举人、代表团，再由代表或选举人、代表团投票选出人大代表。直接选举和间接选举相结合的选举原则，是适应我国国情和实际的必然选择，是由我国政治、经济、文化、社会发展的客观情况所决定的，是我国人大代表选举制度的一大特色。这两种不同的选举方式，从1953年第一次普选就开始实行，至今未变，变化的只是直接选举和间接选举实行的范围或层级，由于历史发展的要求和政治经济情况的变化而有所不同。

（四）差额选举原则

选举法规定，全国和地方各级人大代表实行差额选举，代表候选人的名额应多于应选代表的名额。由选民直接选举的代表候选人名额，应多于应选代表名额三分之一至一倍，由县级以上的地方各级人大选举上一级人大代表候选人的名额，应多于应选代表名额五分之一至二分之一。

我国选举法中的差额选举原则有一个发展演变的过程。1953年选举法对此没有明确规定，不过1953年《中央选举委员会关于基层选举工作的指示》提出："选举委员会提到大会上的代表候选人的名额，一般应与当选代表人数相等，即这个选举区域应选几个代表，就提出几个代表候选人。"[1] 也就是说，实行的是等额选举原则。直到1979年修改选举法才把等额选举改为差额选举，规定候选人人数必须多于应选人数，并明确规定："由选民直接选举的代表候选人名额，应多于应选代表名额的二分之一

---

[1]《中央选举委员会关于基层选举工作的指示》，载全国人大常委会办公厅、中共中央文献研究室编：《人民代表大会制度重要文献选编》（一），中国民主法制出版社、中央文献出版社2015年版，第174页。

至一倍；由地方各级人民代表大会选举上一级人民代表大会代表候选人的名额，应多于应选代表名额的五分之一至二分之一。"1986年修改选举法时，有地方提出，为便于组织，降低选举成本，建议缩小差额选举的幅度，规定"由选民直接选举的代表候选人名额，应多于应选代表名额的三分之一至一倍"。2010年修改选举法，进一步明确了推荐代表候选人人数的基准，增加规定："各政党、各人民团体联合或者单独推荐代表候选人的人数，每一选民或者代表参加联名推荐的代表候选人的人数，均不得超过本选区或者选举单位应选代表的名额。"

差额选举制度是我国选举制度的重要组成部分。实行差额选举具有重要意义：一是可以使选举人有更多的选择余地，便于选出自己满意的代表。二是有利于调动人民群众参加选举活动的积极性，增强当家作主的责任感。三是可以增强当选代表的群众观点，增强代表全心全意为人民服务的观念，认真履行代表职责。

（五）无记名投票原则

无记名投票（也叫秘密投票），是指选举人在填写选票时，不注明自己的姓名，自己填写好选票，并把选票直接投入票箱。选举法规定，全国和地方各级人大代表的选举，一律采用无记名投票。选举时应当设有秘密写票处。

无记名投票作为我国人大代表选举制度的一项基本原则，经历了一个逐步确立和发展完善的过程。在新民主主义革命时期，中国共产党领导广大人民群众在各革命根据地范围内，曾开展过一系列民主选举活动。这个时期的选举表决采用过烧香、投豆、举手、投票并用的方式。在选举制度不完善，尤其是选举人的文化程度普遍不高、参政经验普遍不足的情况下，采用上述表决方式，既有必然性，也有适应性。1953 年选举法规定，选举基层人大代表时可以采取举手表决的办法，也可以采取无记名投票办法。这一规定主要是由当时的选民中文盲比较多等具体条件决定的。经过新中国成立后 20 多年的实践，我国的政治、经济、文化有了很大发展，选举人的政治素质、文化程度普遍有所提高，采用秘密投票的表决方式已具备条件，因此，1979 年选举法明确规定，代表的选举，一律采用无记名投票的方法。选民如果是文盲或者因残疾不能写选票的，可以委托他信任的人代写。这是我国民主制度化法律化的一次进步，对民主政治生活产生了良好的影响。从此，全国和地方各级人大代表的换届选举，一律采用无记名投票的方式。2010 年修改选举法，增加规定："选举时应当设有秘密写票处。"进一步完善了无记名投票原则的规定。

与记名投票或者以起立、举手、鼓掌等公开表决的方式相比较，采用无记名投票方式，选举人对于代表候选人可以投赞成票，可以投反对票，可以另选其他任何选民，也可以弃权。这就更加民主，有利于保证选举人在不受任何干涉和约束的情况下，充分表达自己的意愿，充分体现了我国人大代表选举制度的民主性和真实性。

第二节　人大代表选举的程序和组织工作

2016 年 11 月 15 日，习近平总书记在参加北京市区人大代表换届选举投票时发表讲话，强调："这次县乡两级人大换届选举是全国人民政治生活中的一件大事。选举工作要坚持党的领导、坚持发扬民主、严格依法办事，保障人民选举权和被选举权。要加强对选举工作的监督，对违规违纪违法问题'零容忍'，确保选举工作风清气正。"这为人大代表选举工作指明了方向，提供了遵循。现行选举法和有关决定决议等法律对人大代表选举的程序作了明确规定。这是开展选举工作的基本法律依据。

一、选举机构

人大代表选举制度的规定，要落实到具体工作中，首先就需要有专门的组织或机构。设立选举机构，是选举制度的重要内容，是贯彻执行选举法、保证选举工作顺利进行的必要措施。

（一）关于选举委员会规定的历史演变

1953 年选举法第三十五条规定："在中央人民政府和地方各级人民政府下成立中央和地方各级选举委员会。中央和地方各级选举委员会为办理全国和地方各级人民代表大会选举事宜之机关。""中央选举委员会由中央人民政府委员会任命之。地方各级选举委员会由上一级人民政府任命之。"同时，还明确中央和地方各级选举委员会各自的职责。1979 年选举法规定，全国和省级、市级的人大常委会主持本级的选举工作；县、乡两级仍然设立选举委员会主持选举工作。1983 年，全国人大常委会关于县级以下人民代表大会代表直接选举的若干规定，明确了"县、自治县、不设区的市、市辖区、乡、民族乡、镇设立选举委员会"，并规定了选举委员会的产生和职责。1986 年修改选举法时增加规定，省级、市级的人大常委会指导本行政区域内的县级以下人大代表的选举工作。

2010 年修改选举法时，在 1983 年关于县级以下人民代表大会代表直接选举的若干规定的基础上，增设了"选举机构"一章，明确规定，不设区的市（市辖区、县、自治县）、乡（民族乡、镇）设立选举委员会，主持本级人大代表的选举。就是说，县乡两级都设立选举委员会，主持本级人大代表的选举。同时，县乡两级选举委员会都受县级人大常委会领导。选举法第九条还规定，县级的选举委员会的组成人员由本级人大常委会任命；乡级的选举委员会的组成人员由县级人大常委会任命。

（二）选举委员会的产生与回避

选举法设立专章，规定了选举机构及其职责，特别对选举委员会的产生、回避、职责和工作要求作出具体规定。

1. 选举委员会的产生。根据选举法的规定，人大代表间接选举时，由人大常委会主持本级人大代表的选举。直接选举时，由所在行政区域设立的选举委员会主持本级人大代表的选举，但要接受不设区的市、市辖区、县、自治县人大常委会的领导，省级、设区的市级人大常委会还指导本行政区域内县级以下人大代表的选举工作。

不设区的市、市辖区、县、自治县的选举委员会的组成人员由本级人大常委会任命，乡级的选举委员会的组成人员由不设区的市、市辖区、县、自治县的人大常委会任命。选举委员会的职责是：划分选区及分配代表名额，进行选民登记并进行选民资格认定，确定选举日期，处理代表候选人提出和确定有关工作，主持投票选举，确定选举结果是否有效并公布当选代表名单，等等。选举法还规定，选举委员会应当及时公布选举信息。

2. 选举委员会组成人员的回避制度。1953 年制定选举法时，就曾提出选举委员会成员的回避问题，但当时认为没有作出回避规定的必要，故未作规定。[1] 2010 年修改选举法时增加规定了选举委员会组成人员的回避制度，即"选举委员会的组成人员为代表候选人的，应当辞去选举委员会的职务"，可以说，这是完善我国人大代表选举制度的一项重要举措。在以往的实践中，选举委员会组成人员绝大部分是由县人大常委会领导和委员担任的，而他们大多又是参选的代表候选人，在一定程度上既是"运动员"又是"裁判员"。随着我国社会主义民主法制的不断发展以及广大人民群众权利意识的不断增强，在选举法中规定选举委员会的组成人员实行回避制度，有利于保证选举的公平、公正，增强选举的公信力。

（三）选举委员会的职责

根据选举法的规定，选举委员会的职责包括：（1）划分选举本级人大代表的选区，分配各选区应选代表的名额；（2）进行选民登记，审查选民资格，公布选民名单；（3）受理对于选民名单不同意见的申诉，并作出决定；（4）确定选举日期；（5）了解核实并组织介绍代表候选人的情况；（6）根据较多数选民的意见，确定和公布正式代表候选人名单；（7）主持投票选举；（8）确定选举结果是否有效，公布当选代表名单；（9）法律规定的查处破坏选举的行为等职责。

同时，为了保证人大代表选举工作的公开和公正，加强对选举委员会履行职责的监督，选举法还规定，选举委员会应当及时公布选民名单、代表候选人基本情况等信息。

---

〔1〕　其理由是："我们现在所实行的主要是间接选举，在各级人民代表大会召开期间的选举工作，不是由选举委员会而是由大会主席团主持的，而基层选举工作又是在上级选举委员会派去的工作组的监督和指导下进行的。"见邓小平：《关于〈中华人民共和国全国人民代表大会及地方各级人民代表大会选举法（草案）〉的说明》，载《邓小平文集（一九四九——九七四）》中卷，人民出版社 2014 年版，第 70 页。

二、选区划分和选民登记

（一）选区划分

选区是指依照法律规定选举人大代表的区域。在我国的县乡人大代表直接选举中，选区是选民进行选举活动的基本单位，选民登记、投票选举等活动都是在选区进行的。同时，选区又是当选者——人大代表的主要活动区域，县乡人大代表联系选民、听取选民意见、接受选民监督等，都是离不开选区的，都是在选区中进行的。

在不同时期，选区划分的根据是不同的。1953 年选举法规定，按居住状况划分选区。1979 年选举法修改为选区应按生产单位、事业单位、工作单位和居住状况划分，但是以生产单位、工作单位优先。1986 年选举法修改为选区可以按居住状况划分，也可以按生产单位、事业单位和工作单位划分，又改为按居住状况优先。1995 年选举法维持这一规定，并延续至今。这实际上是适应了我国社会转型的要求，因为越来越多的"单位人"正在转变为"社会人"。在实践中，农村基本上按居住状况划分选区，而城市主要按生产和工作单位划分，对于不好按生产、工作单位划分的，则再按居住状况划分。

2010 年修改选举法时，明确规定："地方各级人民代表大会代表名额，由本级人民代表大会常务委员会或者本级选举委员会根据本行政区域所辖的下一级各行政区域或者各选区的人口数，按照每一代表所代表的城乡人口数相同的原则，以及保证各地区、各民族、各方面都有适当数量代表的要求进行分配。"就是说，本行政区域内各选区每一名代表所代表的人口数应当大体上是相同的。这也是实行城乡按相同人口比例选举人大代表的根本要求。

选区的大小就是指一个选区产生多少名人大代表。选区的划分应尽可能适中，既不能太小，也不能太大。一个选区产生一名还是多名代表，1953 年选举法未作规定。1983 年，全国人大常委会关于县级以下人大代表直接选举的若干规定中规定："选区的大小，按照每一选区选一至三名代表划分。"1995 年选举法肯定了这一规定，并延续至今。

（二）选民登记

这是依据法律对享有选举权和被选举权的公民进行登记、确认选民资格的一项必经程序，是选举的一项基础性工作，是选民应有选举权向实有选举权转变的关键程序（或步骤），必须做到"不错登、漏登和重登"。

1953 年选举法关于选民登记的规定："乡、镇、市辖区和不设区的市选举委员会，应在选举前办理选民登记并发给选民证。""选民于选举期间变更住址者，在取得原地选举委员会之转移证明后，应即列入新居住地点之选民名单。"1979 年选举法规定，选民登记按选区进行，选民名单应在选举日前 30 天公布，并发给选民证。

鉴于各地反映每次选举都普遍进行选民登记，工作量很大，耗费时间长，建议简化选民登记手续。1986 年修改选举法，规定"选民登记按选区进行，经登记确认的选民资格长期有效"。据此，我国实行一次登记、选民资格长期有效的制度规定，在选举工作中采取通常所说的"三增三减"的办法。"三增"是指增加包括上次选民登记后新满 18 周岁的、迁入户籍者和恢复政治权利的选民；"三减"是指去除已经去世的选民、迁出户籍者和被剥夺政治权利的人。这种做法简便易行且有效。

选民登记有两种方式:(1)选举委员会派工作人员到选民住所或工作单位进行登记;(2)选民自己持有效证件主动到选举委员会设立的工作机构进行登记,但每一选民只能在一个选区进行登记。

关于流动人口的选民登记,有关文件要求选举委员会要为他们采取措施、创造便利条件。户口所在地的选举委员会可以为本地外出在同一居住地的流动人口集体开具选民资格证明,可将传真委托等方式视为书面委托;现居住地的选举委员会也可以主动联系户口所在地选举机构确认流动人口的选民资格;对于已在居住地参加过上一届选举的选民,经核对资格后,可以不用再开具选民资格证明,继续在现居住地参加选举。

三、代表名额及其分配

代表名额分配必须符合每一代表所代表的城乡人口数相同的原则,以及保证各地区、各民族、各方面都有适当数量代表的要求。实行城乡按相同人口比例选举人大代表是人大代表名额确定的重要依据。在选举各级人大代表时,农村每一个代表所代表的人口数和城市每一个代表所代表的人口数是相同的。

(一)地方人大代表名额的基数

根据选举法第十二条的规定:(1)省、自治区、直辖市的代表名额基数为三百五十名,省、自治区每十五万人可以增加一名代表,直辖市每二万五千人可以增加一名代表;但是,代表总名额不得超过一千名;(2)设区的市、自治州的代表名额基数为二百四十名,每二万五千人可以增加一名代表;人口超过一千万的，代表总名额不得超过六百五十名；（3）不设区的市、市辖区、县、自治县的代表名额基数为一百四十名，每五千人可以增加一名代表；人口超过一百五十五万的，代表总名额不得超过四百五十名；人口不足五万的，代表总名额可以少于一百四十名；（4）乡、民族乡、镇的代表名额基数为四十五名，每一千五百人可以增加一名代表；但是，代表总名额不得超过一百六十名；人口不足二千的，代表总名额可以少于四十五名。需要说明的是，其中，县级和乡级人大代表名额基数分别增加了二十名和五名。这是 2020 年十三届全国人大常委会落实党的十九届四中全会精神作出的最新修改。

代表名额的计算方法，简单地说，就是代表名额基数与按人口数增加的代表数相加，就是地方各级人大的代表总名额。

（二）地方人大代表名额的确定

根据选举法第十三条的规定：（1）省、自治区、直辖市的人大代表的具体名额，由全国人大常委会依法确定；（2）设区的市、自治州和县级人大代表的具体名额，由省级人大常委会确定，报全国人大常委会备案；（3）乡级人大代表的具体名额，由县级人大常委会依法确定，报上一级人大常委会备案。

（三）地方人大代表总名额经确定后，不再变动

根据选举法第十四条的规定：（1）地方各级人大代表总名额经确定后，不再变动。如果由于行政区划变动或者由于重大工程建设等原因造成人口较大变动的，该级人民代表大会的代表总名额依照本法的规定重新确定。（2）2020 年新修改的选举法第十四条第二款增加规定：重新确定代表名额的，省级人大常委会应当在三十日内将重新确定代表名额的情况报全国人大常委会备案。

（四）地方人大代表名额的分配

选举法第十五条规定：地方各级人大代表名额，由本级人大常委会或者本级选举委员会根据本行政区域所辖的下一级各行政区域或者各选区的人口数，按照每一代表所代表的城乡人口数相同的原则，以及保证各地区、各民族、各方面都有适当数量代表的要求进行分配。在县、自治县的人民代表大会中，人口特少的乡、民族乡、镇，至少应有代表一人。地方各级人民代表大会代表名额的分配办法，由省、自治区、直辖市人大常委会参照全国人民代表大会代表名额分配的办法，结合本地区的具体情况规定。

（五）全国人大代表名额及其分配

选举法第十七条规定：全国人大代表的名额，由全国人大常委会根据各省、自治区、直辖市的人口数，按照每一代表所代表的城乡人口数相同的原则，以及保证各地区、各民族、各方面都有适当数量代表的要求进行分配。需要指出的是，香港和澳门特别行政区、台湾省、人民解放军的全国人大代表名额是特殊确定和分配的。

四、提名推荐代表候选人和确定正式代表候选人

全国人大和地方各级人大的代表候选人，按选区或者选举单位提名产生。

（一）提名推荐代表候选人

关于代表候选人提名的规定有一个发展过程。1986 年修改后的选举法规定："各政党、各人民团体，可以联合或者单独推荐代表候选人。选民或者代表，十人以上联名，也可以推荐代表候

选人。"随着选举实践的发展，2010 年修改选举法时，增加规定："各政党、各人民团体联合或者单独推荐的代表候选人的人数，每一选民或者代表参加联名推荐的代表候选人的人数，均不得超过本选区或者选举单位应选代表的名额。"这从提名程序上保证选民或者代表的提名权，有利于更好保证公民的选举权利。

县乡人大代表候选人按选区提名产生，其提名推荐方式有两种：（1）各政党、各人民团体联合或单独推荐代表候选人；（2）本选区选民十人以上联名推荐代表候选人。

政党、团体或选民联名推荐代表候选人时，应按代表法关于代表的要求进行推荐。具体来说，推荐的代表候选人应当符合以下条件：（1）有选举权和被选举权；（2）模范遵守宪法和法律；（3）具有履职的素质和能力；（4）与选区选民和人民群众保持密切联系，听取和反映他们的意见和要求；（5）自觉遵守社会公德，廉洁自律，公道正派，勤勉尽责。各政党、各人民团体联合或单独推荐的代表候选人的人数，每一选民参加联名推荐的代表候选人的人数，均不得超过本选区应选代表的名额。

（二）确定正式代表候选人

选举法规定，选举县乡人大代表，代表候选人的人数应多于应选代表名额三分之一至一倍。选举委员会汇总后，将代表候选人名单及代表候选人的基本情况在选举日的 15 日以前公布，并交各该选区的选民小组讨论、协商，确定正式代表候选人名单。如果所提代表候选人的人数超过选举法规定的最高差额比例，由选举委员会交各该选区的选民小组讨论、协商，根据较多数选民的意见，确定正式代表候选人名单；对正式代表候选人不能形成较为一致意见的，进行预选，根据预选时得票多少的顺序，确定正式代表候选人名单。正式代表候选人名单及代表候选人的基本情况应当在选举日的 7 日以前公布。

五、介绍代表候选人

1953 年选举法没有对宣传介绍代表候选人作明确规定。1979 年选举法对此作了原则规定："各党派、团体和选民，都可以用各种形式宣传代表候选人。但在选举日须停止对代表候选人的宣传。"

1982 年修改选举法时，对宣传代表候选人的方式作了更为明确的规定："选举委员会应当向选民介绍代表候选人的情况。推荐代表候选人的党派、团体或者选民可以在选民小组会议上介绍所推荐的代表候选人的情况。"这里用了"应当"一词，就是说，介绍代表候选人是选举委员会的一项工作职责，是选举委员会必须做的一项工作，是代表选举的一项必经程序。

1986 年修改选举法时，考虑到间接选举中介绍代表候选人的问题，对此规定作了进一步补充："选举委员会或者人民代表大会主席团应当向选民或者代表介绍代表候选人的情况。推荐代表候选人的政党、人民团体和选民、代表可以在选民小组或者代表小组会议上介绍所推荐的代表候选人的情况。"

关于宣传介绍代表候选人，选举法规定要在选举委员会的统一组织下进行。（1）在推荐过程中，不管推荐者是政党、人民团体还是选民，在提出代表候选人的同时，都应向选举委员会介绍代表候选人的情况。（2）在代表候选人确认后，选举委员会应当向选民介绍代表候选人的情况。（3）推荐代表候选人的政党、人民团体和选民可以在选民小组或代表小组会议上介绍所推荐的代表候选人的情况。对代表候选人的宣传介绍，都应遵循全面、公正、客观的原则，既不应有倾向性也不应搞暗示，让选民了解候选人真实情况。同时，在选举日必须停止代表候选人的介绍，以免干扰选举的正常进行。为加强对代表候选人介绍工作的组织协调，现行选举法明确规定选举委员会的职责之一，就是"了解核实并组织介绍代表候选人的情况"。

关于组织代表候选人与选民见面，2004年修改选举法时，增加规定："选举委员会可以组织代表候选人与选民见面，回答选民的问题。"这一规定在许多地方的选举实践中得到执行，取得了较好效果。比如，江苏省在2007年县乡人大代表换届选举中，普遍召开"见面会"，县乡人大代表候选人与选民见面的比率分别达到95.5%和87.2%。这改变了以往"见榜不见人"的现象，让选民对代表候选人有了更多、更直观的了解，提高了选民参选的积极性。但是，该规定在实际执行过程中弹性空间很大，落实得并不好。因此，2010年修改选举法，明确规定："选举委员会根据选民的要求，应当组织代表候选人与选民见面，由代表候选人介绍本人的情况，回答选民的问题。"将"可以"改为了"应当"，明确选举委员会组织候选人与选民见面的责任，增强了刚性约束。就是说，如果选民有要求，选举委员会就应当组织代表候选人与选民见面，同时，增加"代表候选人介绍本人的情况"，这就改变了以往候选人被动应付甚至敷衍选民的状况，改由候选人主动介绍自己。

特别是2010年修改选举法补充规定："接受推荐的代表候选人应当向选举委员会或者大会主席团如实提供个人身份、简历等基本情况。提供的基本情况不实的，选举委员会或者大会主席团应当向选民或者代表通报。"就是说，代表候选人必须如实提供个人身份、简历等基本情况。同时，选举委员会要了解核实候选人提供的基本情况。如果该候选人提供的基本情况不实，选举委员会或者大会主席团就应当向选民或代表进行通报。

六、投票选举

这是选民行使选举权的直接体现，是十分严肃的法律行为。我国县乡人大代表选举采用无记名投票的方法，选民根据选举委员会的规定，凭身份证或选民证领取选票。

（一）领取选票

选票是选民在选举中进行投票选择的基本形式，它是随着选举形式的规范化而产生的。选举法规定，在直接选举中，选民根据选举委员会的规定，凭身份证或者选民证领取选票。选举委员会要做好登记核实工作。选民如果在选举期间外出，经选举委员会同意，可以书面委托其他选民代为投票，但无书面委托的不发给选票。

（二）无记名投票

投票是选举的决定性环节。选举法规定，选举人对于代表候选人可以投赞成票，可以投反对票，可以另选其他任何选民，也可以弃权。根据这一规定，选举人在填写选票时，可作出四种选择：（1）可以投赞成票，但赞成的人数不得超过应选人数，否则选票无效。（2）可以投反对票。对选票上所列候选人可以个别反对或者部分反对，也可以全部反对。（3）可以另选他人，即选举人可对全部候选人不同意而另选他人，也可以对个别或者部分候选人不同意而另选他人，但选举他人必须是选民。（4）可以弃权。选举人可以对全部候选人弃权，也可以对个别或者部分候选人弃权。

县乡人大代表的投票选举时，选民可以分别到以下三种场所进行投票。（1）在投票站进行选举。选举委员会应根据各选区选民分布状况，按照方便选民投票的原则设立投票站，进行选举。（2）召开选举大会进行选举。选民居住比较集中的，可以召开选举大会进行选举。（3）在流动票箱投票。选民因患有疾病等原因行动不便，或选民居住分散并且交通不便的选民，可在流动票箱投票。

在直接选举期间，选民如果因事因病或其他原因外出，不能亲自参加投票选举的，可以委托其他选民代为投票。按照选举法的规定，委托他人投票应符合四个条件：（1）被委托者必须也是选民，不是选民的委托无效。（2）委托必须以书面的方式，办理委托手续，由委托人开具委托书，口头委托无效。（3）事先必须经选举委员会同意，不经选举委员会同意的无效。（4）每一选民接受的委托不得超过三人，否则无效。被委托人应当按照委托人的意愿代为投票，而不能按照自己的意愿代为投票。另外，如果是文盲或因残疾不能写选票的，可委托自己信任的人代写。

（三）核算选票

投票结束后，由选民或者代表推选的监票、计票人员和选举委员会或者人民代表大会主席团的人员将投票人数和票数加以核对，作出记录，并由监票人签字。每次选举所投的票数，多于投票人数的无效，等于或者少于投票人数的有效。在投票结束清点收回选票时，如开箱取出的选票等于或少于发出去的选票总数，选举有效；如从票箱取出的选票，多于发出的选票总数，说明有人多投了票、投了假票，或者有其他舞弊的行为，选举无效。在选民直接选举人大代表时，选区全体选民的过半数参加投票，选举有效。反之则无效。

七、选举结果

选举委员会及时根据选举法确认是否有效并公布选举结果。选举是否有效有两个标准：（1）选区全体选民的过半数参加投票，选举有效；不足半数的选民参加投票，选举无效。（2）所投的票数多于投票人数的无效，等于或少于投票人数的有效。

代表候选人获得参加投票的选民过半数的选票时，始得当选代表。当获得过半数选票的代表候选人的人数超过应选代表名额时，以得票多的当选。如果获得过半数选票的代表候选人数超过应选代表名额，并且票数相等不能确定当选人时，应就票数相等的代表候选人再次投票，以得票多的当选。

如获得过半数选票的当选代表的人数少于应选代表的名额时，对未选出的名额另行选举。另行选举时应：（1）实行差额选举；（2）不重新协商讨论提出代表候选人；（3）根据在第一次投票时得票多少的顺序确定代表候选人名单；（4）如果只选一人，代表候选人应为2人。代表候选人以得票多的当选，但得票数不得少于选票的三分之一；正式代表候选人名单以外的人如果获得上述选票数，当选有效。

直接选举和间接选举的选举结果由选举委员会或者人民代表大会主席团根据选举法确定是否有效，并予以宣布。

八、人大代表资格审查

代表资格审查委员会对代表当选是否符合法律规定条件进行审查。人大代表资格确认是指对经选举产生的人大代表合法身份的确认，使当选人具有依法从事国家权力机关组成人员的工作和活动的法定条件。各级人大代表依法选举产生后，要经过法定程序进行代表资格审查得以确认。这样，人大代表的选举工作才最后结束。

根据全国人大组织法和地方组织法的规定，全国人大常委会和县级以上地方各级人大常委会设立代表资格审查委员会，因此，代表资格审查委员会是人大常委会设立的专门负责代表资格审查的常设机构。地方组织法第三十七条规定，乡镇的每届人大第一次会议通过的代表资格审查委员会，行使职权至本届人大任期届满为止。以往选举法没有规定人大代表资格的确认。现行选举法第四十七条增加规定了代表资格审查委员会。

代表资格审查委员会的职责主要是：依法审查当选代表是否符合宪法、法律规定的代表的基本条件，选举的程序是否符合法律规定的程序，以及是否存在破坏选举和其他当选无效的违法行为，包括：代表候选人资格、正式候选人确定、差额选举、当选人票数等环节是否符合有关法律规定，提出代表当选是否有效的意见，向本级人大常委会或者乡、民族乡、镇的人大主席团报告。县级以上的各级人大常委会或者乡、民族乡、镇的人大主席团根据代表资格审查委员会提出的报告，确认代表的资格或者确定代表的当选无效，在每届人民代表大会第一次会议前公布代表名单。

选举结果由选举委员会或者各该级人大主席团确定是否有效，并予以宣布。选举法第四十六条增加一款规定，当选代表名单由选举委员会或者人民代表大会主席团予以公布。

在本届任期内，如有补选的代表产生，代表资格审查委员会也要对其进行资格审查。

第三节　人大代表的罢免、辞职和补选

一、罢免人大代表

（一）罢免代表的含义、主体、理由

1. 对代表的罢免

这是指原选区选民或者原选举单位对由其选举产生的代表，在代表任期届满之前，免除其代表职务的法律行为。罢免人大代表，是对人大代表进行监督的一种严厉方式。

2. 罢免代表的主体

根据宪法和法律的规定，监督代表的主体是原选区选民或者原选举单位，那么罢免代表的主体也是监督代表的主体，即直接选举产生的代表由原选区的选民监督和罢免；间接选举产生的代表由选举他的人民代表大会监督，在人大闭会期间，受其常委会监督。中国人民解放军出席地方各级人民代表大会和全国人民代表大会的代表由军人代表大会或者军人大会选举产生，受其监督和依法罢免。

3. 罢免代表的理由

法律对罢免代表的理由没有作出规定，只要原选区选民或者原选举单位认为某些代表不称职或者没有认真依法履行职责，就可以提出对其罢免的请求。实践中出现以下几种情况之一的，就可以提出对代表的罢免：一是代表有违法犯罪行为；二是代表有违反纪律行为；三是代表有违反道德行为；四是代表有渎职行为；五是代表有履行职务不称职行为等。

（二）罢免代表程序

1. 直接选举代表罢免程序

根据选举法规定，对于县级的人大代表，原选区选民五十人以上联名，对于乡级的人大代表，原选区选民三十人以上联名，可以向县级的人大常委会书面提出罢免要求。罢免要求应当写明罢免对象、罢免理由、领衔人和附议人的签名。被提出罢免的代表有权在选民会议上提出申辩意见，也可以书面提出申辩意见。县级的人大常委会将罢免要求和被提出罢免的代表的书面申辩意见印发原选区选民酝酿、讨论，以便于选民鉴别和判断。

表决罢免代表要求由县级人大常委会派有关负责人员主持，采用无记名投票的方式表决，须经原选区过半数的选民通过才能罢免。审议罢免案结果按隶属关系分别报告县人大常委会或乡镇人大主席团，由人大常委会代表资格审查委员会或乡镇人大代表资格审查委员会审查罢免是否合法。确认合法后，分别由县人大常委会或乡镇人大主席团向选民公告。

2. 间接选举代表罢免程序

根据选举法的规定，间接选举的人大代表，在县级以上的地方各级人大举行会议的时候，主席团或者十分之一以上代表联名，可以提出对由该级人民代表大会选出的上一级人大代表的罢免案。在人大闭会期间，县级以上的地方各级人大常委会主任会议或者常委会五分之一以上组成人员联名，可以向常委会提出对由该级人民代表大会选出的上一级人大代表的罢免案。罢免案应当书面提出，并写明罢免对象、罢免理由、领衔人和附议人的签名。

3. 对被罢免代表所任的与代表资格有关职务的处理

在人大，代表资格和代表职务是一体的，人大代表本身就是一种职务，而代表职务是以代表资格为前提的。除了代表职务以外，还有其他职务，不过，这些职务是从人大代表中选任的。就是说，这些职务是以代表资格为前提和基础的，因此，当一个代表资格被罢免了，则其他的职务相应撤销。这种"撤销"本身是自动的、法定的，但是，需要履行"公告"这一程序或者手续。选举法第五十四条规定：县级以上的各级人大常委会组成人员，县级以上的各级人大专门委员会成员的代表职务被罢免的，其常委会组成人员或者专门委员会成员的职务相应撤销，由主席团或者常委会予以公告；乡镇人大主席、副主席的代表职务被罢免的，其主席、副主席的职务相应撤销，由主席团予以公告。

二、人大代表辞职

（一）代表辞职及其原因

代表辞职，是指代表在任职届满之前，由于代表个人的原因，提出辞去代表职务的动议。选举法第五十五条规定，全国人民代表大会代表，省、自治区、直辖市、设区的市、自治州的人民代表大会代表，可以向选举他的人民代表大会的常务委员会书面提出辞职。县级的人民代表大会代表可以向本级人民代表大会常务委员会书面提出辞职，乡级的人民代表大会代表可以向本级人民代表大会书面提出辞职。

代表辞职的原因很多，有的是代表因工作变动，有的是代表个人健康原因或者其他原因无法或者不愿继续担任代表职务，还有的原因是代表本人因违法违纪接受调查而提出辞职。

（二）代表辞职程序

1. 直接选举代表辞职程序

直接选举代表的辞职程序为：（1）由代表本人提出辞去代表

职务请求。乡级人大代表可以向本级人民代表大会书面提出辞职；县级人大代表可以向本级人大常委会书面提出辞职。（2）接受辞职。县级人大常委会接受代表辞职，须经常委会组成人员的过半数通过；乡级人民代表大会接受代表辞职，可以由乡人大主席，召开人民代表大会会议，进行讨论表决。表决须经人民代表大会过半数的代表通过。（3）公告。辞职被接受的，其代表资格终止。由乡级人民代表大会或县级人民代表大会常务委员会予以公告。

2. 间接选举代表辞职程序

间接选举代表的辞职程序为：（1）由代表本人提出辞去代表职务的请求。全国人民代表大会代表，省级、设区的市级人民代表大会代表，向选举他的人民代表大会的常务委员会书面提出辞职。即全国人大代表向省级的人大常委会提出辞职请求，省人大代表向选举他的设区的市级人大常委会提出辞职请求，设区的市级人大代表向选举他的县级人大常委会提出辞职请求。（2）接受辞职。常委会主任会议将代表的辞职请求提请常委会全体会议表决，决定是否接受其辞职。（3）备案、公告。如果常委会全体会议过半数通过决定接受其辞职的，接受辞职的决议，须报上一级人大常委会备案，并由上一级人大常委会予以公告。

三、补选人大代表

（一）补选人大代表及其原因

代表的补选，是指两届之间人大代表因故出缺而对缺额的代表进行补充选举。选举法第五十七条规定，代表在任期内，因故出缺，由原选区或者原选举单位补选。

根据选举法、代表法和有关法律的规定，代表出缺有以下几种情况其代表资格自行终止：（1）死亡；（2）地方各级人大代表在任期内调离或者迁出本行政区域；（3）辞职被接受的；（4）被罢免的；（5）代表被人民法院依法判决剥夺政治权利的，其代表资格相应终止；（6）代表两次未经批准不出席本级人大会议的；（7）代表丧失中华人民共和国国籍的。

（二）补选人大代表的工作原则和程序

1. 补选人大代表的工作原则

包括：（1）代表出缺，一般应由原选区或者原选举单位补选。要尽可能保持从原出缺的界别中产生。县乡两级人大代表是直接选举产生的，出缺由原选区选民补选。县级以上各级代表是间接选举产生的，出缺时由选举他（或她）的人大补选。（2）县级以上的地方各级人大在闭会期间，可以由本级人大常委会补选上一级人大代表。（3）对出缺代表的补选，可以差额选举，也可以等额选举，即补选出缺的代表时，代表候选人名额可以多于应选代表名额，也可以同应选代表名额相等。

2. 补选人大代表的程序

选举法规定，补选的具体办法，由省、自治区、直辖市人大常委会规定。补选代表的程序一般包括：（1）依法提名候选人。（2）直接选举产生的代表，须有核对选民名单、公布选民名单、提出代表正式候选人名单、选民酝酿讨论、选举等程序，从公布选民名单到选举日，可以少于法定的时限。（3）间接选举产生的代表，在人民代表大会会议期间补选须经全体代表酝酿、讨论代表候选人；由常委会补选的代表须经常委会全体组成人员酝酿、讨论代表候选人。（4）选举一般均采取无记名投票方式，有时也可采取举手表决的方式。（5）依法确定选举和代表当选是否有效。（6）进行代表资格审查。（7）公布代表名单，颁发代表证。

第五章

人大代表执行职务与服务保障制度

人大代表是国家权力机关的组成人员。习近平总书记在首次中央人大工作会议上的重要讲话中指出："人大代表肩负人民赋予的光荣职责，要忠实代表人民利益和意志，依法参加行使国家权力。要站稳政治立场，履行政治责任，加强思想、作风建设，模范遵守宪法法律，做政治上的明白人。要充分发挥来自人民、扎根人民的特点优势，密切同人民群众的联系，当好党和国家联系人民群众的桥梁，最大限度调动积极因素、化解消极因素，展现新时代人大代表的风采。"〔1〕这深刻阐明了人大代表的职责使命。通常说的人大代表工作，其实包括两个方面，一是人大代表所开展的工作本身，其实就是人大代表依法执行职务。这又分成会议期间的工作和闭会期间的活动两个部分。二是为代表依法执行职务所提供的服务保障工作（当然还有管理监督工作在内）。所以，人大代表工作制度其实也是相应的两个部分。本章中，我们分别加以介绍。

---

〔1〕 习近平：《在中央人大工作会议上的讲话》，载《求是》2022 年第 5 期，第 10 页。

第一节　人大代表依法执行职务制度

人大代表依法执行职务，就是人大代表履行职责。根据宪法和代表法等法律的规定，这包含两个方面，一是依法行使代表权利，二是依法履行代表义务，即代表人民参加行使国家权力的政治行为。代表在本级人大会议期间的工作和代表大会闭会期间的活动，都是行使代表权利，依法执行代表职务。换句话说，人大代表依法执行职务，具体体现在代表参加本级人大会议期间的工作和闭会期间的活动。

一、人大代表的法律性质和地位

人大代表是人民行使国家权力的代表，是国家权力机关的组成人员，所行使的是一种国家权力，是公权力。这种权力是由宪法和有关法律赋予的，是法定的，是人民代表大会制度的内在要求，最终是由人民赋予的。可以说，人大代表是人民派往各级人大、参加行使国家权力的"使者"。人大代表的身份和职责，也表明人大代表这一职务是法定的、神圣的。

（一）人大代表的权利

人大代表的权利是指宪法和代表法等法律赋予各级人大代表的权利。在宪法规定的基础上，代表法第三条明确规定了代表权利。人大代表经依法选举产生并确认代表资格，就具有法定的人大代表身份，成为国家权力机关的组成人员，相应地，就具有参加人大工作和活动的权利，就具有了依法行使国家权力的职务。概括起来，人大代表权利可以分为以下两个方面。

1. 在人大会议期间的权利

包括：（1）出席本级人大会议；（2）参加审议各项议案、报告和其他议题，发表意见；（3）依法联名提出议案、质询案、罢免案等；（4）提出对各方面工作的建议、批评和意见；（5）参加本级人大的各项选举和表决；（6）获得依法执行代表职务所需的信息和各项保障（执行职务的时间保障、物质保障、组织保障等）；（7）法律规定的其他权利，这方面权利有：提议组织关于特定问题调查委员会、依法联合提名候选人，代表还享有言论免责特殊保护和人身特殊保护的权利、被罢免代表有申辩的权利等。

2. 在人大闭会期间的权利

包括：（1）参加代表活动；（2）参加本级人大常委会组织的执法检查；（3）参加视察；（4）约见本级或下级国家机关负责人；（5）提议召开临时代表大会；（6）提出建议、批评和意见的权利等。

（二）人大代表的义务

人大代表的义务是指宪法和代表法等法律规定的各级人大代表必须履行的职责。在宪法有关规定的基础上，代表法第四条明确规定了代表义务。概括起来，人大代表的义务大体上可以分为：（1）模范地遵守宪法和法律的义务；（2）按时出席本级人民代表大会会议的义务；（3）积极参加履职活动的义务；（4）积极学习和调查研究的义务；（5）加强与人民群众密切联系的义务；（6）自觉遵守社会公德的义务以及法律规定的其他义务等。

在这里，代表权利和代表义务是同一个事物的两个方面。比如，出席会议，既是代表的权利，也是代表的义务，因此，准确地说，其实就是代表的职责。既然是职责，那么，对于代表来说，它就是不能放弃的，是必须认真履行好的。

二、人大代表依法执行代表职务的原则

人大代表是各级人大的组成人员，只有每个代表都发挥作用，充满活力，人民代表大会才会有生气、有活力。党的十八大以来，习近平总书记多次强调，人大代表肩负人民重托，责任重大，使命光荣。2017年3月，他在参加十二届全国人大五次会议辽宁代表团审议时的重要讲话中指出："每一位人大代表都要站稳政治立场，严格遵守政治纪律，做政治上的明白人。要增强政治观念、法治观念、群众观念，履行宪法法律赋予的职责，发挥来自人民、植根人民的特点，接地气、察民情、聚民智，努力做到民有所呼、我有所应。要严格要求自己，自觉弘扬和践行社会主义核心价值观，加强道德修养，清清白白做人、干干净净做事。"[1]习近平总书记在中央人大工作会议上的重要讲话中重申这些要求。人大代表依法执行职务，必须提高政治站位，严格遵循以下几项原则。

（一）坚持少数服从多数的原则

人大及其常委会实行合议制原则，就是集体行使职权、集体决定问题，不论是举行会议，还是提出议案、审议议案，都要遵循一整套法定的形式和程序，制定和修改法律法规，作出决议、决定，都要经过充分的讨论并按照少数服从多数的原则来进行表

---

[1] 习近平:《在参加十二届全国人大五次会议辽宁代表团审议时的讲话》，载《习近平关于社会主义政治建设论述摘编》，中央文献出版社2017年版，第49—50页。

决，形成最后的结果。

集体行使职权，也是人大代表执行职务的基本准则。人大代表要坚持少数服从多数，自觉执行人大制定的法律法规，作出的决议、决定。任何代表都无权单独行使国家权力，都不能以人大的名义，决定和处理问题。当然，强调集体行使职权并不是说代表的作用不重要。就拿全国人大代表来说，我国人口有 14 亿多，但全国人大代表不到 3000 名，代表的每一次投票、表决都是极为神圣而光荣的，代表应当珍惜自己的投票权和表决权。

（二）坚持从整体利益出发的原则

人大代表审议各项议案和报告，提出议案建议，都要从大局或者全局的高度来思考，正确处理本选区或原选举单位的局部利益与全国或者本地区整体利益、全局利益的关系。代表在自己参加的生产、工作和社会活动中认真贯彻执行代表大会的决议、决定，充分发挥模范带头作用、桥梁纽带作用，充分反映本职工作、本战线、本系统工作中的问题和广大群众的意见和要求。

（三）坚持不直接处理问题的原则

人大作为国家权力机关，也是代议机关，选举产生"一府一委两院"，但不代替"一府一委两院"行使职权。因此，人大代表要正确处理权力机关工作与其他机关工作的关系，代表个人也不能干涉行政机关、监察机关、司法机关的正常工作，特别是要协助政府推行工作，但不是代替政府工作，人民群众向代表反映的问题和意见，代表可以交人大常委会办事机构统一办理。

（四）坚持优先执行代表职务的原则

我国实行人大代表兼职制，当选人大代表后也不脱离各自的生产和工作。人大代表绝大多数都是兼职的，有的是党政机关的领导干部，有的是企业事业组织的负责人，有的是生产工作在社会主义现代化建设第一线的工人、农民和知识分子，基本都有自己的本职工作，这就难免与执行代表职务产生矛盾。怎么办呢？

这就要正确处理代表从事个人职业活动和依法执行代表职务的关系。代表法对此有明确规定，主要体现在3个方面：一是代表要安排好本人的生产和工作，处理好执行代表职务与本职工作的关系，优先执行代表职务。在十三届全国人大常委会第一次会议上，栗战书委员长对常委会、专门委员会组成人员履职提出要求，强调要积极参加常委会会议，认真审议各项议案和报告，参加常委会、专门委员会组织的执法检查、调查研究，没有特殊情况不能随意请假，更不能想来就来、想走就走。如果常委会的工作和其他工作在时间上有冲突，还是要首先参加常委会的工作。栗战书委员长的讲话精神对全国人大代表执行代表职务也是适用的。二是代表职务属于公职，应当公私分明，代表应当正确处理从事个人职业活动与执行代表职务的关系，不得利用执行代表职务干涉具体司法案件或者招标投标等经济活动，从中牟取个人利益。代表在会议期间参加工作、闭会期间开展活动时，应当遵守会风会纪，专心履职、加强自律，不得拉关系、办私事、变相从事商业活动等。三是代表必须模范遵守宪法法律，在自己参加的生产、工作和社会活动中，协助宪法法律的实施。栗战书委员长指出，无论是法律还是决议决定，一经审议通过，成为国家意志，就具有法律效力，所有人都要无条件遵守和执行。通过之后，也不能公开发表反对意见。只有这样，才能保证民主的渠道畅通，才能维护国家权力机关的权威性。我们身在权力机关，言行举止要符合人大代表、常委会组成人员身份，决不允许对党中央的大政方针"说三道四"，决不允许公开发表同党中央精神相违背的言论。

第二节　人大代表会议期间工作制度

代表法第二章对代表在本级人大会议期间的工作作了明确规定。这里，着重对提出议案建议等方面的内容加以介绍。

一、提出议案

提出议案的主体有两类：一是有关机关或机构，二是代表联名提出的议案，就是通常所说的代表议案。

（一）人大代表议案

议案是人大代表向人大提出的议事原案，也可以说，议案是人大代表讨论、解决某一问题的办法、措施、意见和方案。人大代表提议案权，就是人大代表具有依法向本级人大提出属于本级人大职权范围内的议事原案的权利。宪法第七十二条规定：全国人大代表和全国人大常委会组成人员，有权依照法律规定的程序分别提出属于全国人大和全国人大常委会职权范围内的议案。代表法第三条明确将依法联名提出议案确定为代表享有的权利之一；第九条还规定：代表有权依照法律规定的程序向本级人大提出属于本级人大职权范围内的议案。

现在所说的代表议案和建议，在五届全国人大时都还统称为"提案"，"议案"这个名称是从六届全国人大时才开始使用的。由于人大代表提出的"提案"中大量是对各方面工作的建议、批评和意见，往往不是属于人大职权范围内的事项，而是属于应由政府等国家机关去处理的事项，因此，1982 年 12 月五届全国人大五次会议通过的全国人大组织法，首次从法律上明确代表议案和建议，就是把之前的"提案"加以区分，属于人大职权范围内的事项，称作议案，由人大来处理；属于针对各方面工作的事项，称作建议、批评和意见，交由有关机关和组织去处理。

依法提出议案，是执行代表职务，参加行使国家权力。这既是代表的一项重要工作，也是代表的一项重要权利。从实质上看，人大代表提议案如同审议政府工作报告一样，既是发表自己政见的过程，也是衡量一个代表的议政水平高低，参与管理国家事务能力大小的重要标尺。

（二）议案需要具备 4 个方面的条件

一项议案的形成需要具备相应的条件。全国人民代表大会代表议案处理办法第二章专门对"代表议案的基本要求"作了明确规定。概括起来，形成一个议案要具备以下 4 个条件。

1. 具有法定资格或符合法定的代表联名人数

全国人大组织法第十七条规定：一个代表团或者三十名以上的代表联名，可以向全国人大提出属于全国人大职权范围内的议案。地方组织法第二十二条第二款规定："县级以上的地方各级人民代表大会代表十人以上联名，乡、民族乡、镇的人民代表大会代表五人以上联名，可以向本级人民代表大会提出属于本级人民代表大会职权范围内的议案，由主席团决定是否列入大会议程，或者先交有关的专门委员会审议，提出是否列入大会议程的意见，再由主席团决定是否列入大会议程。"就是说，全国人大代表 30 人以上联名、县级以上地方各级人大代表 10 人以上联名、乡镇人大代表 5 人以上联名，可以向本级人大提出属于本级人大职权范围内的议案。不过，在地方人大，各代表团能否提出议案，各地的地方性法规规定不一样，比如北京市人大议事规则中规定，一个代表团可以向大会提出议案，河北省人大议事规则中则没有规定。

2. 必须属于本级人大职权范围内

宪法和全国人大组织法、地方组织法、代表法等法律对此已有原则规定，就是属于人大职权范围内的事项，但在实践中，由于对这一规定的内容把握不太好，每年召开的各级人大会议上，都有数量相当多的议案实际上是属于对各方面工作的建议、批评和意见，因此，每次大会上经过大会主席团讨论通过，都要把人大代表提出的很多议案转作建议、批评和意见去处理。

这里，来看看全国人大代表议案转作建议处理的一些情况。在六届全国人大一次会议上，大会收到议案 61 件，其中有 28 件转作建议处理。在七届全国人大一次会议上，大会收到议案 488 件，其中有 394 件转作建议处理。在八届全国人大一次会议上，大会收到议案 611 件，其中 517 件转作建议处理。在九届全国人大一次会上，大会收到议案 830 件，其中 730 件转作建议处理，等等。

全国人大代表议案处理办法在总结实践经验的基础上，对此作了细化规定。其中，第五条明确规定下列事项可以作为代表议案提出：（1）制定法律，修改现行法律，解释法律的议案；（2）需要由全国人大及其常委会决定的有关宪法实施中的重大问题的议案；（3）应当由全国人大及其常委会决定或者批准的其他事项的议案。第六条则进一步明确规定下列事项不应当作为代表议案提出：（1）国务院行政管理职权范围内的事项；（2）应由地方各级人大和地方各级政府处理的地方性事务；（3）人民法院和人民检察院审判权、检察权范围内的事项；（4）政党、社会团体、企业事业组织和个人的事务；（5）其他不属于全国人大及其常委会职权范围内的事项。一句话，人大代表应当根据本级人大的法定职权，提出有关议案。如果属于政府工作方面的事情，则不要以议案提出，而应以建议、批评和意见提出。

3. 必须符合法定时间要求

代表议案一般应在代表大会期间提出。全国人大议事规则第二十三条第三款规定，代表联名或者代表团提出的议案，可以在全国人大会议举行前提出。全国人大代表议案处理办法第十条规定："代表议案一般在大会会议期间提出；符合议案基本条件、准备成熟的，也可以在大会闭会期间提出。"实践中，绝大多数是在大会期间并在大会主席团规定的议案截止时间前提出的。如果在大会主席团规定的议案截止时间以后提出的议案就要当作建议、批评和意见来处理。之所以要规定一个议案截止时间，这是因为：（1）人大会议会期比较短，而且一般每年只开一次。（2）各级人大的人大代表人数多，以全国人大为例，每届全国人大代表总数都接近 3000 名，如果每个代表参与两三次联名提议案，议案总数就要超过两百多件，从近些年的情况来看，实际上提出的议案更多，如此多数量的议案都要在大会会议期间处理完毕，时间比较紧促，因此必须有一个提议案的截止时间的规定，以便在大会期间能把议案处理完毕，分交各专门委员会去审议。

4. 必须符合要有案由、案据和方案

代表法第九条第一款明确规定，"议案应当有案由、案据和方案"。案由是指提出议案的理由，包括提出该议案的必要性、重要性等；案据是指提出议案的依据，包括理论和事实依据，该议案的合理性和可行性；方案是议案的核心内容，是指解决问题的具体办法。因此，对于议案还要有书写格式上的要求，提出议案，不能只列一个题目，提一个要求，特别是所提的是法律案，还应当附有法律草案。同时，全国人大代表议案处理办法第八条还规定："代表议案应当一事一案，使用统一印制的代表议案专用纸。"

二、人大代表议案处理

认真处理代表议案，是有关机关或者机构的法定职责。议案的处理程序是由法律规定的。

（一）有关法律的规定

根据全国人大组织法第十七条，全国人大议事规则第二十三条、第二十五条和地方组织法第二十二条的规定，代表团或者代表联名提出的属于本级人大职权范围内的议案，由主席团决定是否列入大会会议议程。代表团或者代表联名提出议案后，主席团可以有以下 3 种处理方法：（1）决定列入大会会议议程。（2）决定不列入大会会议议程。（3）先交有关专门委员会审议，提出是否列入大会会议议程的意见，再决定是否列入大会会议议程。乡级人大因为没有专门委员会，所以，它的主席团只能作出前两种决定。

1. 关于列入大会会议议程的议案

主席团交由代表团进行审议，同时可以交有关专门委员会审议、提出报告，最后由主席团审议决定列入大会会议议程。

2. 关于经有关专门委员会审议，提出列入大会会议议程的议案

由主席团决定是否列入大会会议议程，或者交由有关专门委员会进一步审议，提出是否列入代表大会或者人大常委会会议议

程的意见，由人大常委会审议决定。

3. 关于向人大提出议案的撤回

向人大提出的议案，不能随时撤回，只能是在交付大会表决之前，提案人可以要求撤回。经主席团同意撤回的议案，会议对该议案的审议即行终止。

（二）工作指导性文件的规定

全国人大代表议案处理办法对全国人大代表议案的处理作了明确规定。

1. 大会秘书处的处理建议

大会秘书处应当召开有各专门委员会负责人参加的代表议案处理协调工作会议，研究议案处理的具体建议，向大会主席团提出议案处理意见的报告。

2. 主席团的处理意见

大会主席团根据大会秘书处的报告，决定代表议案是否列入本次会议议程，或先交有关专门委员会审议。经大会主席团通过的大会秘书处关于议案处理意见的报告，应印发大会全体代表。大会主席团决定列入本次会议议程的代表议案，应交由各代表团进行审议，并同时交有关专门委员会进行审议、提出报告，再由主席团审议决定是否提请大会全体会议表决。

3. 专门委员会的研究处理意见

专门委员会对大会主席团交付审议的代表议案，要组织本委员会办事机构进行研究分析，提出代表议案审议工作的安排建议。专门委员会应当召开委员会主任委员会议，对本委员会办事机构提出的代表议案审议工作的安排建议进行研究，作出决定。专门委员会审议代表议案，涉及需要先征求有关机关、组织意见再进行审议的问题时，应当在大会闭会之日起一个月内，将代表议案交由有关机关、组织研究。有关机关、组织应当在大会闭会之日起四个月内,至迟不超过六个月,提出意见。

专门委员会审议代表议案时,应邀请议案领衔人列席会议、发表意见;还可以采取邀请提议案人参加立法调研、座谈等多种方式,加强联系和沟通,听取提议案人对议案处理的意见。

专门委员会应当认真采纳有关机关、组织和提议案人的合理意见,对于切实可行的代表议案,应当建议列入全国人大会议或者全国人大常委会会议议程;对于暂时不能列入会议议程的议案,可以建议列入全国人大常委会的立法规划或者相关工作的计划。全国人大代表议案处理办法第十九条规定:专门委员会在认真审议的基础上,应当提出代表议案审议结果报告,经专门委员会全体会议审议通过后,提请全国人大常委会会议审议。审议结果报告应当包括议案的主要内容,听取和采纳有关机关、组织和提议案人意见的情况,审议意见等内容。必要时可以以附件作详细说明。

4. 人大常委会的议案审议结果报告

全国人大常委会会议审议通过的代表议案审议结果报告,应印发下次代表大会会议。全国人大代表议案处理办法第二十条规定:有关机关应当高度重视代表议案。在提请审议有关法律草案的说明中,应当充分反映吸收代表议案有关内容的情况。全国人大常委会举行会议时,应当根据会议议程,邀请部分提出相关议案的代表列席会议参与审议。

三、人大代表提出建议制度

代表的建议、批评和意见,是人大代表向本级人大或者其常委会提出的对各方面工作的看法、建议、主张、批评和意见的总称，通常简称为"代表建议"。需要注意的是，代表提出建议、批评和意见，与一般公民提出建议、批评和意见是不同的。

（一）人大代表有权提出建议、批评和意见

全国人大组织法第四十六条规定：全国人大代表向全国人大或者全国人大常委会提出的对各方面工作的建议、批评和意见，由全国人大常委会办事机构交由有关机关、组织研究办理并负责答复。地方组织法第四十二条规定：县级以上的地方各级人大代表向本级人大及其常委会提出的对各方面工作的建议、批评和意见，由本级人大常委会的办事机构交有关机关和组织研究处理并负责答复。乡、民族乡、镇的人大代表向本级人大提出的对各方面工作的建议、批评和意见，由本级人大主席团交有关机关和组织研究处理并负责答复。

人大代表在人民代表大会会议期间和闭会期间分别向本级人大及其常委会提出对各方面工作的建议、批评和意见，是执行代表职务，反映人民群众意见和要求的重要形式，是参加管理国家事务、管理经济和文化事业、管理社会事务的一项重要工作。认真研究处理代表建议、批评和意见并负责答复，是有关机关、组织的法定职责，是加强同人大代表、人民群众的联系，为人民服务，受人民监督的重要体现。

（二）代表建议、批评和意见的基本要求

全国人大代表建议、批评和意见处理办法第二章专门对"代表建议、批评和意见的基本要求和提出"作了具体规定。

1. 关于代表建议的内容

代表应当主要围绕党和国家工作大局，关系改革发展稳定和人民群众普遍关心的重大问题，对本级人大及其常委会、人民政府及其部门、监察委员会、人民法院、人民检察院和其他机关、组织的工作提出建议、批评和意见。实践中，人大代表的建议、批评和意见范围很广，包括以下几个方面：（1）宪法法律规定属于人大职权范围内的问题，如建议尽快制定或修改某项法律或者地方性法规等立法方面的问题，对"一府一委两院"的执法、司法情况提出建议、批评和意见等监督方面的问题，以及对全国或者本行政区域内带有根本性、长远性和重大性的问题提出建议、批评和意见。（2）关于人大会议中的各项工作，如在审议议案和报告中发现的问题，以及常委会的其他各项工作问题。（3）关于坚持和完善人民代表大会制度的重大问题。（4）涉及国家方针政策的一些问题。（5）关于政府职权范围内工作的问题和有关国家机关工作人员的失职行为。（6）人民群众关心的其他"热点"问题。（7）代表在视察中发现的问题等。

全国人大代表建议、批评和意见处理办法第十条规定：下列情况不应当作为代表建议、批评和意见提出：（1）对列入全国人大会议议程的各项议案、报告的修改意见；（2）涉及解决代表本人及其亲属个人问题的；（3）代表本人或者代转人民群众的申诉、控告和检举类来信的；（4）涉及国家监察机关、审判机关、检察机关依法处理的具体案件的；（5）属于学术探讨、产品推介的；（6）没有实际内容的；（7）其他不应当作为代表建议、批评和意见的。

2. 关于代表建议的形式

2010年修改代表法的过程中，有一种意见认为，一些代表提出建议、批评和意见，存在着提出问题不明确、反映问题不准确、内容不确切，或者根本就没有内容的现象，还有的就是直接代转人民群众来信，甚至个别代表的建议、批评和意见涉及解决代表本人及其亲属个人问题等。因此，2010 年修改后的代表法第十八条和第二十九条都增加规定了代表提出建议、批评和意见的原则性要求，即"建议、批评和意见应明确具体，注重反映实际情况和问题"。

代表建议、批评和意见与议案的区别主要包括以下 4 个方面：（1）主体不同。代表提出建议、批评和意见，没有人数方面的要求，可以一人提出，也可以联名提出。代表提出议案必须达到法定人数，如向县级以上地方各级人大提出议案，应由代表十人以上联名等。（2）时间不同。代表提出建议、批评和意见，可以在大会会议期间提出，也可以在大会闭会期间提出。代表提出议案，一般应在大会会议期间提出，对个别符合议案基本条件、准备成熟的代表议案，也可以在大会闭会期间提出。（3）内容不同。人大代表提出建议、批评和意见，范围很广泛，可以涉及人大及其常委会、政府、监察委、人民法院、人民检察院，以及其他机关和组织的工作；内容也很广泛，可以涉及经济和社会各领域的问题。人大代表提出议案，其内容应当是属于本级人大职权范围之内的事项。（4）处理方式不同。人大代表提出建议、批评和意见后，由人大常委会办事机构交由有关机关、组织研究处理并负责答复。代表提出议案后，由大会主席团决定是否列入会议议程，或者先交有关专门委员会审议，提出是否列入会议议程的意见，再决定是否列入会议议程。

（三）代表建议、批评和意见的提出

代表应当坚持以人民为中心的发展思想，忠实代表人民的利益和意志。通过视察、专题调研、代表小组活动和座谈、走访等多种形式，深入实际，深入基层，了解全国和本行政区域内的重要情况和问题，了解人民群众的意见和要求，在此基础上，认真提出建议、批评和意见，努力做到民有所呼、我有所应。全国人大常委会办事机构和省、自治区、直辖市人大常委会，应当加强组织和协调工作，为代表提出建议、批评和意见提供服务。

1. 单独或者联名提出

代表建议、批评和意见可以由代表一人提出，也可以由代表联名提出。联名提出的，应当主要基于代表共同调查研究，领衔代表应当采取适当方式，使参加联名的代表了解建议、批评和意见的内容。参加联名的代表应当认真研读，确认建议、批评和意见的内容能够真实表达自己的意愿。代表团提出建议、批评和意见，应当经代表团全体代表的过半数同意通过。

2. 提出的形式

以书面的形式提出，一事一议，使用统一印制的代表建议、批评和意见专用纸，并亲笔签名。闭会期间，人大代表提出的建议、批评和意见，也要写在专用的建议、批评和意见纸上，同时可用代表专用信封寄给人大常委会办事机构。代表团提出建议、批评和意见，应当由代表团负责人签署。

3. 提出的时间和受理

大会会议期间提出的代表建议、批评和意见由大会秘书处受理。闭会期间，代表提出的建议、批评和意见由全国人大常委会办事机构受理。

近年来，人大代表还可以在大会闭会期间提出建议。特别是2018 年 8 月 29 日，在十三届全国人大常委会第五次会议期间，召开列席常委会会议的全国人大代表座谈会，栗战书委员长与代表面对面交流，听取意见建议。此后，在常委会会议期间召开列席会议的全国人大代表座谈会成为制度，固定下来。根据该制度，全国人大代表也可以提出建议，由全国人大常委会办公厅交

"一府一委两院"和有关方面办理。

四、人大代表建议办理制度

认真研究处理代表建议、批评和意见并负责答复，是有关机关、组织的法定职责。人大常委会应当为代表建议、批评和意见工作提供必要的条件；人大常委会办事机构应当为代表建议、批评和意见工作提供服务。

代表建议、批评和意见的处理程序是由法律规定的。根据全国人大组织法、地方组织法和代表法的规定，县级以上各级人大代表向本级人大或者人大常委会提出的建议、批评和意见，有关机关、组织应当认真研究办理。乡镇人大代表向本级人大提出的建议、批评和意见，由本级人大主席团交有关机关和组织研究处理并负责答复。代表法第四十二条规定，有关机关、组织应当认真研究办理代表建议、批评和意见，并自交办之日起三个月内答复。涉及面广、处理难度大的建议、批评和意见，应当自交办之日起六个月内答复。

（一）代表建议、批评和意见的交办

全国人大代表建议、批评和意见处理办法专章对代表建议、批评和意见的交办作了详细规定。

代表向全国人大及其常委会提出的对各方面工作的建议、批评和意见，由全国人大常委会办事机构依法交由有关机关、组织研究办理并负责答复。代表对政府及其部门工作的建议、批评和意见，由全国人大常委会办事机构和国务院办公厅共同交办，具体协调工作由国务院办公厅负责。代表对地方工作的建议、批评和意见，由全国人大常委会办事机构委托省、自治区、直辖市人大常委会交由有关省级机关、组织研究处理并负责答复。代表对全国人大机关工作的建议、批评和意见，由全国人大常委会办事机构分别交由有关部门、单位研究处理，根据不同情况分别或统一作出答复。

代表在大会会议期间提出的建议、批评和意见，全国人大常委会办事机构应当进行整理和研究，提出综合分析报告，拟订交办意见。经全国人大常委会秘书长办公会议讨论同意后，及时召开交办会议统一交办，会同中共中央办公厅、国务院办公厅、国家监察委员会办公厅、最高人民法院办公厅、最高人民检察院办公厅和其他有关机关、组织具体落实。代表在闭会期间提出的建议、批评和意见，全国人大常委会办事机构应当及时交办。交由政府及其部门研究办理的，同时向国务院办公厅通报有关交办情况。全国人大常委会委员长会议组成人员、常委会委员联系代表过程中提出和转交的建议、批评和意见，全国人大常委会办事机构应当及时交由有关机关、组织研究办理。

需要注意：一是代表建议、批评和意见需要两个以上单位共同研究办理的，由有关单位会同办理或者分别办理。对会同办理的代表建议、批评和意见，交办时应当确定主办单位和协办单位，由主办单位会同协办单位共同研究办理。二是承办单位对代表建议、批评和意见应当及时研究。对不属于本单位职责范围内的代表建议、批评和意见，应当在收到之日起七日内，向交办机构说明情况，由交办机构重新确定承办单位并交办。全国人大常委会办事机构应当会同有关方面及时做好转办协调工作。三是全国人大常委会办事机构应当向代表及代表原选举单位通报有关交办情况；代表对交办有不同意见的，应当及时向全国人大常委会办事机构提出，并由其商有关方面做好协调工作。

（二）代表建议、批评和意见的承办

承办单位应当将办理代表建议、批评和意见与转变工作作风和推动改进工作有效结合起来，加强同人大代表的联系，加强同人民群众的联系，了解民情，汇集民意，集中民智，认真研究、积极采纳代表合理意见，充分发挥代表建议、批评和意见在推动科学决策、民主决策、依法决策方面的重要作用。

承办单位应当建立和健全办理代表建议、批评和意见的工作制度，实行单位主管领导司局负责人、具体承办人员分级负责制，规范办理程序，加强对办理工作的考核，努力提高办理工作的效率和水平。

承办单位对代表建议、批评和意见应进行分析，拟订处理工作方案；对代表建议、批评和意见中提出的主要问题或者同类问题，应统一研究办理措施。对全国人大常委会办事机构交办的需重点办理的代表建议、批评和意见，以及综合性强、涉及面广、处理难度大或者问题反映比较集中的代表建议、批评和意见，承办单位应当作为重点，由主要负责人亲自负责研究处理。

承办单位研究处理代表建议、批评和意见过程中，应当安排熟悉相关情况的同志加强与提出相关建议、批评和意见的代表的沟通、联系，通过走访、调研、座谈等多种方式，充分听取代表意见。对代表连续多年多次提出的建议、批评和意见，承办单位应当有针对性地加强与代表的联系。对代表团提出的建议、批评和意见，承办单位负责人应当亲自或委托负责人员，与相关省、自治区、直辖市人大常委会加强联系，认真听取意见，共同推动问题解决。对重点建议、批评和意见，应当邀请相关代表参与研究。代表建议、批评和意见涉及国家秘密的，承办单位应当做好保密工作。

由两个以上单位共同承办的代表建议、批评和意见，主办单位应当主动与协办单位协商，协办单位应当积极配合。协办单位应当在收到代表建议、批评和意见之日起两个月内研究提出办理意见，经协办单位办公厅或业务司局负责人同意并加盖公章，送主办单位统一答复代表。主办单位答复代表时，应当向代表说明相关协办单位的办理意见。需要两个以上单位分别办理的，各有关承办单位应当依照各自的职责办理，并分别答复代表。国务院有关部门因意见不一致，需要上级进行综合协调的，国务院办公厅应当进行协调。

承办单位应当区别不同情况，将办理代表建议、批评和意见的结果答复代表：（1）所提问题已经解决或者所提意见和建议已经采纳、部分采纳的，应当将解决和采纳的情况答复代表；所提问题在本年度内能够基本解决的，应当明确答复代表并尽快解决；所提问题已有规定的，应当明确说明有关情况。（2）所提问题已经列入近期工作计划，自交办之日起三年内能够基本解决的，应当将解决问题的方案明确答复代表；所提问题已经列入工作规划的，应当将解决问题的路线图和时间表明确答复代表。（3）所提问题暂时难以解决，但是对加强和改进工作具有参考价值，拟在工作中研究参考的，应当将有关情况和理由答复代表；所提问题因法律和政策的规定或者目前条件不具备确实无法解决的，应当明确答复代表，并向代表说明原因，做好解释工作。此外，对供承办单位研究参考的代表建议、批评和意见，各单位可以主动与代表联系沟通，说明有关工作情况。

对大会会议期间提出的代表建议、批评和意见，承办单位应当在闭会之日起三个月内答复。涉及面广、办理难度大的建议、批评和意见，应当自交办之日起六个月内答复。闭会期间提出的代表建议、批评和意见，承办单位应当在交办之日起三个月内，至迟不超过六个月，予以答复。提出建议、批评和意见的代表可以通过全国人大常委会办事机构，向承办单位了解有关建议、批评和意见的办理情况。

承办单位对代表建议、批评和意见的答复，应当按照统一格式行文，由承办单位负责人签发，并加盖本单位公章。由代表团提出的建议、批评和意见，应当答复相关省、自治区、直辖市人大常委会。代表联名提出的建议、批评和意见，应当答复领衔代表和联名代表。

代表收到承办单位办理代表建议、批评和意见答复后，应当客观公正地对办理答复工作作出评价，并及时告知全国人大常委会办事机构。代表对办理答复提出不同意见的，有关承办单位应当及时与代表联系沟通，做好说明解释工作，并在一个月内将办理情况书面报送全国人大常委会办事机构。代表对办理答复不满意的，应当将具体意见一并告知全国人大常委会办事机构，由全国人大常委会办事机构交由有关机关、组织再作研究，承办单位应当在三个月内再次答复代表。

承办单位对代表建议、批评和意见的答复，应当同时抄送全国人大常委会办事机构和代表原选举单位的代表联络工作机构；国务院各部门、地方政府的答复，还应当抄送国务院办公厅。承办单位在代表建议、批评和意见全部办结后，应当及时向全国人大常委会办事机构综合报告办理情况。

中共中央有关部门的办理情况报告，应当抄送中共中央办公厅；国务院各部门、地方政府的办理情况报告，应当抄送国务院办公厅。

　　承办单位不仅要答复代表，更要着力开展工作、解决问题。因此，承办单位应当加强代表建议、批评和意见办理答复的综合分析，建立答复承诺解决事项台账，抓好跟踪落实工作，努力兑现答复承诺。承诺解决事项的办理进展和落实情况应当及时向代表进行通报，同时抄送全国人大常委会办事机构。

　　承办单位应当按照应公开尽公开的原则，利用本单位门户网站等平台，主动公开涉及公共利益、公众权益、社会关切及需要社会广泛知晓的代表建议、批评和意见的答复内容；同时，还应当公开本单位办理代表建议、批评和意见的总体工作情况以及吸收采纳代表建议、批评和意见的情况。当然，若涉及国家秘密或者敏感事项的，则依法不予公开。

　　（三）代表建议、批评和意见的重点督办

　　全国人大常委会办事机构应当围绕党和国家的中心工作，结合全国人大常委会重点工作安排，以及代表反映比较集中、涉及人民群众切身利益的重大问题，在征求各方面意见的基础上，提出拟重点督办的代表建议、批评和意见，经全国人大常委会秘书长办公会议同意后，交由有关机关、组织重点研究办理，并由全国人大专门委员会负责督促办理。此外，承办单位可以搞点"自选动作"——内部办理重点，即结合本单位职责和工作重点，选择一批综合性强、涉及面广、办理难度大或者问题反映比较集中的代表建议、批评和意见，作为内部办理重点，有针对性地加强研究办理。

　　重点督办建议、批评和意见承办单位的主要负责人或者分管负责人，应当亲自负责研究办理，加强组织协调，提高办理实效；由两个以上承办单位共同办理的，牵头单位应当主动加强与参加办理单位的沟通协商，参加办理单位则应当积极配合，提出具体办理意见。

牵头单位应当会同参加办理单位与提出建议、批评和意见的代表，共同开展调查研究或者召开代表座谈会，听取代表对重点督办建议、批评和意见工作的意见。牵头单位组织办理调研活动或者召开座谈会时，可以邀请负责督办的全国人大有关专门委员会、全国人大常委会办事机构参加。

重点督办建议、批评和意见办理答复后，承办单位应当及时向负责督办的全国人大专门委员会和全国人大常委会办事机构专报重点督办建议、批评和意见情况报告；国务院各部门的重点督办建议、批评和意见情况报告，应当抄送国务院办公厅。

全国人大专门委员会应当加强对重点督办建议、批评和意见办理工作的统筹协调，可以通过开展专题调研，召开主任委员办公会议、委员会全体会议、专题工作会议等形式，听取承办单位关于办理工作情况的汇报和代表对办理工作的意见，加大督办力度；办理工作中的重要情况和重大问题，及时向全国人大常委会委员长会议报告。全国人大常委会办事机构应当对重点督办建议、批评和意见办理工作情况进行综合分析；对需要进一步跟踪落实的，交由相关承办单位、全国人大专门委员会做好滚动办理和跟踪督办工作。

（四）代表建议、批评和意见办理的检查督促

全国人大常委会办事机构应当加强与承办单位和相关代表的联系，通过通报办理进展情况开展办理工作培训、召开办理工作座谈会组织代表调研了解办理工作情况等形式，督促代表建议、批评和意见办理工作的落实。国务院办公厅可以通过听取专题汇报、督查调研、专项督办、参加办理调研活动、总结交流经验等形式，加强对政府及其部门的代表建议、批评和意见办理工作的

指导、督促、检查。

全国人大常委会办事机构应当会同有关方面，加强对代表建议、批评和意见办理工作的综合协调，建立代表建议、批评和意见工作信息化平台；探索建立代表建议、批评和意见工作评估和激励机制；每年应向全国人大常委会报告关于代表建议、批评和意见的办理情况，并将报告印发下次全国人大会议；可以建议部分承办单位向全国人大常委会会议报告代表建议、批评和意见的办理情况。

第三节　人大代表闭会期间活动制度

代表法专章规定了人大代表闭会期间的活动。根据法律和有关文件的规定，总结近年来的实践，人大代表在闭会期间的活动主要有以下几种形式。

一、开展代表小组活动

代表小组是代表在闭会期间执行代表职务的重要组织载体。代表法规定，代表在闭会期间的活动以集体活动为主，以代表小组活动为基本形式。县级以上的各级人大代表，在本级或者下级人大常委会协助下，可以按照便于组织和开展活动的原则组成代表小组。县级以上的各级人大代表，可以参加下级人大的代表小组活动。全国人大近 3000 名代表，这几届都组建 260 个左右全国人大代表小组。全国人大常委会办公厅和省级人大常委会代表联络工作机构通过多种方式，为代表小组开展活动提供服务保障。

十三届全国人大代表小组的组建工作中，33 个选举单位（不含香港、澳门）共组建了 272 个代表小组。其中，20 个选举单位根据代表工作地域划分代表小组，一般一个地市或相近地市的代表编为一个组；3 个选举单位根据代表的专业领域或感兴趣的领域，划分代表小组；5 个选举单位采取混合编组。天津、海南、西藏等 3 个选举单位，因代表人数较少，所有代表编为一个代表小组。台湾省代表均参加工作所在地的全国人大代表小组。解放军和武警部队代表按工作单位划分代表小组。每个代表小组根据情况设立 1 至 3 名组长，共设立 448 名组长。15 个选举单位的代表小组设立了联络员，每组 1—3 名，共 183 名。

开展代表小组活动，围绕党和国家工作大局，根据人大及其常委会中心工作，结合当地实际情况拟定活动计划，确定活动选题。要注重学习宣传党中央重大决策部署，学习宣传宪法法律，学习人民代表大会制度和理论，通过调研、视察、走访、代表接待日活动等，密切联系群众，了解基层情况，听取反映群众建议和要求。代表小组活动形式上应当灵活多样、贴近群众、讲求实效，坚决反对和克服"四风"。与人大常委会代表联络工作机构加强沟通协调，在他们的协助下开展活动。

二、参加代表视察和专题调研

代表视察和调研是代表知情知政、联系群众的重要渠道。

（一）代表视察

代表法规定，县级以上的各级人大代表根据本级人大常委会的安排，对本级或者下级国家机关和有关单位的工作进行视察。这就是通常所说的代表集中视察。代表参加集中视察时，可以提出约见本级或者下级有关国家机关负责人。被约见的有关国家机关负责人或者由其委托的负责人员应当听取代表的建议、批评和意见。

人大代表视察制度有一个发展过程。1954 年 10 月 16 日，一届全国人大常委会一次会议以后，全国人大常委会委员张治中提出一项书面意见，主张每位委员都要出去视察，了解地方情况，听取群众意见。这项建议是送给全国人大常委会副委员长兼秘书长彭真转刘少奇委员长的。毛泽东主席看到了，很是赞赏，并提出把参加视察的范围扩大到全国人大代表。1955 年 5 月，毛泽东同志两次提出组织全国人大代表视察。同月，一届全国人大常委会第十六次会议通过关于全国人大代表视察工作问题的通知，这是建立全国人大代表视察制度的开端。1955 年 7 月，青海省代表团在一届全国人大二次会议上，提出将全国人大代表及省、市、州、县人大代表视察工作定为一项经常性制度的提案。当年 8 月，一届全国人大常委会第二十次会议通过关于全国人大代表和省自治区直辖市人大代表视察工作的决定。该决定明确了代表视察的基本原则、组织安排、活动方式和经费保证，标志着代表视察制度正式建立。

代表法还规定，代表可以持代表证就地进行视察。这就是通常所说的代表个人视察。代表持证视察，也要由人大常委会联系安排，根据代表要求做好沟通工作。需要说明的是，根据法律的规定，无论是代表集中视察还是代表持证视察，可以向被视察单位提出建议、批评和意见，但都不直接处理问题，而且，代表持证视察，必须遵照就地进行的原则；代表集中视察，一般在原选举单位的辖区，台湾代表团、解放军和武警部队代表团的京外代表，参加所在驻地的省级人大常委会组织的集中视察。香港、澳门特别行政区代表视察安排在内地进行，由全国人大常委会办公厅组织。

（二）代表专题调研

组织代表开展专题调研，是 2005 年中央文件提出的保障代表依法履职的一项重要举措。2010 年十一届全国人大常委会修改代表法时，总结代表专题调研的实践经验，将这一做法上升为法律规定。代表法第二十三条规定，代表根据安排，围绕经济社会发展和关系人民群众切身利益、社会普遍关注的重大问题，开展专题调研。实践中，各省级人大常委会受全国人大常委会的委托，每年都组织全国人大代表开展为期一周左右的专题调研活动。

视察和专题调研都是法律规定的代表闭会期间的活动形式，二者有联系也有区别。（1）在活动内容上，专题调研重在"专"，突出某一专项工作或某一重大问题，视察特别是集中视察则重在全面了解经济社会发展和国家机关工作情况。（2）在活动目的上，专题调研主要是为提出高质量的代表议案、建议作准备，集中视察则主要是为出席代表大会会议、审议有关议案和报告作准备。（3）在组织形式上，专题调研根据调研题目分成若干小组，每组有部分代表参加，集中视察则由省级人大常委会统一组织，参加的代表人数较多。（4）在时间安排上，专题调研一般在每年的年中进行，集中视察一般安排在代表大会会议召开前。

三、参与全国人大常委会、全国人大专门委员会有关工作

代表法规定，县级以上的各级人大代表可以应邀列席本级人

大常委会会议、本级人大各专门委员会会议，参加本级人大常委会组织的执法检查和其他活动。根据法律规定和工作实践，全国人大代表参与全国人大常委会、全国人大专门委员会的工作，主要有以下几种途径。

1. 应邀列席全国人大常委会会议

邀请代表特别是来自基层和一线的人大代表列席常委会会议，一方面，有利于加强人大常委会同代表的联系，使代表把有关政策、法律在基层的实施情况和人民群众的意见、呼声反映到常委会会议上来，提高常委会会议的审议质量；另一方面，有利于加深代表对常委会立法、监督等工作的了解，保障代表知情知政，提升依法履职能力。代表应邀列席常委会会议，没有表决权，但对列入议程的各项议案和报告都可以发表意见，也可以提出询问。

这里，介绍一下邀请全国人大代表列席常委会会议制度的由来。1987年出台的关于全国人大常委会加强同代表联系的几点意见，第一次正式提出邀请代表列席常委会会议。从六届全国人大常委会第二十一次会议开始，邀请部分全国人大代表列席常委会会议逐渐形成制度并不断完善。六届全国人大常委会第二十三次会议通过的全国人大常委会议事规则规定，常委会举行会议的时候，各省、自治区、直辖市人大常委会主任或者副主任一人列席会议；必要的时候，可以邀请有关的全国人大代表列席会议。2009年，全国人大常委会修改全国人大常委会议事规则，删去上述规定中"必要的时候"的表述。实践中，一开始只在北京的全国人大代表被邀请列席常委会会议，人数为6人左右。从九届全国人大常委会第十八次会议开始，列席代表人数增加到10人左右，范围由京内代表扩展到京外代表。从十届全国人大常委会到十一届全国人大常委会，列席常委会会议的代表人数不断增加，每次会议在 30 至 40 名，代表列席常委会会议实现机制化。

代表列席全国人大常委会会议已经制度化、规范化。每次常委会会议前，常委会办公厅联络局都同各选举单位代表联络工作机构沟通，请他们根据会议议程安排，推荐相关领域、提出相关议案建议的代表特别是基层代表，汇总列席代表名单后报常委会领导同志批准。在代表到京后，及时召开列席代表情况通报会，为列席代表介绍常委会会议安排、有关法律草案起草和审议修改情况、国务院专项工作情况等。列席代表提前认真调查研究，精心准备审议发言，真实客观反映基层实际情况和人民群众关切，代表们的意见建议得到认真研究和采纳。

2. 参加全国人大常委会执法检查活动

执法检查是人大监督的法定形式。通过执法检查，找准法律实施中的突出问题和薄弱环节，提出解决问题、完善制度的意见建议，推动法律正确有效实施，维护宪法法律权威和尊严。2018 年 7 月，全国人大常委会加开一次会议，专门听取和审议大气污染防治法执法检查报告，开展专题询问，并作出相关决议。栗战书委员长强调，人大执法检查是保证法律得到有效实施的一把"利剑"。依照法律规定，常委会开展执法检查时，一般都邀请部分代表参加，这些代表和委员长会议组成人员、常委会委员和有关专门委员会委员共同组成执法检查组，检查法律实施情况。十二届全国人大五年间，常委会共开展执法检查 26 次，全国人大代表 340 余人次参加。十三届全国人大常委会已经进行的执法检查，也都邀请代表参加。

3. 参与全国人大常委会、专门委员会其他工作

常委会还积极探索其他方式，拓展代表参与常委会、专门委员会工作的广度和深度。（1）在制定立法规划和年度立法、监

督、代表工作计划时，认真研究代表议案和建议，把代表意见反映比较集中的突出问题，作为确定立法和监督项目的重要依据。（2）健全法律草案征求代表意见制度，提请大会审议的法律草案都提前印送全体代表征求意见，并委托各选举单位组织代表研读讨论；常委会审议的法律草案，也通过网络公开征求意见、邀请代表参与立法调研和论证评估等多种形式，认真听取代表的意见建议，更好发挥代表在立法工作中的作用。（3）制定并落实关于建立预算审查前听取人大代表和社会各界意见建议的机制的意见，扩大代表对预算审查监督工作的参与。十二届全国人大二次会议以来，常委会预算工委与财政部每年都联合向代表发送政府预算解读等材料，为代表审议预算草案提供服务。（4）每年结合起草常委会工作报告，委托各选举单位广泛征求代表意见，并召开部分全国人大代表座谈会，专门听取代表对常委会工作和报告起草的意见建议。

四、人大常委会联系代表、代表联系人民群众制度

（一）贯彻落实党中央的有关部署要求

人民的信赖、支持和拥护，始终是国家根本政治制度的深厚力量源泉和牢固政治基础。党的十八大以来，以习近平同志为核心的党中央紧紧抓住人民代表大会这一主要民主渠道，支持和保证人大代表依法履职尽责，更好地发挥代表了解民情、反映民意、汇集民智的重要作用。习近平总书记强调："各级国家机关加强同人大代表的联系、加强同人民群众的联系，是实行人民代表大会制度的内在要求，是人民对自己选举和委派代表的基本要求。各级国家机关及其工作人员一定要为人民用权、为人民履

221

职、为人民服务，把加强同人大代表和人民群众的联系作为对人民负责、受人民监督的重要内容，虚心听取人大代表、人民群众意见和建议，积极回应社会关切，自觉接受人民监督，认真改正工作中的缺点和错误。"[1] 党的十八届三中全会提出，"加强人大常委会同人大代表的联系，充分发挥代表作用。通过建立健全代表联络机构、网络平台等形式密切代表同人民群众联系"。

贯彻落实习近平总书记重要指示精神和党中央决策部署，十二届全国人大常委会委员长会议先后审议通过委员长会议组成人员联系全国人大代表的意见（试行）和常委会委员联系全国人大代表的意见（试行），规定每位委员长会议组成人员直接联系 5 名以上全国人大代表，每位常委会委员直接联系 1 至 3 名所在选举单位的全国人大代表，特别是基层代表和一线工人、农民代表。

十三届全国人大常委会坚持并完善这一制度。贯彻落实党的十九大和十九届四中全会有关决策部署，在总结实践经验的基础上，2019 年 12 月十三届全国人大常委会第 44 次委员长会议通过关于完善全国人大常委会组成人员联系全国人大代表机制的意见。

（二）直接联系全国人大代表的重点内容

全国人大常委会组成人员直接联系全国人大代表，重点了解以下方面的情况。

1. 围绕忠于宪法、维护宪法，了解代表及所在单位、行业、地区遵守宪法规定、履行宪法使命、保证宪法实施的情况。

2. 围绕全国人大常委会立法、监督工作，了解代表及所在单

---

[1] 习近平：《在庆祝全国人民代表大会成立六十周年大会上的讲话》，载习近平：《论坚持全面依法治国》，中央文献出版社 2020 年版，第 76 页。

位、行业、地区对加强和改进人大立法、监督工作的建议、批评和意见，了解法律、全国人大及其常委会的决议、决定贯彻执行的情况。

3. 围绕决胜全面建成小康社会、开启全面建设社会主义现代化国家新征程，统筹推进"五位一体"总体布局、协调推进"四个全面"战略布局，了解代表对全国人大常委会、全国人大专门委员会、"一府一委两院"有关工作的建议、批评和意见。

4. 围绕保持党同人民群众的血肉联系，了解代表密切联系群众的情况，听取代表对群众意见、诉求的反映，畅通社情民意反映渠道。

5. 围绕更好发挥代表作用、加强和改进代表工作，了解代表对拓展代表参与常委会、专门委员会工作的广度和深度，对闭会期间代表小组活动、专题调研、集中视察、学习培训等工作的建议、批评和意见；了解代表落实中央八项规定及其实施细则精神，加强政治思想作风建设的情况。常委会组成人员直接联系的代表，要密切联系人民群众，围绕全国人大及其常委会工作安排，深入群众，深入基层，加强调查研究，了解社情民意，及时反映人民群众的意见要求，向常委会组成人员客观真实地反映有关情况，提出意见和建议。要自觉加强思想政治作风和素质能力建设，牢固树立"四个意识"，严守政治纪律和政治规矩，讲政治、顾大局，说实话、谋实事，做为党分忧、为民尽责的模范。要自觉遵守中央八项规定及其实施细则精神，做廉洁自律、公道正派、勤勉尽责的表率。

（三）全国人大代表应当同原选举单位和人民保持密切的联系

宪法规定，全国人大代表应当同原选举单位和人民保持密切的联系，听取和反映人民的意见和要求，努力为人民服务。贯彻落实党中央决策部署和宪法、代表法的规定，2014 年常委会办公厅制定了关于通过网络平台密切代表同人民群众联系的实施意见，推动各级人大加强代表联系人民群众的工作平台和网络平台建设；2016 年经党中央批准，常委会办公厅印发了关于完善人大代表联系人民群众制度的实施意见，从 6 个方面就加强代表同人民群众的联系提出了一系列新要求新举措，明确代表联系人民群众的工作内容。

1. 向人民群众宣传党的路线、方针、政策。

2. 向人民群众宣传宪法、法律、法规，以及本级人大及其常委会的决议、决定，并了解基层的贯彻落实情况。

3. 听取人民群众对国家机关和国家工作人员的意见和建议，了解原选区选民或者原选举单位和人民群众的要求，为在本级人民代表大会会议期间参加审议各项议案和报告、提出议案与建议、批评和意见作准备。

4. 围绕本级人大及其常委会立法、监督等工作安排，征求代表所在单位、行业和人民群众的意见和建议，为应邀列席本级人大常委会会议、参加执法检查和立法调研等作准备。

5. 向原选区选民或者原选举单位报告执行代表职务、履行代表义务的情况。

代表联系原选举单位和人民群众的方式很多，除了开展代表小组活动和参加专题调研、集中视察，根据代表法的规定，代表还可以列席原选举单位的人大会议，并可以应邀列席原选举单位的人大常委会会议，代表个人也可以而且应当主动地通过座谈、走访等多种形式联系人民群众。无论采取哪种联系人民群众的方式，都要做"有心人"，带着对群众的感情，同群众面对面交流、心贴心沟通，多听多想，以小见大、集零成整，从群众的一句句朴实话语中，从生活的点滴经验体会中，把握民生关切和真知灼见，进而体现在履职工作中。对于在联系人民群众过程中了解到的人民群众反映的问题、意见、要求，代表可以在参加代表大会会议或者列席全国人大常委会会议、省级人大及其常委会会议时以审议发言的形式提出，可以在此基础上形成代表议案、建议提出，也可以通过人大常委会办事机构向有关方面提出。

五、参加代表履职学习制度

代表法规定，代表应当加强履职学习和调查研究，不断提高执行代表职务的能力。县级以上的各级人大常委会应当有计划地组织代表参加履职学习，协助代表全面熟悉人民代表大会制度、掌握履行代表职务所需的法律知识和其他专业知识。习近平总书记多次强调，事业发展没有止境，学习就没有止境。在主持十九届中央政治局第一次集体学习时，习近平总书记号召"全党来一个大学习"。2018年全国"两会"召开之前，党中央统一部署新任全国人大代表、全国政协委员学习党的十九大精神、学习宪法及有关法律、政协章程活动。全国人大常委会办公厅精心组织实施，实现了新任全国人大代表学习全覆盖。2021年10月，中央人大工作会议强调充分发挥代表作用，加强代表工作能力建设。2022年10月，习近平总书记在党的二十大报告中，对加强人大代表工作能力建设、密切人大代表同人民群众的联系作出部署、提出要求。

全国人大常委会贯彻落实党中央决策部署和习近平总书记重要指示要求，全面加强人大代表履职学习培训。2018年4月24日，栗战书委员长主持十三届全国人大常委会组成人员履职学习专题讲座，强调要加强学习、增强本领，为做好新时代人大工作筑牢思想基础、提高能力水平。2022 年 2 月 18 日，十三届全国人大常委会第 109 次委员长会议通过《关于加强和改进全国人大代表学习培训工作的若干意见》[1]，总结工作经验，明确新时代人大代表学习培训的指导思想和工作原则等总体要求，强调全国人大常委会对全国人大代表学习培训工作的领导，常委会年度工作要点、年度代表工作计划等对组织代表学习培训作出原则安排、提出明确要求；代表学习培训中的重大问题、重要事项，及时向常委会党组会议、委员长会议请示报告。该意见对加强和改进全国人大代表学习培训工作作了全面安排，提出具体要求。

（一）代表学习培训的主要内容

这包括以下 6 个方面内容：

1. 政治学习。坚持把深入学习贯彻习近平新时代中国特色社会主义思想作为代表学习培训的首要政治任务，持续深入学习、全面准确领会习近平法治思想、习近平总书记关于坚持和完善人民代表大会制度的重要思想。增强政治学习及时性，每次组织代表集中学习培训，把学习贯彻习近平总书记重要讲话和党中央重要会议、重要文件精神作为第一项内容，并形成制度化安排。深入学习党的基本理论、基本路线、基本方略，学习党中央重大决策部署和党史、新中国史、改革开放史、社会主义发展史。

2. 宪法法律学习。坚持把学习宪法作为代表依法履职的基本功和学习培训的必修课，认真学习中国特色社会主义法律体系，重点学习涉及人大组织、职权等方面的法律。

---

〔1〕《关于加强和改进全国人大代表学习培训工作的若干意见》，载全国人大常委会办公厅研究室编：《人大工作常用法律汇编》，中国民主法制出版社 2022 年版，第 606—610 页。

3. 人民代表大会制度学习。系统学习人民代表大会制度和理论，全面了解人民代表大会制度探索、建立、发展、完善的过程，准确把握其历史逻辑、理论逻辑、实践逻辑，深刻认识其本质特征、基本内涵、制度优势和巨大功效，特别是它在发展全过程人民民主中的作用，增强坚定不移走中国特色社会主义政治发展道路、坚持和完善人民代表大会制度的责任感使命感。

4. 代表履职基础知识和应用知识学习。主要有：学习国家制度与国家机构的设置、职权和运行；学习人大议事规则特别是审议各项报告、议案，审查批准国民经济和社会发展规划计划、预决算，依法参加立法、监督工作，依法参加选举、表决，提出议案、建议等；就提升代表履职能力特别是联系人民群众、开展视察调研、参与全国人大常委会和专门委员会工作等加强学习；学习如何与媒体打交道、讲好代表故事；学习处理群众来信来访等相关知识技能。

5. 经济、政治、文化、社会、生态文明建设等各方面知识学习。

6. 代表履职规范和会风会纪教育。代表肩负人民赋予的光荣职责，要站稳政治立场，履行政治责任，模范遵守宪法和法律，密切同人民群众的联系，展现新时代人大代表的良好形象。通过学习培训，引导代表正确认识代表的角色定位、职责使命和行权方式，依法履职、正确履职，确保人民赋予的权力用来为人民服务。加强纪律、作风建设，严格遵守廉洁自律各项规定。

（二）代表系统学习培训制度

1. 按照任期制特点建立代表系统学习培训制度，分为初任学习、履职基础学习、专题学习3个阶段。

2. 代表在一届任期内一般参加2至3次集中学习培训，累计时间不少于 15 天；也可以通过全国人大网络学院完成相关学习培训，一般不少于 100 个学时。

3. 利用现代化信息技术，推进线上线下学习培训融合发展，充分发挥全国人大网络学习平台特点和优势，多途径多方式充实学习资源，积极应用多媒体、新技术，提升网络课程针对性和吸引力，方便代表及时学、随时学，更好满足代表个性化学习需求。探索与地方人大共享网络学习资源，扩大学习培训覆盖面。

（三）代表学习培训的组织实施

1. 代表学习培训年度计划，提请秘书长办公会议审议通过后实施。

2. 全国人大常委会办公厅负责代表培训工作的组织实施，全国人大专门委员会、常委会工作委员会协助常委会办公厅举办相关专题学习班。根据工作需要，专门委员会、工作委员会可以举办代表学习班，或者邀请代表参加相关学习培训。

3. 各选举单位协助本选举单位的全国人大代表参加全国人大常委会组织的代表履职学习，邀请本选举单位的全国人大代表参加本选举单位组织的各类学习培训。各选举单位将代表参加学习培训情况纳入全国人大代表履职档案。

4. 代表应当自觉加强履职学习。全国人大常委会办公厅、各选举单位和代表所在单位应当为代表履职学习提供支持和保障。

5. 组织代表学习培训要严格贯彻落实中央八项规定及其实施细则精神，坚持厉行节约，严肃会风会纪，营造良好学习范围。

（四）代表学习培训的服务保障

1. 全国人大常委会办事机构承担全国人大代表学习培训服务保障工作，要牢固树立服务代表意识，加强代表工作能力建设，提供服务保障代表学习培训的能力和水平。要广泛征求代表意见，深入了解代表学习需求，在此基础上研究起草年度学习培训计划；按照经批准的计划，研究制定每期代表学习培训班方案，并具体实施；健全代表学习培训主讲人遴选制度和讲稿审核制度。各选举单位代表联络机构协助做好本选举单位的全国人大代表参加学习培训的服务保障工作。

2. 加强网络学习培训基础设施建设，严格落实等级保护制度，及时更新和维护网络学习平台软硬件，建立健全学习培训内容发布机制，严格落实网络安全保护措施，加强全国人大网络学院日常运行维护。

3. 代表学习培训经费列入全国人大机关部门预算，统筹保障，专款专用。代表参加履职学习，其所在单位按正常出勤对待，享受所在单位的工资和其他待遇。无固定工资收入的代表参加统一组织的学习培训，按照规定发放临时补助。代表学习培训经费管理，严格执行国家有关规定，厉行节约、勤俭办学。

第四节　依法执行代表职务的服务保障与管理监督制度

一、人大代表执行职务的服务保障制度

代表执行职务法律保障，是指国家和社会为人大代表履行职责，参加行使国家权力提供的必要条件和手段，并从法律上明确规定司法、时间、经济、物资、组织、服务等方面的保障制度措施。

（一）人大代表执行职务司法保障制度

人大代表执行职务的司法保障，是指人大代表在行使职权，执行职务时享有的司法程序上的特殊权利。代表执行职务既包括出席本级人大会议期间的工作，也包括参加人大闭会期间、由人大常委会组织的各项活动。司法保障主要包括以下内容。

1. 人大代表的发言、表决免受追究

人大代表的发言、表决免受追究，或称人大代表言论免责权，是指代表在人大各种会议上的发言和表决，不受法律追究。具体情况是：（1）人大代表在本级人大会议期间参加各种会议的发言和表决，包括全体会议、代表团会议、代表团小组会议，以及代表应邀列席的主席团会议等。（2）人大代表在人大闭会期间应邀列席的本级人大常委会会议、人大专门委员会会议，以及其他会议和应邀列席的下一级人民代表大会会议及其他会议的发言。（3）人大代表参加的代表小组会、座谈会等其他会议上的发言。（4）人大代表参加或应邀参加的原选举单位有关会议及其他会议上的发言。

代表言论免责权的主要内容是，任何组织和个人不得因代表在人大会议上的发言和表决而追究其刑事、民事或者行政责任。

2. 人大代表人身自由特别保护

人大代表人身自由特别保护，是指对人大代表另外规定了附加的保护措施，以保证代表的人身自由不受侵犯。（1）代表人身自由特别保护的范围和内容。包括：一是县级以上各级人大代表，非经本级人大主席团许可，在本级人大闭会期间，非经本级人大常委会许可，不受逮捕或者刑事审判。二是乡、民族乡、镇的人大代表，如果被逮捕、受刑事审判或者被采取法律规定的其他限制人身自由的措施，执行机关应当立即报告乡、民族乡、镇的人大。（2）对人大代表人身自由特殊法律保护的具体程序。代表法对人大代表人身自由特殊法律保护的具体程序，作出明确规定。一是县级以上各级人大代表，如果涉嫌犯罪，需要予以逮捕或者刑事审判，在人大会议期间，必须事先报请本级人大主席团许可，在本级人大闭会期间，必须事先报请本级人大常委会许可，如果大会主席团或者常委会不同意对该代表予以逮捕或者刑事审判，有关机关不能对该代表进行逮捕或者刑事审判。二是如果因为代表是现行犯，正在预备犯罪、实施犯罪或者在犯罪后被及时发现，需要立即对其予以拘留，来不及报请本级人大主席团或者人大常委会许可的，执行拘留的机关应当立即向该级人大主席团或者人大常委会报告。三是有关机关对县级以上的各级人大代表，如果采取法律规定的除逮捕或者刑事审判以外其他限制人身自由的措施，如行政拘留、监视居住、取保候审、司法拘留等，也应当经过该级人大主席团或者人大常委会许可。四是乡、民族乡、镇的人大代表，如果被逮捕、受刑事审判或者被采取法律规定的其他限制人身自由的措施，执行机关应当立即报告乡、民族乡、镇的人大。五是人大主席团或常委会受理有关机关提出的对代表采取逮捕、刑事审判或法律规定的其他限制人身自由措施的许可申请后，应当审查是否存在对代表在人大各种会议上的发言和表决进行法律追究，或者对代表提出建议、批评和意见等其他执行职务行为打击报复的情形，并据此作出决定。

当然，对代表予以特殊人身保护，并不意味着代表就有超越法律的特权。法律面前人人平等，代表如果有违法犯罪行为，同样要受到法律的制裁。

3. 行政措施方面的保障

对人大代表行政措施方面的保障，是指一切组织和个人都必须尊重代表的权利，支持代表执行代表职务。否则，就要受到法律或者行政处理。主要有：（1）违反法律规定，有义务协助代表执行代表职务而拒绝履行义务的，人大代表可以直接向其上级主管部门反映，也可以通过人大常委会或乡镇级人大主席反映，并要求处理。有关部门应立即进行调查核实，根据情节轻重给予批评教育，直至给予行政处分。（2）对阻碍人大代表依法执行代表职务，故意扰乱人大代表工作和活动秩序，对人大代表围攻、起哄、谩骂、造谣惑众甚至煽动闹事，或者以假情况、假材料和假数字欺骗人大代表等，由所在单位或者上级机关给予当事者行政处分，严重的按治安管理处罚法有关规定，由有关机关给予处罚。

4. 刑事措施方面的保障

对人大代表刑事措施方面的保障，是指如果对代表执行职务进行干扰和破坏，触犯刑律的，法律给予必要的刑事处罚。如以暴力、威胁方法阻碍代表依法执行代表职务的，或对代表进行殴打、捆绑、禁闭等强力行为或以杀死、伤害、毁坏财产、损坏名誉等相要挟的，应当依照刑法中的有关规定追究刑事责任。此外，根据法律规定，国家工作人员对人大代表依法执行代表职务进行打击报复，构成犯罪的，依照刑法中的有关规定追究刑事责任。

（二）人大代表执行职务时间保障制度

人大代表执行职务的时间保障，是指为了使人大代表按时出席本级人大会议，参加会议期间的工作和闭会期间的活动，法律明确规定代表所在单位必须给予时间保障。

我国实行的是兼职代表制，人大代表不脱离各自的生产或工作岗位，大多数人大代表又是各行各业的先进人物、骨干力量，工作比较繁重。因此，人大代表进行代表工作和开展代表活动时，容易在时间方面与本职工作冲突、出现困难。一方面，人大代表应当安排好本人的生产和工作，优先执行代表职务；另一方面，根据法律规定，代表所在单位除保证人大代表参加人大会议的时间以外，对代表在本级人大闭会期间，参加由本级人大常委会安排的代表活动，也必须给予时间保障。如果代表所在单位不依法给予执行职务的时间保障，人大代表有权向同级人大常委会及所在单位的上级主管部门反映。不过，代表自己安排的活动，如持证视察、走访选民或选举单位，了解情况，听取意见等，应在业余时间进行。

（三）人大代表执行职务物质保障制度

人大代表执行职务的物质保障，是指为保证代表执行职务，履行职责，有关机关必须保证代表活动经费能够满足代表执行职务的需要；代表所在单位必须保证代表执行职务时的原有待遇不变。这是人大代表工作和活动的物质基础。

根据代表法规定，对人大代表执行职务的物质保障包括以下内容。

1. 代表所在单位按正常出勤对待，享受所在单位的工资和其他待遇。代表所在单位不同，包括国家机关、社会团体、国有企事业单位和外资企业、私人企业等。无论代表所在单位属于什么性质，都有义务为代表执行职务提供物质保障。按正常出勤对待，即按全勤对待。其他待遇是指奖金、生活补贴、岗位津贴等待遇。如果代表所在单位实行的是固定工资，不得因代表参加本级人大或其常委会组织的活动而减发工资；如果代表所在单位实行的是计件工资，必须减除其参加代表活动所应当完成的定额，但不减工资。如果代表所在单位拒绝履行为代表提供物质保障的义务，应当对其负责人予以批评教育，直至给予行政处分。

2. 无固定工资收入的代表执行代表职务，根据实际情况由本级财政给予适当补贴。无固定工资收入的代表，主要是指农民、个体劳动者、私营企业家，他们本身没有国家发给的固定工资收入。根据实际情况，是指根据当地的人均收入和生活水平以及代表个人的经济状况、代表执行职务的工作量以及本级财政能力等实际情况。补贴的具体数额法律没有统一规定，只能是按照当地人均收入水平予以适当补贴。包括误工、误餐等补贴。

3. 代表执行职务时所需要的各种经费要列入本级财政预算。这由人大常委会的代表工作部门负责掌握，专款专用，严格管理。乡级代表活动经费，由乡级人大主席掌握使用。

（四）人大代表执行职务组织保障制度

人大代表执行职务的组织保障，是指各级人大常委会为代表执行代表职务提供服务所采取的组织措施。人大常委会设立为代表服务的机构，为代表执行代表职务提供服务保障。鉴于我国各级人大常委会的办事机构、工作机构是代表履职的集体参谋助手和服务班子，代表不设个人工作室，代表法规定，县级以上的各级人大常委会的办事机构和工作机构是代表执行代表职务的集体服务机构，为代表执行代表职务提供服务保障。依据代表法规定，主要包括以下内容。

1. 各级人大常委会设立专门代表办事机构。配备强有力的工作人员，为代表执行代表职务服务。这是从组织机构上强化与人大代表联系、为代表服务的重要措施，有利于保证人大代表工作、活动的制度化、规范化。

2. 加强与人大代表的联系工作。县级以上的人大常委会要建立与代表联系制度，接待代表的来信来访，建立代表接待日，定期接待人大代表，走访人大代表，了解和解决代表工作和活动中的具体问题和困难。

3. 定期组织代表学习培训、参观考察活动，召开代表活动经验交流会、座谈会、研讨会，交流和总结代表活动经验，通报有关情况，商讨开展代表工作、活动的办法和措施。

4. 做好人民代表大会会议期间和闭会期间活动的有关服务保障工作，为代表执行职务创造条件。

二、新时代对人大代表履职管理监督的新要求

在新时代，以习近平同志为核心的党中央加强对人大代表履职的管理监督，出台一系列新举措，提出明确要求。

2017 年 3 月 7 日，习近平总书记参加十二届全国人大五次会议辽宁代表团审议时的重要讲话中指出："人大代表肩负人民重托，责任重大，使命光荣。每一位人大代表都要站稳政治立场，严格遵守政治纪律，做政治上的明白人。要增强政治观念、法治观念、群众观念，履行宪法法律赋予的职责，发挥来自人民、植根人民的特点，接地气、察民情、聚民智，努力做到民有所呼、我有所应。要严格要求自己，自觉弘扬和践行社会主义核心价值观，加强道德修养，清清白白做人、干干净净做事。"[1] 这为加强人大代表自身建设、强化履职管理监督提供根本遵循。

2016 年 1 月，党中央专门就加强和改进人大代表、政协委员有关工作发出通知。该通知对做好人大代表选举工作、加强代表

---

〔1〕　中共中央文献研究室编：《习近平关于社会主义政治建设论述摘编》，中央文献出版社 2017 年版，第 49—50 页。

管理和监督等提出明确要求。2021 年 11 月，党中央关于新时代坚持和完善人民代表大会制度、加强和改进人大工作的意见明确提出，建立健全代表向原选区选民或原选举单位报告履职情况制度；完善代表履职评价体系和激励机制，推进代表履职档案规范化建设；建立健全代表退出和增补机制。

特别是 2023 年 3 月，中共中央、国务院印发的《党和国家机构改革方案》提出，"深化全国人大机构改革"，明确组建全国人大常委会代表工作委员会。具体来说，该工作委员会的一项职责，就是"负责全国人大代表履职监督管理"。[1] 这有利于落实对人大代表履职的监督管理。

全国人大及其常委会贯彻落实习近平总书记重要指示精神和中央决策部署要求，采取一系列具体措施，加强人大代表履职管理监督。一是 2022 年 3 月，十三届全国人大五次会议修改地方组织法，增加规定"地方各级人民代表大会代表应当向原选区选民或者原选举单位报告履职情况"。二是 2019 年 6 月，十三届全国人大常委会 32 次委员长会议通过关于加强和改进全国人大代表工作的具体措施，提出要加强全国人大代表自身建设，特别是要加强代表履职管理监督。统一全国人大代表履职档案的基本内容，推进代表履职档案规范化建设，将代表履职情况作为换届时代表连选连任的重要参考。支持原选举单位依法开展代表履职监督，建立健全人大代表向原选区选民或原选举单位报告履职情况制度。完善代表退出机制。加强代表资格审查工作。加强代表会风会纪教育，确保大会风清气正。三是 2022 年 2 月，十三届全国人大常委会第 109 次委员长会议通过

---

〔1〕《中共中央、国务院印发〈党和国家机构改革方案〉》，载《人民日报》2023 年 3 月 17 日，第 2 版。

《关于加强和改进全国人大代表学习培训工作的若干意见》，明确代表学习培训的主要内容，强调代表履职规范和会风会纪教育等。

党的十八大以来，在以习近平同志为核心的党中央坚强领导下，依纪依法严肃查处了湖南衡阳破坏选举案、辽宁拉票贿选案，充分彰显了党中央维护人民代表大会制度权威、维护社会主义民主法治尊严的鲜明态度和坚定决心。习近平总书记强调："在中国共产党领导的社会主义国家，一切权力属于人民，决不能依据地位、财富、关系分配政治权力。"[1] 截至 2022 年 9 月，全国人大常委会代表资格审查委员会向十三届全国人大常委会会议提交了关于个别代表资格情况的报告 29 件，涉及补选全国人大代表 35 名，罢免全国人大代表 33 名，全国人大代表辞职 37 名，全国人大代表去世 13 名。

三、对人大代表的监督制度

人大代表接受原选区选民或者原选举单位和人民群众的监督，是我国人民代表大会制度的一个特点。选举法规定，全国和地方各级人大代表，受选民和原选举单位的监督。选民或者选举单位都有权罢免自己选出的代表。代表法规定，代表应当采取多种方式经常听取人民群众对代表履职的意见，回答原选区选民或者原选举单位对代表工作和代表活动的询问，接受监督。党中央关于加强代表工作的有关通知对建立人大代表履职档案提出要求，代表履职情况采取适当方式向有关方面通报，并作为是否继

---

〔1〕　中共中央文献研究室编：《习近平关于社会主义政治建设论述摘编》，中央文献出版社 2017 年版，第 49 页。

续提名的依据。地方组织法也作了类似规定。选举法、代表法规定了罢免代表、代表辞职的程序以及暂时停止执行代表职务、代表资格终止的情形。所有这些，都明确了选民和选举单位享有监督由自己选出的代表的权利，是保障国家权力掌握在人民手中的重要措施。

（一）监督代表的主要内容

选民或者代表的选举单位对人大代表的监督，重点是对人大代表依法执行代表职务的监督。检查他们是否履行了代表职责，是否有失职行为。包括以下具体内容。

1. 对人大代表在会议期间行使各项权力实行监督，看代表是否依法行使权利，有无越权或滥用权利的行为。

2. 对人大代表在闭会期间参加代表活动实行监督，看代表是否依法参加有效的视察、检查和调查活动，发挥了代表作用，是否有无故不参加代表活动的行为。

3. 人大代表是否模范地遵守宪法和法律，保守国家秘密。

4. 人大代表是否在自己生产、工作岗位和社会活动中，协助宪法和法律的实施。

5. 人大代表是否与原选区选民或者原选举单位保持密切联系，经常听取人民群众的意见和要求，回答他们的询问，及时反映人民群众的呼声和愿望。

6. 人大代表是否经常提出建议、批评和意见，及时沟通人民群众与本级国家机关之间的联系，推动政府改进工作。

7. 人大代表是否有违法乱纪、以权谋私、为政不廉、品行不端的行为。

（二）代表接受监督的方式

代表法第五章专门对代表的监督作出了明确规定。代表接受监督的方式有以下 3 种。

1. 代表应当采取多种方式经常听取人民群众对代表履职的意见。代表应当加强与原选区选民或者原选举单位的联系，即加强与人民群众的联系。通过多种方式、多种渠道听取人民群众对自己依法履行代表职责的意见和建议，自觉接受人民群众的监督。实践中，可以采取座谈、走访、设立代表意见箱、代表电子邮箱、代表热线电话、人大网站等多种方式收集人民群众的意见，密切与原选区选民或者原选举单位的联系，听取人民群众对自己履职的意见和建议。

2. 代表应当回答原选区选民或者原选举单位对代表工作和代表活动的询问。回答询问，是原选区选民或者原选举单位了解代表工作情况的一条重要途径，也是加强代表监督的有效方式。由选民直接选举的人大代表应当回答原选区选民对代表工作和代表活动的询问；间接选举的人大代表应当回答原选举单位对代表工作和代表活动的询问。询问的内容应当是代表工作和代表活动情况。代表回答的方式既可以采取口头方式，也可以采取书面方式。

3. 由选民直接选举的代表应当以多种方式向原选区选民报告履职情况。根据代表法规定，不设区的市、市辖区、县、自治县、乡、民族乡、镇的人大代表，应当向选举他的选区的选民报告执行代表职务、参加代表活动的情况。

（三）代表资格终止

代表法规定，代表有下列情形之一的，其代表资格终止：（1）地方各级人大代表迁出或者调离本行政区域的；（2）辞职被接受的；（3）未经批准两次不出席本级人大会议的；（4）被罢免的；（5）丧失中华人民共和国国籍的；（6）依照法律被剥夺政治权利的；（7）丧失行为能力的。

　　党中央关于加强代表工作的有关通知也明确，人大代表存在法定终止代表资格或暂停执行代表职务情形的，应当依法终止其人大代表资格或暂停执行人大代表职务；因工作变动不宜继续担任人大代表的，本人应当辞去人大代表职务；违反社会道德或存在与人大代表身份不符的行为，有关方面应当及时约谈或函询，经提醒仍不改正的，应当责令其辞去人大代表职务；涉嫌严重违纪违法已立案审查的，犯罪事实已查清依法需要追究刑事责任的，应当罢免其人大代表职务。

/ 第六章 /

人大及其常委会选举任免制度

依法选举和决定任免各级国家机构组成人员，是民主集中制原则的体现和展开，是宪法和法律赋予各级人大及其常委会的一项重要职权（以下简称选举任免权），是我国选举制度的重要组成部分，也是在坚持党管干部、党管人才原则下的一项重要制度。选举任免权大体上可以分为选举和决定任免两大部分，选举和决定任免国家机关组成人员，包括选举、任命、决定代理、免职、接受辞职、撤职、罢免等多种具体形式，分别在人民代表大会会议和人大常委会会议上进行。

第一节　人大及其常委会选举任免权

一、人大及其常委会选举任免权性质和特点

（一）人大选举任免权的含义和性质

人大选举任免权（或选举任免权），是指各级人大和县级以上各级人大常委会依照法定权限和程序选举、任命、罢免国家机构组成人员以及其他公职人员的权力。享有选举任免权的主体，是人大及其常委会。选举任免权的客体，是各级国家机构组成人员和其他公职人员。

选举任免权是一项对国家机构进行组织的权力，也是一项对

国家机构公职人员进行监督的权力。赋予人大及其常委会选举任免权，是由人民代表大会制度所决定的，从国家机构及其公职人员权力的最终来源上讲，是由人民赋予的。

人大及其常委会行使好选举任免权，对于保证和实现人民当家作主，组织和实现各国家机构正常运转，推进全面依法治国，推进国家治理体系和治理能力现代化，推进全面建设社会主义现代化国家，都具有重要的作用。

（二）人大及其常委会选举任免权的特点

1. 法定性

人大及其常委会行使选举任免权，就是坚持和实行民主集中制原则，在充分发扬民主、听取人民群众意见的基础上，通过投票集体行使职权，选举或者决定任免有关国家机构工作人员。这就是通过法定程序，把人民管理国家的权力委托给人民可以信赖的"公仆"代为行使，把党委推荐的人选确定为国家机构组成人员。我国宪法和全国人大组织法、监察法、地方组织法等法律对国家权力机关的任免对象、任免职务、任免程序及行使任免权的主体等作了明确规定，国家权力机关行使选举任免权必须依法进行。

选举任免权是受到宪法和法律保障的一项权力，具有很强的法定性。可以说，选举任免权，本身就是宪法和法律赋予的一项重要职权，人大及其常委会行使这项职权，本身也是受宪法和法律保障的。

2. 民主性

人大作为国家权力机关，是代表人民行使职权，同时，人大行使选举任免权时，是通过民主投票集体行使的，每一名人大代表或者常委会组成人员不管其职务多高、地位多高，都只有一票的权利。

3. 程序性

人大行使选举任免权时，必须坚持程序也是法定原则，提名、酝酿或审议、无记名选举或表决、公布等程序，都必须严格依法进行。否则，就可能导致选举或者任免的结果无效。

4. 权威性

这既是宪法和法律本身的权威，也是国家权力机关行使职权本身的权威。人大及其常委会通过选举、任命、决定代理、免职、接受辞职、撤职、罢免等多种形式任免的国家机构职务，任何组织或个人都要切实尊重，均无权变更，如有变动，必须依照法律规定重新任免方可生效。

二、人大及其常委会选举任免形式

根据宪法、有关法律规定和实践做法，各级人大及其常委会行使任免权的形式有：选举、任命、决定人选、免职、决定任免、任免、批准任免、通过人选、决定代理、补选、推选、补充任命、接受辞职、罢免、撤销职务等多种形式。其中，任免，包括任命和免职，在法律规定中有"任免""决定任免""决定人选"等不同的提法；罢免，这是各级人大的一项重要职权，而各级人大常委会均不享有罢免权。

1. 选举

人大以合法多数有效的表决方式选举有关人员担任国家机构重要职务的活动，是人大行使选举任免权的一种重要形式。

需要注意的是，选举与任命有区别，具体来说，就是选举权属于各级人民代表大会；其中，法定人数以上的人大代表联名可

245

以提出部分职务的候选人，人大代表对候选人可以投赞成票或反对票或弃权票，投反对票的还可以另选他人。任命权属于人大常委会，表决人不能提出人选，表决人只能在赞成、反对、弃权三种态度中选择一种，不能另外选举他人。

2. 决定人选

根据法定的提请人的提名，决定某一国家机构的重要组成人员的人选，是人大行使选举任免权的一种形式。

3. 决定代理

在人大会议闭会期间，由人民代表大会选举产生的国家机构正职领导人员因故出缺，可由本级人大常委会在其副职领导人员中推选或者决定一人代理出缺的职务。

4. 决定任免

根据法定的提请人提请，作出任命有关人员担任一定职务或者免去有关人员所担任的职务的决定。

5. 任免

依据法定的提请人的提名，任免有关人员担任或者免去其职务。

6. 推选

从一定的人选中推荐选择一人担任某一国家机构的重要代理职务。根据宪法和有关法律的规定，作为国家权力机关行使任免权的一种形式，推选主要有3种情况：（1）人大常委会从其副职负责人中，推举一人代正职负责人履行职责。这是人大常委会在特殊情况下行使的一项权力。全国人大常委会委员长因为健康情况不能工作或者缺位的时候，由全国人大常委会在副委员长中推选一人代理委员长的职务，直到委员长恢复健康或者全国人大选出新的委员长为止；县级以上地方各级人大常委会主任因健康情况不能工作或者缺位的时候，由本级人大常委会从副主任中推选一人代理主任职务，直到主任恢复健康或者人大选出新的主任为止。（2）县级以上各级人大会议主席团推选主席团常务主席，全国人大会议主席团推选主席团成员若干人分别担任每次大会全体会议的执行主席。（3）全国人大每次会议举行前，各代表团分别推选代表团团长、副团长。

7. 通过人选

即以表决形式通过法定的提请人提出的担任国家机构职务的人选。

8. 罢免

即以提出罢免案的形式免去有关人员所担任的国家机构的职务。罢免案必须由法定的特定的国家机构和人员按照法定程序提出，并经表决通过，方可生效。

9. 补选

在两届国家机构之间国家机构组成人员因死亡、被罢免、辞职等原因出现空缺而对缺额进行的补充选举。由选举产生的国家工作人员缺位的，原选举机关可以进行补充选举。由于补选只是个别情况，为了简化补选工作，提高工作效率，地方组织法规定，补选可以等额选举，也可以差额选举，选举的程序和方式也可以适当简化。例如，代表是否可以联合提名候选人，如果提出的候选人过多是否需要预选等，都可以由本级人大决定。但补选应当无记名投票，不能采用举手表决或者电子表决器表决的方式。因为，举手表决和电子表决器表决，都不能另选他人。所以，无记名投票是选举与任命和决定人选的重要区别。补选时，候选人必须获得全体代表的过半数选票才能当选，不能以得票多的当选。

10. 补充任命

即对人大专门委员会个别职务人选的任命。

11. 批准任免

人大常委会根据本级人民检察院检察长的提请，对下一级检察机关正职领导人员的选举、罢免、免职和接受辞职作出批准或者不批准的决定。全国人大常委会批准省、自治区、直辖市的人民检察院检察长的任免。设区的市、自治州、县级以上人大常委会根据本级人民检察院检察长的提请，批准下一级人民检察院检察长的任免。

12. 接受辞职

根据国家机构组成人员的请求，接受其辞去所担任的职务。辞职是一件十分严肃的事情，国家机构领导人员提出辞职应当以书面的形式，一般不宜采用口头形式。为保证国家政权的正常运转，辞职须经本级人大或其常委会决定是否予以接受。辞职被接受的，提出辞职的人员才能离职，辞职如果没有被接受，提出辞职的人员必须继续担任原职务。

13. 撤销职务

根据批准人的批准撤销某些国家机构组成人员所担任的职务，是一种处分性质的免除职务形式。需要注意的是，这里的撤职处分，不同于监察法和公职人员政务处分法上作为"政务处分"种类之一的撤职。公职人员政务处分法第五十条规定，监察机关对经各级人大、县级以上各级人大常委会选举或者决定任命的公职人员予以撤职、开除的，应当先依法罢免、撤销或者免去其职务，再依法作出政务处分决定；监察机关对各级人大代表给予政务处分的，应当向有关的人大常委会，乡、民族乡、镇的人大主席团通报。

第二节　全国人大及其常委会选举任免制度

根据宪法和全国人大组织法、全国人大议事规则、监察法等法律的规定，人大及其常委会分别选举和决定任免国家机构组成人员，包括选举、任命、决定代理、免职、接受辞职、撤职、罢免等多种形式。这里，着重以新修改的全国人大组织法和全国人大议事规则的规定来介绍中央层面的重要人事任免制度。

一、全国人大选举、任命和罢免国家机构组成人员制度

根据宪法和全国人大组织法、监察法、全国人大议事规则等法律的规定，包括以下几种情况。

（一）关于选举

由全国人民代表大会选举产生的国家机构组成人员包括：全国人大常委会委员长、副委员长、秘书长、委员，国家主席、副主席，中央军事委员会主席，国家监察委员会主任，最高人民法院院长，最高人民检察院检察长。

（二）关于决定任命

由全国人民代表大会决定任命的国家机构组成人员包括：根据国家主席的提名，决定国务院总理的人选；根据国务院总理的提名，决定国务院副总理、国务委员、各部部长、各委员会主任、审计长、秘书长的人选；根据中央军事委员会主席的提名，

决定中央军事委员会其他组成人员的人选；根据主席团提名，决定全国人大各专门委员会主任委员、副主任委员和委员人选。

（三）关于补选

国家主席、副主席都缺位时，由大会补选。补选前，由全国人大常委会委员长暂时代理主席职务。

（四）关于罢免

全国人大有权罢免由其选举和决定任命的国家机构组成人员。依照法律规定，全国人大三个以上代表团或十分之一以上代表联名，有权提出罢免全国人大常委会组成人员、国家主席和副主席、国务院组成人员、中央军委组成人员、国家监察委员会主任、最高人民法院院长和最高人民检察院检察长的议案。

（五）关于辞职

全国人大议事规则对由全国人大选举或者决定任命的国家机构组成人员的辞职作了规定。在全国人大会议期间，全国人大常委会组成人员，国家主席、副主席，国务院的组成人员，中央军事委员会的组成人员，国家监察委员会主任，最高人民法院院长，最高人民检察院检察长，全国人大专门委员会成员提出辞职的，由主席团将其辞职请求提交各代表团审议后，提请大会全体会议决定。

二、全国人大选举和决定任命通过人选程序

在全国人大会议期间，全国人大选举和决定任命通过国家机构人选程序包括以下方面。

（一）通过有关选举任命办法等规范性文件

依照宪法和全国人大组织法、全国人大议事规则的规定，全

国人大由主席团审议同意并提交全体会议通过两个法律性文件，即本次大会选举和决定任命办法和通过各专门委员会组成人员人选办法。而且，这两个办法一经代表大会全体会议通过，即具有法律效力，不得变通，更不能随意更改。（1）选举和决定任命办法将选举和决定任命的任务、选举对象、决定任命对象及其人选的提名、选举名额、等额选举或差额选举、填写票规定、投票方式、计票方式、监票人和总监票人的提出、选举和决定任命公布等作出较详尽的规定。（2）通过各专门委员会组成人员人选办法则对各专门委员会的主任委员、副主任委员和委员的提名、表决方式等作出规定。

（二）选举和决定任命

全国人大一次会议一般分别安排三次全体会议进行选举和决定任命：第一次全体会议选举全国人大常委会委员长、副委员长、秘书长和委员，选举国家主席、副主席，选举中央军事委员会主席，选举国家监察委员会主任；第二次全体会议根据国家主席提名决定国务院总理人选，根据中央军委主席提名决定中央军事委员会副主席、委员人选，选举最高人民法院院长，选举最高人民检察院检察长；第三次全体会议根据国务院总理的提名决定国务院副总理、国务委员、各部部长、各委员会主任、审计长、秘书长的人选。

根据有关规定，全国人大进行选举时，初步候选人名单都是大会主席团根据中共中央的推荐提出的，因此，经代表讨论、酝酿后，由主席团将全部候选人直接列入正式候选人名单。这是因为，中国共产党是执政党，是国家的领导力量。坚持党的领导的一个重要方面，就是必须坚持党管干部，即党要培养、选拔并向国家机构推荐重要干部，从而保证党的路线、方针、政策能够通过这些干部得到贯彻实施。由主席团提名推荐候选人，代表不进行联名推荐候选人。全国人大进行选举时，采用无记名投票方式进行。

（三）公布选举和决定人选结果

不论无记名投票选举还是决定人选的表决，均以全体代表过半数赞成为通过，当场以得票多少为顺序公布。

（四）公告

将选举决定任命通过人选结果向社会公告。最新修改的全国人大议事规则在总结实践经验基础上，增加规定：（1）全国人大选举产生的全国人大常委会委员长、副委员长、秘书长、委员，国家主席、副主席，中央军委主席，国家监察委员会主任，最高人民法院院长，最高人民检察院检察长，决定任命的中央军委副主席、委员，通过的全国人大专门委员会成员，以全国人大公告予以公布。（2）全国人大决定任命的国务院总理、副总理、国务委员、各部部长、各委员会主任、中国人民银行行长、审计长、秘书长，由国家主席根据全国人大的决定，签署主席令予以公布。

这里，以十三届全国人大一次会议选举和决定任命的具体情况略作说明。（1）由大会主席团公告。习近平当选国家主席、中央军委主席，王岐山当选国家副主席，栗战书当选全国人大常委会委员长、王晨等当选全国人大常委会副委员长、杨振武当选全国人大常委会秘书长，决定许其亮、张又侠为中央军委副主席，杨晓渡当选国家监察委员会主任，周强当选最高人民法院院长，张军当选最高人民检察院检察长等，都是由大会主席团分别公告的。（2）由国家主席公告。比如，2018 年 3 月 18 日，十三届全国人大一次会议上，决定任命李克强为国务院总理，决定任命韩正为国务院副总理等，就是由国家主席习近平签署主席令公布的。

三、全国人大常委会任免制度

（一）关于辞职

大会闭会期间提出辞职的，由委员长会议将其辞职请求提请全国人大常委会审议决定。实践中，全国人大常委会曾接受国务院总理辞职并决定代理总理人选。1987 年 11 月 24 日，六届全国人大常委会第二十三次会议作出决定，同意赵紫阳辞去国务院总理职务，报请七届全国人大一次会议确认；同意国务院总理赵紫阳建议，在七届全国人大一次会议决定国务院总理人选前，由副总理李鹏任国务院代总理，行使总理职权，领导国务院的工作。

这分为两种情况：

1. 全国人大常委会接受全国人大常委会委员长、副委员长、秘书长，国家主席、副主席，国务院总理、副总理、国务委员，中央军事委员会主席，国家监察委员会主任，最高人民法院院长，最高人民检察院检察长辞职的，应当报请全国人大下次会议确认。

2. 全国人大常委会接受全国人大常委会委员辞职的，应当向全国人大报告。

（二）关于决定代理人选

1989 年制定全国人大议事规则时，就首次明确了常委会接受辞职、决定代理人选的职权。按照现行法律规定，在全国人大闭会期间，国务院总理、中央军事委员会主席、国家监察委员会主任、最高人民法院院长、最高人民检察院检察长缺位的，全国人大常委会可以分别在国务院副总理、中央军事委员会副主席、国家监察委员会副主任、最高人民法院副院长、最高人民检察院副检察长中决定代理人选。

（三）关于任免

在全国人大闭会期间，全国人大常委会行使人事任免权。具体来说，全国人大常委会行使任免权的范围包括：

1. 根据国务院总理的提名，可以决定国务院其他组成人员的任免。就是说，在以往规定的基础上，总结实践经验，增加了任免国务院副总理和国务委员。

2. 根据中央军事委员会主席的提名，可以决定中央军事委员会其他组成人员的任免。所任免的人员中实际上增加了中央军事委员会副主席。

3. 根据国家监察委员会主任的提请，任免国家监察委员会副主任、委员。

4. 根据最高人民法院院长的提请，任免最高人民法院副院长、庭长、副庭长、审判员、审判委员会委员和军事法院院长。

5. 根据最高人民检察院检察长的提请，任免最高人民检察院副检察长、检察员、检察委员会委员和军事检察院检察长，并且批准省、自治区、直辖市的人民检察院检察长的任免。

6. 决定驻外全权代表的任免。

7. 决定全国人大专门委员会个别副主任委员和部分委员，全国人大常委会代表资格审查委员会主任委员、副主任委员和委员，全国人大常委会副秘书长和各工作委员会主任、副主任的任免。

（四）关于撤职

以往，宪法和有关法律都没有对由全国人大及其常委会选举或者决定任命的国家机构组成人员的撤职作出明确规定。实践中，全国人大常委会曾撤销中央军委副主席、国务委员、国务院秘书长职务。1989年6月30日，七届全国人大常委会第八次会议根据中央军委主席邓小平的提请，决定撤销赵紫阳的中央军委副主席职务。2018 年 2 月，十二届全国人大常委会第三十三次会议根据常委会委员长会议的提请，作出关于撤销杨晶同志的国务委员、国务院秘书长职务的决定。总结经验，最新修改的全国人大组织法增加规定，在全国人大闭会期间，一是全国人大常委会根据委员长会议、国务院总理的提请，可以决定撤销国务院其他个别组成人员的职务；二是根据中央军事委员会主席的提请，可以决定撤销中央军事委员会其他个别组成人员的职务。

需要说明的是，现行法律没有关于全国人大差额选举的明确规定。实践中，从 1988 年七届全国人大一次会议开始，每届全国人大换届选举全国人大常委会委员时，都实行差额选举，差额比例为 5%，即大会主席团提名的常委会委员的人选应当比应选名额多 5%。七、八、九届全国人大一次会议应选全国人大常委会组成人员 155 名，其中应选常委会委员 130 多名，大会主席团提名的委员候选人比应选人数多 7 名；七届常委会组成人员 155人，其中应选委员 135 人，差额 9 人，差额比例为 6.6%。十届全国人大一次会议应选全国人大常委会组成人员 175 名，其中应选常委会委员 150 多名，大会主席团提名的委员候选人比应选人数多 8 名。十一届全国人大一次会议差额比例提高为 7%，差额12 名。全国人大选举其他国家机构组成人员均不实行差额选举。

第三节　地方人大及其常委会选举任免制度

根据宪法和监察法、地方组织法等有关法律的规定，地方各级人民代表大会及其常委会选举和任免的方式有以下几类。

一、地方人大选举制度

地方人大选举有关国家机构组成人员，是指以民主方式推荐候选人，选举人按自己的意志有选择地进行投票决定当选人。地方各级人大选举国家机构组成人员，其人选由本级人大主席团或者代表依法联合提名。选举可另选他人。通过选举产生的均是地方各级国家机构的主要领导人员。

（一）县级以上地方各级人大选举产生国家机构组成人员

1. 本级人大常委会组成人员，包括本级人大常委会主任、副主任、委员、秘书长。县级人大常委会不设秘书长。

2. 本级人民政府领导人员，包括省长、副省长，自治区主席、副主席，市长、副市长，州长、副州长，县长、副县长，区长、副区长。

3. 本级监察委员会主任。

4. 本级人民法院院长。

5. 本级人民检察院检察长。但是，选出的人民检察院检察长，须报经上一级人民检察院检察长提请该级人大常委会批准。

这里需要说明两点：一是县级以上人大主席团成员、大会秘书长也是选举产生，由每次大会的预备会议选举。二是不得兼职的情形。宪法第一百零三条第三款明确规定：县级以上的地方各级人大常委会组成人员不得担任国家行政机关、监察机关、审判机关和检察机关的职务。

（二）乡级人大的选举

乡级人大的选举范围有：

1. 乡级人民代表大会主席、副主席，乡级人大主席团成员。

2. 乡、民族乡、镇的乡长、镇长，副乡长、副镇长。

（三）补选

补选是指在选举产生的人员因死亡、被罢免、辞职等原因出缺时而进行的补充选举。补选只是个别情况，可以等额选举，也可以差额选举，其选举办法由本级人民代表大会决定。补选应采用无记名投票方式。

需要注意的是，换届选举时，没有选满的名额和增加的政府领导职数，不能采用补选方式，而应采取选举方式。

（四）接受辞职

地方各级人民代表大会可以接受本级人大选举的国家机构组成人员辞去有关职务的请求。县级以上人大常委会组成人员、专门委员会组成人员、人民政府领导人员、监察委员会主任、人民法院院长、人民检察院检察长，可以向本级人大提出辞职，由大会决定是否接受辞职。

（五）撤职

这是地方人大常委会的一项职权，由法定机关或者其人员提出，由本级人大常委会解除领导人员职务。关于撤职的人员范围，已如前述。

（六）罢免

这是地方各级人大的一项重要职权。而各级人大常委会均不享有罢免权。前述由人大选举产生的国家机关领导人员，都是可以由本级人大予以罢免的。

二、地方人大选举程序

（一）制定选举办法

地方各级人民代表大会会议在进行选举之前，都需要依据选举法、地方组织法，制定选举和通过人选办法（以下简称选举办法）。选举办法须经本次人大会议审议通过。它是指导和规范大会选举活动，保障人大代表民主权利的重要文件，须先通过后施行。

由于地方人民代表大会每次会议的选举任务、对象不同，因而制定的选举办法的内容也不完全相同。地方人民代表大会第一次全体会议，选举办法应包括以下内容：（1）选举办法的制定依据，确定对选举工作的组织领导；（2）会议选举的国家机关领导人职务，实行等额或者差额选举；（3）各项职务的应选人数和差额数；（4）各项职务候选人的产生办法；（5）各项选举的表决方式；（6）印制选票和选举次数；（7）选举活动和投票活动；（8）总监票人、监票人以及计票人；（9）监票、计票办法；（10）宣布选举结果。

（二）提出候选人

按照法律规定，候选人提名主要有两种方式：一是本级人民代表大会主席团提名候选人。二是由代表联名提出。地方组织法第二十六条规定，省、自治区、直辖市的人大代表三十人以上书面联名，设区的市和自治州的人大代表二十人以上书面联名，县级的人大代表十人以上书面联名，可以提出本级人大常委会组成人员，人民政府领导人员，监察委员会主任，人民法院院长，人民检察院检察长的候选人。乡、民族乡、镇的人大代表十人以上书面联名，可以提出本级人民代表大会主席、副主席，人民政府领导人员的候选人。具体来说，提名候选人的方式如下。

1. 本级人大主席团提名

县级以上的地方各级人大常委会的组成人员，乡、民族乡、镇的人大主席、副主席，省长、副省长，自治区主席、副主席，市长、副市长，州长、副州长，县长、副县长，区长、副区长，乡长、副乡长，镇长、副镇长，监察委员会主任，人民法院院长，人民检察院检察长的人选，由本级人大主席团提名。

2. 代表联合提名

代表可以依照法律规定的数量联名提出上述候选人。法律还规定，大会主席团提名的候选人人数、每一代表与其他代表联合提名的候选人人数均不得超过应选名额。

3. 酝酿、讨论候选人

主席团和代表联名提出的候选人，由主席团汇总后印发全体代表进行讨论、酝酿，根据讨论、酝酿情况确定正式候选人。（1）代表的讨论酝酿。不论是主席团提名的候选人，还是代表联合提名的候选人，都是初步候选人，不能直接成为正式候选人。为了使代表对候选人有较充分的了解，避免投票的盲目性，保证选举的民主性，初步候选人名单必须提交全体代表进行讨论、酝酿。代表的讨论、酝酿，通常采取代表小组会议或者代表全体会议的形式。代表讨论、酝酿候选人时，如果要求提名人进一步介绍候选人的情况，提名人应当如实介绍。在进行酝酿、讨论时，大会主席团应做好候选人的介绍工作。提名人对候选人的介绍应当实事求是，如实介绍，不得弄虚作假。不论是大会主席团提出的人选，还是代表联名提出的人选，在介绍内容和形式上都应一视同仁。县级以上的地方各级人民代表大会换届选举本级国家机关领导人员时，提名、酝酿候选人的时间不得少于两天。（2）正式候选人的差额比例。县级以上地方各级人大选举国家机关领导人员实行差额选举办法。差额选举，即候选人数应当多于应选人数，是我国选举的一个重要原则，是党的十一届三中全会以后为发展社会主义民主所采取的一个重要举措。差额选举既适用于人大代表选举，又适用于国家机关领导人员的选举。人大常委会主任、秘书长，乡、民族乡、镇的人大主席，人民政府正职领导人员，人民法院院长，人民检察院检察长的候选人数一般应多一人，进行差额选举；如果提名的候选人只有一人，也可以等额选举。人大常委会副主任，乡、民族乡、镇的人大副主席，人民政府副职领导人员的候选人数应比应选人数多一人至三人，人大常委会委员的候选人数应比应选人数多十分之一至五分之一，由本级人大根据应选人数在选举办法中规定具体差额数，进行差额选举。如果提名的候选人数符合选举办法规定的差额数，由主席团提交代表酝酿、讨论后，进行选举。如果提名的候选人数超过选举办法规定的差额数，由主席团提交代表酝酿、讨论后，进行预选，根据在预选中得票多少的顺序，按照选举办法规定的差额数，确定正式候选人名单，进行选举。

4. 确定正式候选人名单

根据地方组织法规定，地方人大进行选举时，初步候选人名单经过代表讨论、酝酿后，确定正式候选人名单有两种办法：一是如果主席团和代表联合提名推荐的候选人数符合选举办法规定的差额数，由主席团将所有候选人全部列入正式候选人名单。二是如果主席团和代表联合提名推荐的候选人数超过选举办法规定的差额数，由主席团组织预选，根据在预选中得票多少的顺序，按照选举办法规定的差额数，确定正式候选人名单。

5. 投票选举

正式候选人名单确定后，由主席团提交代表投票选举。投票选举采取召开全体会议的形式进行。（1）推选监票人、计票人。各级人大召开大会全体会议进行投票选举前，需先推荐产生总监票人、监票人和计票人。总监票人、监票人、计票人由主席团提名，交各代表团讨论、酝酿。各代表团没有表示异议的，即由主席团在大会全体会议上予以宣布。总监票人、监票人通常由代表担任，计票人通常由大会工作人员担任。监票人的职责是监督整个投票、计票过程，确认整个投票是否有效，对选票是否有效作出裁决，向主席团报告投票情况和计票结果等。计票人的职责是发放选票、统计收回选票数量、统计候选人得票数等。（2）投票方式。地方各级人民代表大会选举本级国家机关领导人员，一律采用无记名投票方式。所谓无记名投票，是指投票人通过选票表明对候选人的态度，但不在选票上注明投票人姓名的一种选举方式。代表投票选举时，对正式候选人名单上的候选人，可以投赞成票，可以投反对票，也可以另选其他任何代表或者选民，也可以弃权。

6. 确定当选的法定票数

各级人大选举，均需获得全体代表过半数选票始得当选。这里的"全体代表"，不是指法定的代表名额，而是指实有代表名额，既包括因请假、依法被暂停履行代表职务等未参加会议的代表数量，也包括参加会议但未参加投票的代表。也就是说，在各级人大选举中，是实行绝对多数当选原则，而不是以到会代表的简单多数当选。如果投票结果出现获得过半数的候选人数超过应选名额，则以得票多的候选人当选。

7. 公布选举结果

投票结束后，应当场清点票数并公布清点结果。收回的选票等于或少于发出的选票则选举有效，收回的选票多于发出的选票则选举无效，应重新进行选举。计票结束，大会主席团向全体代表正式宣布选举结果，并书面公布。

（三）省、自治区、直辖市和自治州、设区的市人大通过有关人选的程序

根据地方组织法的规定，省、自治区、直辖市、自治州、设

区的市和县级人大可以根据需要设立若干专门委员会，各专门委员会的主任委员、副主任委员和委员人选，应由大会主席团在本级人大代表中提名，人民代表大会会议通过。上述人选可以根据需要，按照各专门委员会设置的职数，等额提出，由同级人大采取按表决器或举手等方式表决，获得全体代表过半数赞成的始得通过。

如果人选未获通过，不能在同一次会议上再次进行表决，可依法另提人选提交大会表决，或交由常委会依法任免，也可待下一次人大会议时决定通过。每次表决结果均由大会主席团公布。

（四）地方人大罢免有关人员职务程序

1. 提出罢免案

县级以上地方各级人民代表大会主席团、常委会或者十分之一以上代表联名，有权提出对本级人大常委会组成人员、人民政府组成人员、监察委员会主任、人民法院院长、人民检察院检察长的罢免案。乡（镇）人民代表大会主席团或者五分之一以上代表联名，有权提出对人民代表大会主席和副主席、乡（镇）长和副乡（镇）长的罢免案。罢免案必须写明罢免理由。

2. 被提出罢免人员可以依法提出申辩意见

提出罢免的人员有权在主席团会议上或者代表大会上发表申辩意见，也可以提出书面申辩意见。在主席团会议上发表的申辩意见或者书面意见由主席团印发会议。

3. 罢免案由主席团提交大会审议

凡是符合法律规定提出的罢免案，都由本级大会主席团提交大会审议。主席团无权驳回议案，但是主席团可以根据具体情况提议组织特定问题调查委员会先对该项罢免案进行调查，将罢免案及主席团提议一并交大会审议。

4. 大会审议

以人大各代表团为单位，对罢免案、被提出罢免人员的申辩和主席团的提议进行认真的审议。审议的内容包括：（1）罢免理由是否充分；（2）有否必要再进行调查；（3）被提出罢免人员的申辩是否成立等。各代表团可以根据审议结果，提出罢免案是否需要再补充说明理由、是否成立特定问题调查委员会或者是否同意罢免案直接提交大会表决的意见。由主席团根据多数代表团的意见，作出提交大会表决的决定或提出成立特定问题调查委员会对罢免案进行调查后，下一次代表大会再表决的决定草案。

5. 大会表决

人民代表大会全体会议对罢免案或主席团关于组织特定问题调查委员会的决定草案进行表决，以全体代表的过半数同意为通过。大会表决可以采用无记名投票、按表决器等形式进行。表决结果具有法律效力。

6. 公告

罢免案通过后，由本级人民代表大会主席团公告。

（五）人大接受辞职程序

人大接受辞职的程序包括以下内容：

1. 由本人提出辞呈

凡是由本级人民代表大会选举、决定、任命的职务，担任该职务人员均可以向本级人民代表大会提出书面辞呈，由主席团印发会议审议。

2. 大会审议

各代表团对辞职者提出的辞呈和主席团提交大会审议的关于接受本人辞职的决定草案进行审议，提出是否接受该项辞职。

3. 大会表决

代表大会采用按表决器、举手等形式对该项辞职案进行表决，以全体代表的过半数同意为通过。

4. 公告

辞职被接受以后，由大会主席团公告接受辞职的决定。

三、地方人大常委会任免制度

这就是在本级人大闭会期间，人大常委会的任命和免职等的有关规定。

（一）任命和免职

在法律规定中有"任免""决定任免""决定人选"等不同的提法。

1. 在本级人大闭会期间，决定政府副职领导人员的个别任免。

2. 根据政府正职领导人员的提名，决定本级政府秘书长和政府各组成部门正职领导人员的任免，报上一级政府备案。

3. 由本级监察委员会主任提请任免监察委员会副主任和委员。

4. 任免本级人民法院副院长、庭长、副庭长、审判委员会委员、审判员；省、自治区、直辖市人大常委会根据主任会议的提名，决定在省、自治区内按地区设立的和在直辖市内设立的中级人民法院院长的任免。

5. 任免本级人民检察院副检察长、检察委员会委员、检察员；批准任免下一级人民检察院检察长；根据省、自治区、直辖市人民检察院检察长的提名，决定人民检察院分院检察长的任免。

（二）决定代理

在国家机构正职领导人员因故不能履行职务时，本级人大常委会从副职中决定代行职务的人选。

（三）接受辞职

可以向本级人大常委会提出辞职，由常委会决定是否接受辞职。决定接受人民检察院检察长的辞职，须报经上一级人民检察院检察长提请该级人大常委会批准。乡级人大主席、副主席，乡长、副乡长，镇长、副镇长，可以向本级人大提出辞职，由大会决定是否接受辞职。

（四）撤职

这是地方人大常委会的一项职权，由法定机关或者其人员提出，由本级人大常委会解除领导人员职务。

在人大闭会期间，决定撤销本级政府个别副职领导人员的职务；决定撤销由它任命的本级政府其他组成人员和人民法院院长以外的其他审判人员，除人民检察院检察长以外的其他检察人员，中级人民法院院长、人民检察院分院检察长的职务。

（五）罢免个别代表

在人大闭会期间，罢免由本级人大选举的个别上一级人大代表。

四、地方人大常委会人事任免程序

（一）任免案的提出和列入议程

1. 任免案的提出

依照法律规定，本级人大常委会主任会议提名任免本机关办事机构领导人员职务，省、自治州、直辖市及设区的市人大常委会主任会议提名任免本级人大专门委员会个别副主任委员和部分委员，省、自治区、直辖市人大常委会主任会议提名任免地区中级人民法院院长。同级人民政府、监察委员会、人民法院、人民检察院正职领导人分别提名任免个别副省、市、县（区）长和政府组成人员及法律规定由人大常委会任免的公职人员。上述提名必须由提名机关向人大常委会报送正式提请报告和拟任人员简历、表现材料，担任领导职务人员还应附能够说明情况的考核材料及任职理由。

2. 初审

人事任免案一般先由人大常委会办事机构受理，提交有关专门委员会（工作委员会）或其他有关办事机构进行初审。初审的内容主要包括：拟任免职务是否符合法律规定和人大常委会的要求，是否符合任免职条件，材料是否完备，手续是否齐全等。发现问题可及时与提请机关沟通、磋商。当初审机关与提名机关意见不一致时，可将双方意见一并报告主任会议。

3. 列入议程

任免案由同级人大常委会主任会议在听取工作部门初审汇报后，决定是否列入常委会会议议程。

（二）常委会会议审议

常委会审议人事任免案分大会审议和小组会审议两种方式。全体会议审议即提出任免案。从各地的做法来看，主要有以下形式。

1. 由提请机关领导作提请任免案的说明，介绍拟任免人员情况，说明任免职理由等。

2. 由初审机关报告初审意见。

3. 由拟任命较重要职务人员到会与常委会组成人员见面，或作简短供职发言。有的地方人大常委会实行由拟任领导职务的人员在常委会全体会议上作供职发言，内容包括任期内主要工作目标，实现上述目标的主要措施、办法及达到的效果，供职发言还应有简短的表态内容。小组审议是人事任免程序的重要环节之一，在大会介绍情况的基础上由常委会组成人员在小组会议上逐人逐项审议。提请机关应派人到会听取审议意见，回答询问等。

4. 表决。

任免案一般采用按表决器或无记名投票方式表决。经常委会会议同意，有的也可以采用举手表决方式。常委会组成人员可以表示赞成、反对或者弃权，但不能另提他人。表决结果具有法律效力。

5. 公布。

表决结果由常委会向社会公布。

6. 颁布任命书。

人大常委会在换届之后，可召开颁发任命书大会，向政府组成人员和"一委两院"领导人颁发任命书。会上，由人大常委会主任、政府领导人和被任命人员代表发言，有的还请同级党委主要负责人讲话。常委会会议对其任命的担任领导职务人员，通过后在常委会全体会议上当场颁发任命书。

此外，地方人大常委会撤销职务、接受辞职、决定代理的程序，与任免程序大体相似。这里从略。

/ 第七章 /

人大立法制度

立法制度是人民代表大会制度的重要组成部分。立法是国家的重要政治活动，立法工作关系党和国家事业发展大局。1982 年宪法确立了我国立法制度。2018 年 3 月十三届全国人大一次会议通过宪法修正案，进一步对立法制度作了补充和完善。改革开放以来，特别是党的十八大以来，在党中央坚强领导下，全国人大及其常委会制定或修改一系列有关法律，不断完善和发展立法制度，为新时代依法开展立法工作，促进立法工作快速健康发展，坚持和完善中国特色社会主义制度，推进国家治理体系和治理能力现代化，建设社会主义现代化国家，提供了有力法律保障。

需要特别指出的是，进入新时代，习近平总书记高度重视全面依法治国，亲自谋划、亲自部署、亲自推动，党和国家以前所未有的决心和力度推进全面依法治国，推动法治中国建设取得历史性成就、发生历史性变革。他在多个重要场合就推进全面依法治国发表一系列重要讲话、作出一系列重要指示，提出全面依法治国的一系列新理念新思想新战略，形成了习近平法治思想。这一思想内涵丰富、科学系统，为建设法治中国指明了前进方向。特别是，他就立法工作发表一系列重要讲话、作出一系列重要指示、提出一系列新理念新思想新要求，构成习近平法治思想的重要内容，是新时代指导立法工作、推动立法实践的方向引领和理论支撑。

第一节　我国立法体制及其发展完善

根据现行宪法的规定和精神，全国人大及其常委会先后制定或者修改全国人大组织法、地方组织法、全国人大议事规则、全国人大常委会议事规则等法律，对立法权限的划分、立法程序等作了规定。2000 年，九届全国人大三次会议通过的立法法，是关于国家立法制度的重要法律，被称为"管法的法"，对立法活动作出全面规范。2015 年 3 月，十二届全国人大三次会议对立法法作出重要修改。2018 年 3 月，十三届全国人大一次会议通过宪法修正案，进一步对立法制度作了补充和完善。2022 年 10 月，十三届全国人大常委会再次启动对立法法的修改，对立法法（修正草案）进行初审。2023 年 3 月 13 日，十四届全国人大一次会议审议通过关于修改立法法的决定。这是对立法法的第二次修改。

一、关于立法权限划分

立法体制是立法制度的核心内容。新中国成立特别是改革开放 40 多年来，我国立法体制不断发展完善。1954 年宪法规定，全国人大是行使国家立法权的唯一机关，有权修改宪法、制定法律；全国人大常委会有权解释法律、制定法令；国家主席公布法律和法令。国务院根据宪法、法律和法令，规定行政措施，发布决议和命令。在地方，只有民族自治地方有权制定自治条例、单行条例，一般地方不享有法规制定权。1982 年宪法对立法体制作了修改完善。

（一）关于全国人大立法权限

现行宪法和立法法对全国人大的立法权限作了明确规定。主要包括：

1. 修改宪法。

2. 制定和修改刑事、民事、国家机构的和其他的基本法律。实践中，基本法律的范围包括刑事的基本法律、民事的基本法律、国家机构的基本法律和其他的基本法律。

3. 关于全国人大制定非基本法律。根据宪法第六十二条规定，全国人大可以行使"应当由最高国家权力机关行使的其他职权"的规定，它不仅可以制定基本法律，也可以制定非基本法律。

4. 改变或者撤销全国人大常委会制定的不适当的法律；撤销全国人大常委会批准的违背法律、行政法规的基本原则，违背宪法和民族区域自治法的规定，违背其他有关法律、行政法规专门就民族自治地方所作的规定的自治条例和单行条例。

5. 全国人大可以授权全国人大常委会制定相关法律。

（二）关于全国人大及其常委会专属立法权

现行宪法第五十八条规定，全国人大和全国人大常委会行使国家立法权，但是，并没有对其专属立法权限作出明确规定。立法法则进一步对全国人大及其常委会的专属立法权限作了规定。其中，第十一条规定了 11 个只能由全国人大及其常委会立法的事项。具体包括：（1）国家主权的事项；（2）各级人民代表大会、人民政府、监察委员会、人民法院和人民检察院的产生、组织和职权；（3）民族区域自治制度、特别行政区制度、基层群众自治制度；（4）犯罪和刑罚；（5）对公民政治权利的剥夺、限制人身自由的强制措施和处罚；（6）税种的设立、税率的确定和税收征收管理等税收基本制度；（7）对非国有财产的征收、征用；（8）民事基本制度；（9）基本经济制度以及财政、海关、金融和外贸的基本制度；（10）诉讼制度和仲裁基本制度；（11）必须由全国人大及其常委会制定法律的其他事项。上述这些事项，其他机关非经授权都没有权力立法。

（三）关于全国人大常委会立法权限

全国人大常委会立法权限有个发展变化的过程。1982 年宪法颁布施行前，国家立法权为全国人大所专有。不过，之后的实践证明不能适应我国现实社会的需要。因此，1955 年一届全国人大二次会议通过关于授权全国人大常委会制定单行法规的决议，决定授权全国人大常委会在全国人大闭会期间，"依照宪法的精神，根据实际的需要，适时地制定部分性质的法律，即单行法规。"这使全国人大常委会有了立法权。1959 年二届全国人大一次会议通过决议，"授权常务委员会，在全国人民代表大会闭会期间，根据情况的发展和工作的需要，对现行法律中一些已经不适用的条文，适时加以修改，作出新的规定。"这就赋予全国人大常委会在全国人大闭会期间，对全国人大制定的法律的修改权。1982年宪法明确规定，全国人大常委会有权解释宪法；制定和修改除应当由全国人大制定的法律以外的其他法律；在全国人大闭会期间，对全国人大制定的法律进行部分补充和修改，但是不得同该法律的基本原则相抵触。这一基本划分一直延续下来。根据最新修改的立法法，全国人大常委会可以依全国人大的授权，制定相关法律。

（四）国务院的立法权限

1982 年宪法明确赋予国务院行政法规制定权。2000 年立法法明确了行政法规的权限范围，规定行政法规可以就为执行法律、国务院行政管理职权方面的事项作出规定。同时规定，应当由全国人大及其常委会制定法律的事项，国务院根据全国人大及其常委会的授权决定先制定的行政法规，经过实践检验，制定法律的条件成熟时，国务院应当及时提请全国人大及其常委会制定法律。2015年修改立法法时，根据新的实践经验，对授权立法规定作了进一步完善。

（五）中央军委的立法权限

立法法附则对军队的立法权限问题，作了原则规定。这就是：中央军事委员会根据宪法和法律，制定军事法规。中央军事委员会各总部、军兵种、军区、中国人民武装警察部队，可以根据法律和中央军事委员会的军事法规、决定、命令，制定军事规章。

军事法规、军事规章在武装力量内部实施。军事法规、军事规章的制定、修改和废止办法，由中央军事委员会依照本法规定的原则规定。

（六）国家监察委员会的立法权限

2018年3月十三届全国人大一次会议通过的宪法修正案，增加"监察委员会"一节共五条，对国家监察委员会和地方各级监察委员会的性质、地位、名称、人员组成、任期任届、领导体制、工作机制等作出规定。这次会议还通过了监察法。此前，贯彻落实党中央对深化国家监察体制改革的重大决策部署，十二届全国人大常委会先后作出在北京市、山西省、浙江省开展国家监察体制改革试点工作和在全国各地推开试点工作的两个决定。

2019年10月，十三届全国人大常委会第十四次会议通过关于国家监察委员会制定监察法规的决定，规定国家监察委员会根据宪法和法律，制定监察法规；明确监察法规权限范围。这是我国立法体制的又一次重大变动，为保障国家监察委员会依法履行最高监察机关职责提高法律支持。

2023 年立法法修改，进一步明确国家监察委员会的监察法规制定权。增加规定："国家监察委员会根据宪法和法律、全国人民代表大会常务委员会的有关决定，制定监察法规，报全国人民代表大会常务委员会备案。"

（七）地方人大及其常委会立法权限

地方人大及其常委会"准立法权"的由来。1979 年地方组织法首次赋予地方人大及其常委会立法权，规定省、自治区、直辖市人大及其常委会可以制定地方性法规。1982 年把这一规定载入宪法，明确省、直辖市人大及其常委会可以制定地方性法规。同步修改的地方组织法补充规定，省、自治区人民政府所在地的市和经国务院批准的较大的市的人大常委会，可以拟订地方性法规草案，提请省、自治区人大常委会审议制定。1986 年修改地方组织法，进一步赋予省会市、较大的市人大及其常委会一定的立法权：省会市和经国务院批准的较大的市的人大及其常委会可以制定地方性法规，报省级人大常委会批准后施行，这被称之为"准立法权"。新中国成立以来特别是改革开放以来，我国确立并不断扩大地方人大及其常委会立法权限。概括起来，主要体现在两个方面。

1. 地方立法主体范围不断扩大、数量不断增多

1982 年宪法规定，省、直辖市人大和常委会可以制定地方性法规。之后，地方组织法作了进一步补充完善。2000 年立法法集中规定了地方立法体制，并对较大的市作出界定，包括 3 个部分：省、自治区的人民政府所在地的市，经济特区所在地的市和

经国务院批准的较大的市。规定较大的市的人大及其常委会可以制定地方性法规，报省、自治区的人大常委会批准后施行。至此，49 个较大的市享有地方立法权。

党的十八届三中全会提出："逐步增加有地方立法权的较大的市数量。"党的十八届四中全会进一步提出："依法赋予设区的市地方立法权。"2015 年修改立法法，赋予所有设区的市地方立法权，明确设区的市人大及其常委会在不同宪法、法律、行政法规和本省、自治区的地方性法规相抵触的前提下，可以对城乡建设与管理、环境保护、历史文化保护等方面的事项制定地方性法规，报省、自治区人大常委会批准后施行。这是我国立法体制的重大发展，使我国设区的市级地方立法主体在原有基础上又新增加了 274 个。需要说明的是，山东省、海南省等的行政区划有调整，设区的市数量有了变化。

2018 年 3 月，十三届全国人大一次会议通过的宪法修正案，增加有关设区的市制定地方性法规的规定，从宪法上予以确认，进一步为设区的市开展地方立法工作提供了宪法依据。

2. 地方立法权限范围不断明确清晰

1979 年地方组织法对省级人大及其常委会制定地方性法规的权限范围规定得比较原则，只规定"根据本行政区域的具体情况和实际需要"。1982 年宪法没有对此作出规定。2000 年立法法对地方性法规的权限范围作出规定，明确地方性法规可以就两类事项作出规定：（1）为执行法律、行政法规的规定，需要根据本行政区域的实际情况作具体规定的事项；（2）属于地方性事务需要制定地方性法规的事项。同时规定，其他事项国家尚未制定法律或者行政法规的，省、自治区、直辖市和较大的市根据本地方的具体情况和实际需要，可以先制定地方性法规。在国家制定的法律或者行政法规生效后，地方性法规同法律或者行政法规相抵触的规定无效，制定机关应当及时予以修改或者废止。2015 年修改立法法，对设区的市（州）立法权限有所收缩。

（八）部门规章和地方政府规章权限得到规范

2000 年立法法规定，国务院各部、委员会、中国人民银行、审计署和具有行政管理职能的直属机构，可以根据法律和国务院的行政法规、决定、命令，在本部门的权限范围内，制定规章。部门规章规定的事项应当属于执行法律或者国务院的行政法规、决定、命令的事项。省、自治区、直辖市和较大的市的人民政府，可以根据法律、行政法规和本省、自治区、直辖市的地方性法规，制定规章。地方政府规章可以就为执行法律、行政法规、地方性法规的规定需要制定规章的事项、属于本行政区域的具体行政管理事项作出规定。

按照党的十八届四中全会要求，为进一步明确规章的制定权限范围，推进依法行政，2015 年修改立法法时，增加规定，制定部门规章，没有法律或者国务院的行政法规、决定、命令的依据，不得设定减损公民、法人和其他组织权利或者增加其义务的规范，不得增加本部门的权力或者减少本部门的法定职责。制定地方政府规章，没有法律、行政法规、地方性法规的依据，不得设定减损公民、法人和其他组织权利或者增加其义务的规范。还规定，应当制定地方性法规但条件尚不成熟的，因行政管理迫切需要，可以先制定地方政府规章。规章实施满两年需要继续实施规章所规定的行政措施的，应当提请本级人大或者常委会制定地方性法规。同时，有权制定地方政府规章的主体相应修改为省、自治区、直辖市和设区的市、自治州的人民政府。

二、授权立法制度

授权立法是立法机关授权有关国家机关依据所授予的立法权进行立法的活动。全国人大授权其常委会立法的有关情况是：1955 年全国人大授权常委会制定单行法律；1959 年授权常委会修改全国人大法律的有关不适用的条文；1981 年授权常委会通过和公布民事诉讼法（试行）。这里，主要是指全国人大及其常委会授权国务院和地方国家机关立法的制度。

（一）关于全国人大及其常委会授权国务院立法制度

1982 年宪法赋予国务院行政法规的立法权。但是，需要法律调整的事项，由于全国人大及其常委会没有及时制定法律，就需要授权国务院先行制定行政法规。

历史上，全国人大及其常委会授权国务院立法的情况是：全国人大及其常委会以专门决定的形式授权国务院立法有过 3 次。分别是：1983 年授权国务院对职工退休退职办法进行部分修改和补充；1984 年授权国务院改革工商税制发布有关税收条例草案试行；1985 年授权国务院在经济体制改革和对外开放方面可以制定暂行的规定或者条例。这 3 次授权，为促进经济建设和改革开放，加快立法步伐，起到了积极作用。

全国人大常委会认为保留授权立法是必要的，同时也应对授权立法进一步予以规范和完善。2000 年立法法对授权立法制度作出规定：（1）全国人大及其常委会有权作出决定，授权国务院可以根据实际需要，对应当由法律规定的部分事项先制定行政法规，但是有关犯罪和刑罚、对公民政治权利的剥夺和限制人身自由的强制措施和处罚、司法制度等事项除外。（2）授权决定应当明确授权的目的、范围。被授权机关应当严格按照授权目的和范围行使该项权力，不得将该项权力转授给其他机关。（3）授权立法事项，经过实践检验，制定法律的条件成熟时，由全国人大及其常委会及时制定法律。法律制定后，相应立法事项的授权终止。

党的十八大以来全国人大常委会授权国务院的新实践。随着全面深化改革的深入推进，实践中出现了一种新情况，需要授权国务院在一定期限内在部分地方暂时调整或者暂时停止适用法律的部分规定。自2012年12月全国人大常委会授权国务院在广东省暂时调整部分法律规定的行政审批的决定开始，截至目前，全国人大常委会已通过授权国务院在上海自由贸易试验区调整有关法律规定的行政审批、北京大兴区等三十三个试点县（市、区）行政区域暂时调整实施有关法律规定、在实施股票发行注册制改革中调整适用证券法有关规定等30多个决定。

党的十八届四中全会提出，实践条件还不成熟、需要先行先试的，要按照法定程序作出授权。2015年修改立法法，进一步完善授权立法制度，明确规定：（1）授权决定应当明确授权的目的、事项、范围、期限以及被授权机关实施授权决定应当遵循的原则等。（2）授权的期限不得超过五年，但是授权决定另有规定的除外。（3）被授权机关应当在授权期限届满的六个月以前，向授权机关报告授权决定实施的情况，并提出是否需要制定有关法律的意见；需要继续授权的，可以提出相关意见，由全国人大及其常委会决定。

（二）全国人大及其常委会授权地方国家机关立法制度

我国授权地方立法，主要是全国人大及其常委会以专门决定或决议的形式授权经济特区立法。具体情况分别是：1981年授权广东省、福建省人大及其常委会制定所属经济特区的各项单行经济法规；1988 年授权海南省人大及其常委会制定法规在海南经济特区实施；1992 年、1994 年、1996 年分别授权深圳市、厦门市、汕头市和珠海市人大及其常委会、人民政府分别制定法规和规章在各自的经济特区实施；2021 年授权上海市人大及其常委会制定浦东新区法规，在浦东新区实施。

2000 年立法法规定，经济特区所在地的省、市的人大及其常委会根据全国人大的授权决定，制定法规，在经济特区范围内实施。

第二节　全国人大及其常委会立法程序

立法程序一般包括法律案的提出、审议、表决和公布四个环节。1987 年全国人大常委会议事规则、1989 年全国人大议事规则均规定了议案的提出和审议，并对法律案的提出、审议、表决等作出了一些特殊的规定。2000 年立法法根据已有的法律规定，在总结实践经验的基础上，对立法程序作出全面系统规定。2015 年、2023 年立法法修改，进一步对立法程序作出完善。

一、向全国人大提出法律案

法律案的提出，是指法定机构或者达到法定人数的代表（或常委会组成人员），依法向全国人大提出法律案，并要求列入会议议程进行审议。

（一）关于向全国人大提出法律案

法律案的提出，是立法程序中的第一个程序。根据立法法的规定，向全国人大提出法律案的主体有两类。

1. 机构

包括：（1）全国人民代表大会主席团。它是大会会议的主持集体，成员来自党政军和工人、农民、知识分子等各方面的代表，具有广泛的代表性，大会主席团有条件集中各方面的意见提出法律案。（2）全国人大常委会、全国人大各专门委员会。全国人大常委会是全国人大的常设机关，全国人大闭会期间，行使国家权力。对需要由全国人大制定的法律，由全国人大常委会先审议并提出法律案。全国人大专门委员会是全国人大的常设性专门机构，在全国人大闭会期间，其主要工作就是研究、审议、拟定议案，向全国人大常委会提出。（3）国务院、中央军事委员会、国家监察委员会、最高人民法院、最高人民检察院。国务院是最高国家行政机关，最高国家权力机关的执行机关，中央军事委员会领导全国武装力量，国家监察委员会是最高监察机关，最高人民法院和最高人民检察院是国家最高审判机关和最高检察机关，它们的有关事项，需要全国人大制定法律的，可以向全国人大提出法律案。

需要注意的两点。一是2021年3月新修改的全国人大组织法第十六条增加规定，国家监察委员会可以向全国人大提出属于全国人大职权范围内的议案。二是2021年3月新修改的全国人大议事规则在总结实践经验的基础上，第二十七条增加规定：向全国人大提出的法律案，在全国人大闭会期间，可以先向全国人大常委会提出，经全国人大常委会会议依照有关程序审议后，决定提请全国人大审议。

2. 代表团或者代表联名

这包括：（1）代表团。按选举单位组成了 35 个代表团，每个代表团都有权向全国人大提出法律案。（2）30 名以上代表联名提出法律案。

（二）关于法律案列入全国人大议程程序

法律案提出后，是否列入大会会议议程，立法法规定有两种情况。

1. 有关国家机构提出的法律案

由主席团决定列入代表大会会议议程。实践中，由于向全国人大提出的法律案都先向全国人大常委会提出，而之前的全国人大议事规则规定，全国人大常委会提出大会议程草案，大会预备会议通过大会议程。因此，凡提请大会审议的法律案，都不是由主席团决定列入大会议程的，而是由常委会建议列入大会议程草案，由大会预备会议通过。

2. 关于代表团、代表联名提出的法律案

通常采取两种方式：（1）由主席团直接决定列入或者不列入大会议程。（2）由主席团先交有关专门委员会审议，提出列入或者不列入大会议程的意见，再由主席团决定是否列入议程。

实践中，每次全国人民代表大会会议期间，对代表团和代表联名提出的法律案，都是先由有关专门委员会进行审议后，提出是否作为法律案处理的意见，对基本符合法律案要求的，作为法律案处理。对作为法律案处理的，由主席团决定交有关专门委员会审议，提出议案处理结果报告；对不符合法律案要求的，作为代表建议、批评和意见，交有关机关、组织研究，并答复代表。

二、向全国人大常委会提出法律案制度

（一）关于向全国人大常委会提出法律案

在我国，有权向全国人大常委会提出法律案的主体分为两类：（1）机构。包括：国务院、中央军事委员会、国家监察委员会、最高人民法院、最高人民检察院和全国人大常委会委员长会议、全国人大各专门委员会。（2）10 人以上全国人大常委会组成人员联名提出法律案。

实践中，向全国人大常委会提出法律案最多的是国务院，占提出法律案总数的 60% 以上；其次是全国人大常委会委员长会议和全国人大专门委员会，约占总数的 30%；中央军委、国家监察委、最高人民法院、最高人民检察院提出的法律案占总数不到 10%。全国人大常委会组成人员 10 人以上联名提出法律案还没有实例。

（二）关于法律案列入会议议程程序

法律案向全国人大常委会提出后，由常委会委员长会议区分不同情况处理。

1. 对有关国家机关提出的法律案按照两种办法处理：（1）由委员长会议向常委会提出的法律案，直接列入常委会会议议程审议；（2）对国务院、中央军委、国家监察委员会、最高人民法院、最高人民检察院、全国人大各专门委员会，向常委会提出的法律案，由委员长会议决定列入议程。

2. 对全国人大常委会组成人员 10 人以上联名提出的法律案，委员长会议可以决定列入或者不列入常委会会议议程。

三、法律案审议制度

（一）法律案审议主体及内容

1. 法律案审议的主体

法律案审议，是指法律案被列入全国人大及其常委会会议议程以后、提交表决之前，在人民代表大会、人大常委会、人大专门委员会等会议上，由人大代表、常委会组成人员或者专门委员会组成人员对法律案进行的评价、讨论、辩论和修改的活动。法律案审议的形式可分为人大审议和人大常委会审议。人大审议包括人大全体会议审议、代表团审议、主席团审议、人大专门委员会审议等。人大会议审议法律案的人员是人大代表。人大常委会审议法律案的人员是常委会组成人员。专门委员会审议法律案的人员是专门委员会组成人员。

2. 法律案审议的内容

（1）制定法律，一般包括法律草案（包括草案修改稿、草案表决稿）、关于草案的说明、有关专门委员会的审议意见、审议结果的报告、修改情况的汇报等。（2）修改法律，一般包括修正案草案（或修订草案）、关于修正案草案（或者修订草案）的说明、有关专门委员会的审议意见、审议结果的报告、修改决定（草案）等。（3）废止法律，一般包括废止案、关于废止法律的说明、有关专门委员会的审议意见、审议结果的报告、废止决定。审议法案的时候，列席人员也可以发表意见，但没有表决权。

（二）法律案审议的具体程序或步骤

1. 全国人大会议审议法律案

根据立法法和有关法律的规定，全国人大会议审议法律案的主要形式有：召开大会全体会议，由各代表团审议，并由宪法和法律委员会和有关专门委员会审议。（1）大会全体会议听取关于该法律案的说明。（2）代表团审议。全国人大全体会议听取法律案说明后，由各代表团进行审议。代表团审议法律案时，可以采取分组会议和全体会议进行。（3）专门委员会审议。全国人大专门委员会审议采取两种形式，一是法律案列入会议议程后，先由有关的专门委员会审议。有关的专门委员会审议时，召开全体会议集体讨论，然后，向主席团提出审议意见，同时印发会议。二是在各代表团、有关专门委员会对法律案进行审议的基础上，由全国人大宪法和法律委员会根据各代表团和有关专门委员会的审议意见，对法律案进行统一审议。向主席团提出审议结果的报告和法律草案修改稿，经主席团审议通过后，印发全国人大会议，并将草案提请大会全体会议表决。

2. 全国人大常委会会议审议法律案

全国人大常委会会议审议法律案采取分组会议审议、联组会议审议和全体会议审议三种形式。（1）常委会全体会议审议。全国人大常委会全体会议审议法律案，主要是听取法律案的说明、修改意见的汇报、审议结果报告和对法律案进行表决。（2）分组会议审议。分组会议是将常委会组成人员分为若干小组开会。根据立法法规定，全国人民代表大会常务委员会全体会议听取法律案的说明后，要进行分组会议审议。分组会议是常委会审议法律案的基本形式。（3）联组会议审议。联组会议是各个组的常委会组成人员在一起召开的会议，参加人员是全体常委会组成人员。常委会审议法律案时，根据需要，可以举行联组会议或者全体会议审议。

3. 全国人大常委会会议"三审制"

三审制是指全国人大常委会审议法律草案，一般应当经过三次常委会会议审议后，才能交付表决。

关于"三审制"的由来。从 1954 年至 1983 年，全国人大及其常委会的立法活动，一般都是当次会议提出法律案，当次会议就审议通过，称为"一审制"。

1983 年 3 月，六届全国人大常委会委员长彭真提出法律案审议分步走的方案："对于向人大常委会提出的法律案，第一次常委会会议确定是不是列入议程，这个法律案能不能成立。成立了，就把这个法律案发给常委委员，同时交给专门委员会审议，让大家有一个考虑研究的时间，在下次或者以后的常委会会议上再审议通过。"1983 年 8 月，在六届全国人大常委会第二次会议上，全国人大常委会秘书长王汉斌对几个法律案作说明时指出，草案审议不再是一审过关。此后，全国人大常委会审议法律案，一改"当次提会，当次通过"的一审制。一件法律案，一般要经过两次或者两次以上的常委会会议审议，将主要矛盾和分歧意见解决之后，才付表决。2000 年立法法首次在法律上明确规定了对法律草案的三（次）审制。

（1）一审，听取提议案人对法律草案的说明，进行初步审议。一审着重审议制定该法律的必要性、可行性和法律的框架结构是否合理等问题。（2）二审，在经过一定的时间，常委会组成人员对法律草案进行充分调查研究、听取各方面的意见后，围绕法律草案的重点、难点和分歧意见，进行深入审议。二审重点审议法律草案第二次修改稿对若干主要问题的规定是否合适、可行。（3）三审，根据常委会组成人员的审议意见对法律草案进行修改并提出审议结果报告的基础上再作审议。三审的审议重点是，各方面提出的对法律草案中若干主要问题的意见是否得到妥善解决，对没有采纳的意见是否有充分、合理的解释和说明。根据常委会的分组审议意见，法律委员会在当次会议中再次召开会议，对法律草案进行必要的修改，提出法律草案建议表决稿，交分组会议作最后的审议。如果常委会组成人员对建议表决稿意见不大，则由委员长会议提请常委会全体会议表决，以全体常委会组成人员过半数通过。立法法根据这一时期的经验规定，列入全国人大常委会会议议程的法律案，一般应当经三次会议审议才能交付表决。

四、法律草案的表决制度

法律草案的表决制度，是指立法机关组成人员对法律草案表示赞成、反对或者弃权的活动程序规定。表决的结果是法律草案通过或不通过。

（一）法律草案表决的原则

我国法律草案的表决遵循少数服从多数原则。1982年宪法规定，法律和其他议案由全国人大以全体代表的过半数通过。对全国人大常委会表决通过法律案没有规定。全国人大组织法规定，常委会审议的法律案和其他议案，由常委会以全体组成人员的过半数通过。2000年立法法明确了这一制度。

全国人大议事规则规定：大会全体会议表决议案，由全体代表的过半数通过；全国人大常委会议事规则规定，常委会表决议案，由全体组成人员的过半数通过。立法法规定，在全国人大会议期间，法律草案修改稿经各代表团审议后，由主席团提出法律草案表决稿，提请大会全体会议表决，由全体代表的过半数通过，在全国人大常委会会议期间，法律草案修改稿经常委会会议审议，并经宪法和法律委员会根据常委会组成人员的意见进行修改，提出法律草案表决稿，由委员长会议提请常委会全体会议表决，由常委会全体组成人员过半数通过。

（二）法律草案表决的方式

全国人大会议和全国人大常委会会议表决采用投票方式、举手方式或其他方式。其他方式是指包括按表决器、鼓掌、默示等方式。1986 年 3 月六届全国人大常委会第十五次会议以后，全国人大及其常委会一般采用电子表决器方式表决。

2015 年立法法进一步完善了表决机制，增加规定，对审议中意见分歧较大的重要条款设立单独表决制度。对多部法律中涉及同类事项的个别条款进行修改，一并提出法律案的，可以合并表决，也可以分别表决。

五、法律公布制度

法律的公布，是指立法机关已通过的法律以一定的形式予以公布，以便全社会遵守执行。法律的公布是立法程序中的最后一个步骤，它是法律生效的前提。

我国法律公布的历史沿革。1954 年宪法规定国家主席公布法律，1975 年宪法删去了这一规定，1978 年宪法规定全国人大常委会委员长公布法律，1982 年宪法重新规定国家主席公布法律。2000 年立法法明确规定，法律由国家主席签署主席令予以公布。

（一）法律的公布

我国法律由国家主席公布。宪法规定，国家主席根据全国人大的决定和全国人大常委会的决定，公布法律。即国家主席以签署主席令的形式公布法律。立法法对主席令的内容作了明确规定：一是制定机关，指全国人民代表大会或全国人大常委会；二是通过日期，指全国人民代表大会或全国人大常委会表决通过法律的日期；三是施行的时间，指法律生效时间。

在我国，法律经国家主席签署公布后，由新华社向社会播发，同时在全国人大常委会公报和在全国范围内发行的报纸上刊登，如《人民日报》等。

实践中，宪法修正案是由全国人大主席团公布。因此，最新修改的全国人大议事规则第六十三条规定，全国人大通过的宪法修正案，以全国人大公告予以公布。

（二）法律的标准文本

立法法规定，在全国人大常委会公报上刊登的法律文本为标准文本。

第三节　地方人大及其常委会立法程序

一、地方性法规案提出制度

地方性法规案的提出，是指法定的机构或者达到法定人数的人大代表（或常委会组成人员），依法向本级人大及其常委会提出法规案，要求列入本级人大或其常委会会议议程予以审议。

（一）向地方人大提出地方性法规案

在地方人大举行会议的时候，大会主席团、本级人大常委会、各专门委员会、本级政府和本级人大代表 10 人以上联名，可以向本级人大提出属于其职权范围内的地方性法规案。有的地方还规定，本级人民法院和人民检察院、一个代表团可以向本级人大提出法规案。

（二）向地方人大常委会提出地方性法规案

在地方人大常委会举行会议的时候，常委会主任会议、本级政府、本级人大各专门委员会和本级人大常委会组成人员5人以上联名，可以向本级人大常委会提出属于其职权范围内的地方性法规案。有的地方还规定，本级人民法院和人民检察院可以向本级人大常委会提出地方性法规案。

（三）自治条例和单行条例案的提出

立法法第八十七条规定，自治条例和单行条例案的提出、审议和表决程序，根据地方组织法，参照本法（即立法法）的有关规定，由本级人大规定。由于自治条例和单行条例只能由民族自治地方的人大制定，其常委会不能制定，但自治条例或单行条例案可以由本级人大常委会向本级人大提出，或由其他提案人向本级人大常委会提出，经常委会会议审议后，再提请代表大会审议。

二、地方性法规案审议制度

（一）地方性法规案审议主体

法规案审议，是指法规案被列入会议议程后、提交表决之前，在人大、人大常委会、人大专门委员会等会议上，由人大代表、常委会组成人员或者专门委员会组成人员对法规案进行的评价、讨论、辩论和修改的活动。法规案的审议可分为人大审议和人大常委会审议。人大审议包括人大全体会议审议、代表团审议、主席团审议、人大专门委员会审议等。人大会议审议法规案的人员是本级人大代表。人大常委会审议法规案的人员是常委会组成人员。专门委员会审议法规案的人员是专门委员会组成人员。

（二）地方性法规案审议的内容

1. 制定法规，包括法规草案（草案修改稿、草案表决稿）、关于草案的说明、有关专门委员会的审议意见、审议结果的报告、修改情况的汇报等。2. 修改法规，包括修正案草案（或修订草案）、关于修正案草案（或修订草案）的说明、有关专门委员会的审议意见、审议结果的报告、修改决定草案等。3. 废止法规，包括废止案、关于废止法规的说明、有关专门委员会的审议意见、审议结果的报告、废止决定草案。4. 批准地方性法规、自治条例和单行条例，包括地方性法规、自治条例和单行条例，关于地方性法规、自治条例和单行条例的说明，审查结果的报告，批准决定草案等。

审议法规案可以用口头形式，也可以用书面形式。审议法规案时，列席人员也可以发表意见，但没有表决权。

（三）地方性法规案审议的具体程序或步骤

1. 地方人大审议法规案。根据地方组织法和立法法的规定，一般是先由大会全体会议听取地方性法规案的说明，然后由主席团决定提交各代表团审议，并交有关专门委员会审议、提出报告，一般由法制委员会负责统一审议，提出审议结果的报告和草案表决稿，再由主席团审议决定提交大会全体会议表决。地方人大审议法规案，一般实行一次会议审议制度。

2. 地方人大常委会审议法规案。地方人大常委会审议法规案，大都参照全国人大常委会审议法规案的程序进行。根据立法法规定，地方人大常委会审议地方性法规案的程序大体上包括：（1）对地方人大及其常委会审议议案的程序，都适用于对地方性法规案的审议，根据需要召开联组会议和全体会议审议。（2）可以参照法律案审议程序，即一般实行三审制和专门委员会审议，有关专门委员会对法规案进行审议，提出审议意见印发会议。（3）根据常委会组成人员、有关专门委员会和各方面提出的意见，法制委员会对法规案进行统一审议，提出审议结果的报告和草案修改稿。审议的内容包括法案和有关附属立法文件。

三、地方性法规草案的表决制度

地方性法规草案的表决制度，是指立法机关组成人员对法规案表示赞成、反对或者弃权的程序规定。表决的结果是法规案通过或不通过。

（一）地方性法规草案的表决

许多地方性法规都明确规定，地方性法规草案修改稿经代表大会或常委会会议审议后，如果对重大问题没有大的分歧意见，则由主席团或者主任会议交付全体会议表决。根据地方组织法的规定，地方人大会议表决地方性法规草案，以全体代表的过半数通过；地方人大常委会表决地方性法规草案，以常委会全体组成人员的过半数通过。

（二）设区的市（州）地方性法规报批程序

立法法对省、自治区的人大常委会批准较大的市的地方性法规提出了明确要求。（1）省、自治区的人大常委会对报请批准的地方性法规，应当对其合法性进行审查。经审查认为，报请批准的地方性法规同宪法、法律、行政法规和本省、自治区的地方性法规不抵触的，应当在四个月内予以批准。（2）省、自治区的人大常委会在对报请批准的较大的市的地方性法规进行审查时，发现其同本省、自治区的人民政府的规章相抵触的，应当作出处理决定。

四、地方性法规公布制度

地方性法规的公布是指立法机关已通过的法规以一定的形式予以公布，以便全社会遵守执行。地方性法规的公布是立法程序中的最后一个步骤，它是法规生效的前提。

（一）地方性法规的公布主体

根据立法法的规定，（1）省、自治区、直辖市人大制定的地方性法规由大会主席团发布公告予以公布。（2）省、自治区、直辖市人大常委会制定的地方性法规由常委会发布公告予以公布。（3）设区的市、自治州人大及其常委会制定的地方性法规报经批准后，由设区的市、自治州的人大常委会发布公告予以公布。设区的市、自治州人大制定的地方性法规，由于需要报省、自治区人大常委会批准，因此，经批准后，不论是市人大还是市人大常委会制定的地方性法规，都由设区的市、自治州的人大常委会予以公布。（4）自治条例和单行条例报经批准后，分别由自治区、自治州、自治县的人大常委会发布公告予以公布。

（二）地方性法规公布的载体

地方性法规、自治区的自治条例和单行条例公布后，及时在本级人大常委会公报和在本行政区域范围内发行的报纸上刊登。同时，明确在常委会公报上刊登的地方性法规、自治条例和单行条例文本为标准文本。

第四节　坚持科学立法、民主立法、依法立法，提高立法质量和效率

坚持科学立法、民主立法、依法立法是立法的基本原则，也是提高立法质量的根本途径。2015 年立法法修改，对科学立法、民主立法、依法立法机制予以完善。同时，还研究制定了 10 多件工作规范文件。

一、拓宽公众有序参与立法途径，实行民主立法

实践中，在立法过程中发扬民主、走群众路线形成了一些行之有效的方式方法。立法法将其中一些成熟的做法予以法律化制度化。

（一）建立并完善立法座谈会、论证会制度

宪法和法律委员会、有关的专门委员会和常委会工作机构应当听取各方面的意见；听取意见可以采取座谈会、论证会、听证会等多种形式。2015 年修改后的立法法进一步完善论证会、听证会制度。增加规定：法律案有关问题专业性较强，需要进行可行性评价的，应当召开论证会，听取有关专家、部门和全国人大代表等方面的意见。论证情况应当向常委会报告。法律案有关问题存在重大意见分歧或者涉及利益关系重大调整，需要进行听证的，应当召开听证会，听取有关基层和群体代表、部门、人民团体、专家、全国人大代表和社会有关方面的意见。听证情况应当

向常委会报告。

（二）建立完善法律草案向社会公布征求意见制度

立法公开征求意见制度，是指立法机关在立法过程中，为了使所拟定的法律法规草案更加符合实际、更加符合人民的利益和意愿，更具有可行性，对涉及公民切身利益的重要法律法规，通过将法律法规草案向社会公布，让社会公众进行讨论，发表意见，以收集、获取与立法有关的资料、信息，为立法机关审议法律法规草案提供依据与参考的一种制度。这早在20世纪50年代和80年代就已有实践。

1954年6月15日，中央人民政府委员会向社会公布了宪法草案，征求社会各界的意见。在两个多月的时间里，全国共有1.5亿多人参加了讨论，约占当时全国人口的四分之一，共提出118万多条修改和补充意见。这是我国第一次向社会公布宪法草案，征求社会意见。1955年2月7日，全国人大常委会决定，国务院公布了中华人民共和国兵役法草案，社会各方面共提出3000多条意见。这是我国第一次向社会公布单项法律草案，征求社会意见。

制定1982年宪法时，五届全国人大常委会将宪法草案公开征求意见。之后，公布法律草案征求社会公众意见的做法逐步成为一种制度化安排。1989年4月，七届全国人大二次会议通过的全国人大议事规则第二十五条规定，全国人大会议举行前，全国人大常委会对准备提请会议审议的重要的基本法律案，可以将草案公布，广泛征求意见，并将意见整理印发会议。2000年立法法第三十五条规定，列入常务委员会会议议程的重要的法律案，经委员长会议决定，可以将法律草案公布，征求意见。

根据十一届全国人大常委会第二次委员长会议的决定，全国人大常委会办公厅2008年4月20日向社会全文公布食品安全法草案，广泛征求各方面意见和建议，以更好地修改、完善这部法律草案。会议还决定，今后全国人大常委会审议的法律草案，一般都予以公开，向社会广泛征求意见。2013年，在向社会公布法律草案一次审议稿的基础上，明确法律草案二次审议稿也要向社会全文公布，继续广泛征求各方面意见和建议。

2015年修改后的立法法第三十七条规定[1]，列入常委会会议议程的法律案，应当在常委会会议后将法律草案及其起草、修改的说明等向社会公布，征求意见，但是经委员长会议决定不公布的除外。2015年，研究制定向社会公布法律草案征求意见工作规范，明确常委会初次审议、继续审议的法律草案都应在审议后及时向社会全文公布征求意见，同时逐步建立公众意见采纳情况反馈机制，积极回应社会关切。

公布法律法规草案主要有3种形式。（1）在媒体上公布法律法规草案。（2）在互联网上公布法律法规草案。（3）同时在媒体和互联网上公布法律法规草案。

（三）完善立法工作机制和方式方法

2015年，研究制定依法建立健全专门委员会、工作委员会立法专家顾问制度的实施意见，规定有关专门委员会、工作委员会可以聘任国内法治和相关领域较为知名的、公认的权威专家学者，参加法律草案起草、立法评估、执法检查等活动。

2015年，建立基层立法联系点制度，确定湖北襄阳市、江西景德镇市、甘肃定西市临洮县、上海市长宁区虹桥街道为第一批基层立法联系点试点单位。2019年11月2日，习近平总书记到

---

[1] 2023年修改后的立法法为第四十条。

上海虹桥的基层立法联系点考察时，对这项工作给予了充分肯定，为做好基层立法联系点工作指明了方向、注入了强大动力。2020 年 7 月后，全国人大常委会法工委分别在部分地方增设立法联系点，从最初的 4 个增加到 32 个，覆盖全国 31 个省、自治区、直辖市，辐射带动全国各地建成基层立法联系点 5500 余个，其中 509 个省级基层立法联系点，近 5000 个设区的市级立法联系点。这成为新时代中国实行民主立法、发展全过程人民民主的生动实践。

2017 年，制定关于立法中涉及的重大利益调整论证咨询的工作规范、关于争议较大的重要立法事项引入第三方评估的工作规范，健全立法起草、论证、咨询、评估、协调、审议等工作机制。

二、立法听证制度

立法听证制度，是指有关单位邀请政府部门、专家学者、有关利害方及公民等到会陈述意见，以收集、获取与立法有关的资料、信息，为立法机关审议法律法规案提供参考依据的一种制度。这一制度的目的是使所拟定并最终通过的法律法规，更加符合实际、更加符合人民的利益和意愿，更具有可行性。立法听证制度，符合我国国家一切权力属于人民的宪法原则，是人民当家作主的具体体现，是扩大公众有序参与立法，提高立法质量的重要举措和制度安排。

（一）我国立法听证制度的确立和发展

1996 年 3 月，八届全国人大四次会议通过的行政处罚法，首次以法律的形式确立了我国听证制度。其中，在第五章"行政处罚的决定"中，单列一节听证程序，虽然属于具体行政行为听证制度，但这是结合我国国情借鉴国外听证制度的首次尝试，也是行政程序制度发展的重要突破。这部法律确定了行政处罚听证的适用范围、听证主持人的权责和回避制度以及举行处罚听证会的基本流程，为行政处罚领域听证提供了基本的法律依据。行政处罚听证制度的建立一方面保证了处罚证据的合法、客观、公正、全面，为行政机关准确地作出处罚决定奠定基础，有利于减少行政争议，提高行政效率；另一方面处罚听证的公开进行，不但起到了对公民的宣传教育作用，也形成公民对行政机关的监督。

1998 年价格法将听证范围扩大到政府定价行为领域，其中规定：制定关系群众切身利益的公用事业价格、公益性服务价格、自然垄断经营的商品价格等政府指导价、政府定价，应当建立听证会制度，由政府价格主管部门主持，征求消费者、经营者和有关方面的意见，论证其必要性、可行性。2002 年国家发展计划委员会以第 26 号部长令形式发布的政府价格决策听证办法是当时我国有关听证制度操作性最强的一个部门规章，标志着我国听证制度已经开始步入抽象行政行为领域。

2000 年 3 月 15 日，九届全国人大三次会议通过的立法法明确将听证制度扩展到立法领域，第三十四条、第五十八条均规定立法机关应当广泛听取有关机关、组织和公民的意见，听取意见可以采取座谈会、论证会、听证会等多种形式。根据立法法的规定，2005 年 9 月 27 日，全国人大法律委员会、财经委员会和全国人大常委会法制工作委员会联合举行了第一次立法听证会，就个人所得税法修正案草案有关工薪所得减除费用标准公开举行听证，直接听取公众和有关方面意见。听证会从 4982 位报名申请人中遴选出 40 人作为公众陈述人候选人，又从中确定 20 人为陈述人，其余 20 人为旁听人。2015 年修改后的立法法第三十六条、第六十七条对立法听证作了进一步完善。

需要说明的是，2001 年国务院制定的行政法规制定程序条例和规章制定程序条例对行政立法听证制度作了规定。

（二）地方的立法听证规定和实践

1999 年 9 月 9 日，广东省人大环境与资源保护委员会举行了立法听证会，这在全国开了先河。之后，特别是立法法颁布实施后，各地方对听证制度作出规定，进一步明确听证范围、听证机构、听证参加人、听证程序等内容。

首开先河的地方法规立法听证会。1993 年 7 月 15 日，广东省八届人大常委会第三次会议通过《广东省建设工程招标投标管理条例》，并于当年 8 月 2 日公布施行。实施 6 年后，一些问题逐渐显现出来，广东建设市场秩序混乱局面并未得到有效转变。为此，1999 年广东省人大常委会决定对条例进行较大规模的修订，并决定由广东省人大、城乡建设与环境资源保护委员会负责征求公众意见。报名在听证会上发言的就有 30 人，还有 30 多人报名参加旁听。众多的报名者中，包括律师、建筑业从业人员、专家、学者、在校大学生、外国领事馆官员等。有 28 家新闻单位要求采访报道。这次听证会的内容是，就《广东省建设工程招标投标管理条例（修订草案）》广泛听取社会各界的意见、建议，从而确保该项法规能"保证大多数企业和个人的利益"。会后，广东省人大常委会对本次立法听证会的内容及听证人的发言记录进行了研究整理，编写成 47 页的听证报告书，作为审议条例修订草案的参阅资料提交给常委会会议。1999 年 9 月 24 日，广东省第九届人大常委会第十二次会议通过《广东省建设工程招标投标管理条例》。听证会上的意见，有不少被采纳。

三、立法评估制度

立法评估包括立法前评估和立法后评估。

开展立法评估工作，是人大加强和改进立法工作，提高立法质量，确保法律有效实施的一个新举措。

（一）关于立法前评估制度

立法法第四十二条规定：拟提请常委会会议审议通过的法律案，在宪法和法律委员会提出审议结果报告前，常委会工作机构可以对法律草案中主要制度规范的可行性、法律出台时机、法律实施的社会效果和可能出现的问题等进行评估。评估情况由宪法和法律委员会在审议结果报告中予以说明。

2013年十二届全国人大常委会在审议通过旅游法之前，开始对法律草案进行评估。这是立法前评估的第一部法律。从此，建立并实施法律案通过前评估制度。

（二）关于立法后评估制度

立法后评估，是指法律施行一段时间后，在立法机关有关单位的主持下，组织执法部门及社会公众、专家学者等，按照一定标准，采用社会调查、定量分析、成本效益计算等方法，由特定的评估主体，对立法活动实现其宗旨、目标以及法律的实施绩效进行分析评价，对法律中所涉及的制度进行评判，并针对法律自身的缺陷及时加以矫正和修缮的制度。

立法法第六十七条规定：全国人大有关的专门委员会、常委会工作机构可以组织对有关法律或者法律中有关规定进行立法后评估。评估情况应当向常委会报告。

立法后评估制度的建立，标志着我国立法工作制度不断完

善。2010 年十一届全国人大常委会法工委首次开展科技进步法立
法后评估工作。

国务院《全面推进依法行政实施纲要》提出，规章、规范性
文件施行后，制定机关、实施机关应当定期对其实施情况进行评
估。实施机关应当将评估意见报告制定机关；制定机关要定期对
规章、规范性文件进行清理。立法后评估制度和工作日益受到重
视，并不断发展完善。

这里，介绍一下地方人大关于立法后评估的规定。安徽省法
制办自 1999 年开始，每年选择三部至四部政府规章，与相关实
施部门联合进行规章实施效果测评，向省政府提交测评报告，并
提出修改和废止相关规章的建议。山东省自 2000 年以来先后对
多部地方性法规进行了立法后评估。北京市 2004 年开展了法规
质量评估机制的课题研究，2005 年选定《北京市实施〈中华人
民共和国水污染防治法〉办法》和《北京市城市规划条例》作
为评估对象开展评估工作。甘肃省 2004 年初开展立法"跟踪问
效"，对《甘肃省麦积山风景名胜区保护管理条例》等进行了跟
踪调研。云南省自 2004 年先后对《云南省邮政条例》等开展了
"立法回头看"工作。重庆市也自 2004 年开展了立法后评估工
作，成立了地方性法规评估课题研究组，对《重庆市职业介绍管
理条例》与《重庆市产品质量监督管理条例》等进行了专项研
究。目前地方人大开展的立法后评估实践中，比较具有代表性的
是上海市。2005 年，上海市人大法制委、常委会法工委将《上
海市历史文化风貌区和优秀历史建筑保护条例》作为首次立法后
评估的对象。经研究论证，确定把法规实施的绩效及法规中各项
制度设计和程序规定是否需进一步完善作为评估的主要内容，并
确定了执法部门评估、委托相关区人大常委会组织调研、向社会

公众开展问卷调查、专题调研、邀请市人大代表参与的评估方法。经评估认为，该条例的立法目的基本实现，同时存在若干需要重视的问题。上海市人大常委会还专门听取和审议了这项评估活动的报告。2007年12月，江西省人大常委会主任会议通过了《江西省地方性法规质量评价办法》（以下简称《办法》）。《办法》对地方性法规质量评价的内涵、适用范围、评价主体、评价程序、评价标准等作了较为详细的规定。《办法》是江西省开展地方性法规质量评价的制度性文件，也是我国第一部关于地方性法规质量评价的规范性文件，填补了我国规范法规质量评价工作的空白。

立法后评估是一种有计划、按步骤的活动，主要包括准备、实施和完成三个阶段，并明确相应内容。这里从略。

/ 第八章 /

人大监督制度

人大监督制度是我们党和国家监督制度体系的重要组成部分。宪法和有关法律赋予人大及其常委会监督权。特别是 2006 年十届全国人大常委会第二十三次会议通过的监督法，对各级人大常委会的监督权和有关程序作了全面规定，是各级人大常委会开展监督工作的具体法律依据。随着我国社会主义民主法治建设不断推进和人民代表大会制度的完善发展，人大监督工作有效开展并不断丰富，监督制度及工作机制日益健全完善。人大及其常委会行使监督职权，目的就是确保法律法规得到有效实施，确保行政权、监察权、审判权、检察权得到正确行使，确保人民赋予的权力真正用来为人民谋幸福。特别是党的十八大以来，以习近平同志为核心的党中央高度重视监督工作，习近平总书记就加强和改进人大监督工作发表了一系列重要论述、提出了一系列重大论断，成为习近平总书记关于坚持和完善人民代表大会制度的重要思想的重要组成部分，为推动各级人大监督工作指明了方向、提供了根本遵循。

第一节　人大监督的性质和定位

人大及其常委会的监督（通常简称人大监督），是各级人大及其常委会按照法定权限和程序，对其他国家机关及其工作人员行使职权的行为、开展的工作进行的合法性、合理性的监督。

一、人大监督的性质和特点

（一）人大监督的性质

在我国，人大及其常委会是代表人民行使管理国家权力的机关，"一府一委两院"由人大产生，对它负责，受它监督。人大监督制度是人民代表大会制度的重要组成部分。具体来说，人大及其常委会监督的性质，包括以下内容。

1. 人大及其常委会的监督权，是宪法和法律赋予国家权力机关的一项重要职权。人大监督权具有法定性。

2. 人大及其常委会对于"一府一委两院"的监督，是国家权力机关的监督，就是要确保行政权、监察权、审判权、检察权依法正确行使。人大及其常委会监督，就是监察、督促"一府一委两院"的工作依照宪法法律和人民的意志进行。

3. 人大及其常委会的监督，从根本上说，它是代表人民进行的监督，是人民当家作主、参与管理国家事务的具体体现。因此，归根结底，人大及其常委会的监督是人民的监督，具有人民性。

（二）人大监督的主要特点

我国有各种形式的监督，包括党组织的纪检监督，政府的行政监督，监察机关的专门监督，检察机关的法律监督，政协的民主监督，媒体的舆论监督等。但是，人大及其常委会的监督是国家权力机关的监督，在监督对象、内容、范围、程序等方面具有特殊性。具体来说，人大监督有以下几个显著特点。

1. 监督主体的主导性

人大及其常委会是国家权力机关，其他国家机关都由它产生、对它负责、受它监督。因此，一方面，人大及其常委会必须认真行使监督权，不行使或者行使不到位，都是失职；另一方面，人大及其常委会与监督客体之间是一种单向监督关系，而不是双向监督（或者相互监督）关系。在国家监督体系及其运行中，人大及其常委会是监督的主体，始终居于主导地位，同级"一府一委两院"只有接受人大及其常委会监督的义务，而无权监督人大及其常委会。

2. 监督内容的广泛性

对全国人大及其常委会来说，要监督宪法的实施，监督国务院、中央军委、国家监察委员会、最高人民法院、最高人民检察院的工作。地方人大及其常委会在本行政区域内，要保证宪法、法律、法规的遵守和执行，保证上级和本级权力机关的决议、决定的遵守和执行，要监督本级"一府一委两院"的工作。人大对一切法律的实施和执行情况都有监督权，对所有国家行政机关、监察机关、审判机关、检察机关的工作都有权依法实施监督。法律法规作为人们一体遵循的行为规范，涉及国家政治生活、社会生活的各个领域，国家行政机关、监察机关、审判机关、检察机关的工作涉及方方面面，人大及其常委会实施监督的范围是十分广泛的。

3. 监督方式的多样性

根据宪法和全国人大组织法、监察法、地方组织法、监督法等法律的规定，人大及其常委会的监督形式有多种，包括听取和审议"一府两院"工作报告和专项工作报告（人大常委会有权听取和审议同级监察委的专项工作报告），审查和批准决算，听取和审议国民经济和社会发展计划、预算的执行情况报告，听取和审议审计工作报告，法律法规实施情况的执法检查，规范性文件的备案审查，询问和质询，特定问题调查，罢免，撤职等。同时，人大及其常委会不仅可以单独使用也可以综合运用这些监督形式。

4. 监督程序的法定性

人大及其常委会开展监督的程序是法定的，必须依法行使，不能随意、"任性"。不论是监督议题的提出和确定，还是会议审议（审查）、作出决定决议，都必须遵循法定程序。只有这样，才能保证人大及其常委会监督权的行使不被滥用，才能确保人大及其常委会监督的严肃性和权威性。

5. 监督效力的权威性

人大及其常委会的监督权，是国家权力的体现，是由国家强制力保证的，被监督机关必须接受。人大及其常委会实施监督行为，依据的是宪法和有关法律的规定，同时在监督过程中形成的决议、决定，具有法律效力，有关机关和个人必须执行，否则，会导致一定的法律后果，受到一定的法律制裁，比如，被罢免或撤职等。

二、人大监督的主体及其对象

（一）人大监督的主体

根据宪法和全国人大组织法、监察法、地方组织法、监督法等法律规定，人大及其常委会是国家权力机关，是宪法和法律赋予监督权力的拥有者和行使者。因此，人大监督权，只能由各级人大及其常委会行使，而不能由其他任何机关、组织或个人行使。

人大各专门委员会是本级人民代表大会的常设机构，主要职责是在人大闭会期间，在本级人大常委会的领导下研究、审议和拟定并提出有关问题的议案，参与或承担本级人大及其常委会交办的有关具体工作。监督法和新修改的全国人大组织法中有不少规定涉及专门委员会，但是，专门委员会只是协助人大及其常委会行使监督权，而不是法律上的行使监督权主体，各级人大代表、人大常委会组成人员同样不是行使监督权主体。

（二）人大监督的对象

根据宪法和有关法律的规定，人大监督权的监督对象（或客体），就是由各级人大及其常委会产生的、并向人大及其常委会负责的国家机构及其组成人员，即本级行政机关、监察机关、审判机关和检察机关及其组成人员。这主要包括两方面：（1）由人大产生的机构，即本级政府及其组成部门、监察委员会、法院、检察院。（2）由人大选举或者人大常委会任命的国家公务员，即政府正副职领导人员及其各组成部门正职领导人员，监察委员会主任、副主任和委员，人民法院院长、副院长、庭长、副庭长、审判委员会委员和审判员，人民检察院检察长、副检察长、检察委员会委员和检察员。此外，县级以上人大常委会由本级人大选举产生，向本级人大负责和报告工作，受本级人大监督，因此，它也是本级人大监督的对象。

三、人大监督的内容

这在宪法和有关法律中有明确规定，概括起来是工作监督和法律监督两个方面。彭真同志说过，最高国家权力机关监督什么？一个是法律监督，一个是工作监督。这一概括，既简明又便于在实践中操作。因此，一直延续下来。

（一）工作监督

就是对政府、监察委、人民法院和人民检察院的工作进行监督，主要内容包括：检查监督是否符合宪法和法律规定，是否正确贯彻人大及其常委会的决议、决定，是否正确行使职权，是否符合人民的根本利益等。

（二）法律监督

包括以下三类：

1. 全国人大常委会制定的法律、有关决定决议等。全国人大有权改变或者撤销全国人大常委会不适当的决定。这实际上是确保国家法制统一的重要举措，也是确保全国人大作为最高国家权力机关地位的一项重要制度安排。

2. 行政法规、监察法规、司法解释、地方性法规、自治条例和单行条例、国务院部门规章、地方政府规章。这些都是中国特色社会主义法律体系的组成部分。

3. 由国家机关制定的决议、决定、命令等。这当中大多也涉及公民的权利义务，是普遍适用的，因此，也必须接受人大及其常委会的监督。地方人大有权改变或者撤销本级人大常委会不适当的决定、决议。但是，法律上没有明确关于"不适当"的规定，实践中一般是指不恰当、不合理、不公平，包括：（1）要求公民、法人和其他组织执行的标准或者遵守的措施明显脱离实际的；（2）要求公民、法人和其他组织履行义务与其所享有的权利明显不平衡的；（3）赋予国家机关的权力与其承担的义务明显不平衡的；（4）对某种行为的处罚与该行为所应承担的责任明显不平衡的。

四、人大监督的原则

根据宪法和监督法等法律的规定，各级人大及其常委会行使监督权的原则，就是"五个坚持"。即坚持党的领导原则，坚持依法行使监督权原则，坚持集体行使监督权原则，坚持接受人大监督原则和坚持向社会公开原则。

（一）必须坚持党的领导原则

各级人大常委会行使监督权，必须坚持中国共产党的领导。中国共产党是中国特色社会主义最本质的特征，是中国特色社会主义事业的领导核心。人大在对"一府一委两院"进行工作监督和法律监督的过程中，必须坚定不移地坚持党的领导，自觉接受党的领导。要处理好加强人大监督工作和坚持党的领导的关系，准确把握人大监督的特点，充分发挥人大监督的优势，全面贯彻党的路线方针政策，使党的主张经过法定程序成为国家意志，切实把坚持党的领导、人民当家作主和依法治国有机统一起来。这是人大工作必须始终坚持的最重大的政治原则，也是做好人大监督工作最根本的政治保证。

（二）必须坚持依法行使监督权原则

坚持依法行使监督权的原则，是指人大及其常委会的监督对象、内容、范围和方式都严格符合宪法和有关法律的规定，在法定职权范围内，按照法定程序进行监督。只有坚持依法监督，监督才能有权威性和法律效力。

人大常委会组成人员参加视察、专题调研、执法检查等活动，是一种带有监督性质的活动，但常委会组成人员不能直接处理问题。常委会组成人员发现"一府一委两院"工作存在问题的，应当通过一定的法律程序，向有关部门提出建议、批评和意见，由本级人大常委会或者有关主管部门督促有关单位解决问题、改进工作。

（三）必须坚持集体行使监督权原则

各级人大常委会按照民主集中制原则，集体行使监督职权。

因为人大及其常委会行使职权，是实行集体负责制，由全体组成人员按照少数服从多数的原则，集体行使职权，集体讨论问题，集体作出决定，即监督内容的确定，监督行为的实施，对问题的处理决定，都要经过集体讨论作出，任何个人不能行使监督权。很显然，这是不同于行政机关的首长负责制的。

（四）必须坚持接受人大监督原则

人大常委会是人大的常设机关，是人大闭会期间行使国家权力的机关。它对本级人大负责并报告工作，接受其监督。代表大会有权罢免其常委会组成人员，改变或撤销常委会不适当的决定。监督权是宪法和法律赋予人大常委会的一项重要职权，人大常委会行使监督职权与行使其他法定权力一样，应当向本级人大报告并接受监督。监督法规定，各级人大常委会行使监督职权的情况，应当向本级人大报告，接受监督。人大常委会在具体监督工作中的有关报告及处理情况等，要向本级人大代表通报，这一方面是为了保障代表对人大常委会工作的知情权，同时也便于人大监督常委会的工作。

（五）必须坚持向社会公开原则

各级人大常委会行使监督职权的情况，向社会公开。人大行使监督权，要接受人民群众的监督，人大常委会行使监督权，对"一府一委两院"进行监督，应当把行使监督权的情况向人民公开，以使人民能够了解人大常委会监督工作的情况。人大常委会对"一府一委两院"的监督，除非涉及国家秘密，或者涉及具体案件中的商业秘密、个人隐私、未成年人保护等依法应当保密、不宜公开的以外，其他有关监督的内容、监督的议题和方式、程序，作出的决议或决定，以及"一府一委两院"对监督的反馈等，都应当公开。将人大常委会行使监督权的情况向人民公开，既保证了人民的知情知政权，也是人大常委会保持同人民群众的联系、倾听人民群众的意见、接受人民群众监督的重要方面，体现了人民对人大常委会工作的监督。这也是建设社会主义民主政治的重要内容。

第二节　人大监督制度

根据宪法和全国人大组织法、监察法、地方组织法、监督法等法律的规定，人大监督制度的形式主要有以下几种。

一、听取和审议"一府两院"工作报告制度

根据宪法和有关法律的规定，对行政、审判、检察工作的监督，首先是听取和审议它们的工作报告。国务院对全国人大负责并报告工作；地方各级人民政府对本级人大负责并报告工作；最高人民法院对全国人大负责，地方各级人民法院对产生它的国家权力机关负责；最高人民检察院对全国人大负责，地方各级人民检察院对产生它的国家权力机关和上级人民检察院负责。因此，"一府两院"向本级人大负责并报告工作是其法定职责，人大听取和审议"一府两院"工作报告则是行使国家权力、决定重大事项和进行工作监督的基本形式。

通常情况下，各级人大每年举行一次会议，会议的一项主要议程就是听取和审议"一府两院"工作报告，由"一府两院"领导人向本级人大全体会议报告工作，接受全体人大代表的

监督。

人大代表在审议"一府两院"工作报告过程中,可以对工作报告提出意见和建议,对报告中有疑问或有意见的地方,可以向政府及有关部门和人民法院、人民检察院提出询问,政府及有关部门、"两院"都应派负责人或负责人员作出答复。在听取和审议的基础上,人大会议要对"一府两院"工作报告进行表决,表决通过关于批准报告的决议。"一府两院"工作报告经过同级人大会议审议通过后,即具有法律效力,都要一体遵循。

二、国民经济和社会发展计划(规划)监督制度

全国人大对国民经济和社会发展计划编制及实施进行监督,是国家权力机关对政府工作实施监督的一个重要方面。

(一)初步审查

在人大会议举行前,人大财经委或人大常委会对政府拟提请大会审议的计划草案或编制中的计划主要内容进行初步审查。全国人大议事规则第三十四条规定:"全国人民代表大会会议举行的四十五日前,国务院有关主管部门应当就上一年度国民经济和社会发展计划执行情况的主要内容与本年度国民经济和社会发展计划草案的初步方案,上一年度中央和地方预算执行情况的主要内容与本年度中央和地方预算草案的初步方案,向全国人民代表大会财政经济委员会和有关的专门委员会汇报,由财政经济委员会进行初步审查。"全国人大常委会关于加强经济工作监督的决定第三条规定,根据前述有关规定,全国人民代表大会财政经济委员会应当在全国人民代表大会会议举行的四十五日前,会同有关专门委员会,对国民经济和社会发展年度计划进行初步审查,

形成初步审查意见，送国务院有关主管部门。国务院有关主管部门应当将处理情况及时反馈财政经济委员会。全国人大财经委开展初步审查阶段，有关专门委员会可以开展专项审查，提出专项审查意见，送财经委研究处理。同时，还明确了初步审查时，国务院有关主管部门应当提交的材料内容。

初步审查的重点包括：（1）上一年度国民经济和社会发展计划完成情况，特别是主要目标和任务的完成情况；（2）本年度国民经济和社会发展计划编制的指导思想应当符合党中央决策部署和中央经济工作会议精神，符合国民经济和社会发展五年规划纲要和中长期规划纲要；（3）主要目标、重点任务和重大工程项目应当符合经济社会发展条件，特别是资源、财力、环境实际支撑能力，符合五年规划纲要实施的基本要求，有利于经济社会长期健康发展；（4）主要政策取向和措施安排应当符合完善体制机制和依法行政的要求，坚持目标导向和问题导向，针对性强且切实可行，财政政策、货币政策应当与主要目标相匹配。

（二）会议审议

人大会议可以采用分组审议、专题审议、代表团审议和大会审议等方式，审议政府关于上一年度计划或上一个五年规划执行情况和本年度计划或本五年规划纲要草案的报告，同时审议财经委员会的审查结果报告。全国人大常委会关于加强经济工作监督的决定第六条对财经委的审查结果报告的内容作了规定。

（三）会议表决

大会主席团在听取各代表团对上一年度计划（或上一个五年规划）执行情况和计划草案审议意见，审议、通过人大财经委关于计划的审查结果报告后，提出是否批准上一年度计划或上一个五年规划执行情况报告和本年度计划或本五年规划草案的决议草案。决议草案经全体代表讨论修改后，提交大会表决通过。计划或规划已经代表大会会议通过，即具有法律效力。

三、财政预算监督制度

根据宪法和有关法律的规定，全国人大有权审查和批准国家的预算和预算执行情况的报告；地方各级人大有权审查和批准本行政区域内的预算以及它们执行情况的报告。进入新时代，以习近平同志为核心的党中央作出关于加强人大预算决算审查监督职能的重大决策部署，出台一系列指导文件，比如，2021 年 6 月，中共中央办公厅印发《关于加强地方人大对政府债务审查监督的意见》，这是加强人大预算决算审查监督职能的一项重要部署，是贯彻落实人大预算审查监督重点向支出预算和注册拓展改革的重要内容。为了贯彻落实党中央的部署要求，2021 年 4 月，十三届全国人大常委会第二十八次会议通过修订后的关于加强中央预算审查监督的决定，健全完善中国特色社会主义预算审查监督制度。

（一）加强全口径审查和全过程监管

包括：（1）财政政策审查监督；（2）一般公共预算审查监督；（3）政府债务审查监督；（4）政府性基金预算审查监督；（5）国有资本经营预算审查监督；（6）社会保险基金预算审查监督；（7）进一步推进预算决算公开，提高预算决算透明度。

（二）加强中央预算编制的监督工作

坚持先有预算、后有支出、严格按预算支出的原则，细化预算和提前编制预算，并分别明确了中央一般公共预算草案、中央政府性基金预算草案、中央国有资本经营预算草案和中央社会保险基金预算草案的内容。

（三）加强和改善中央预算的初步审查工作

在全国人大会议举行的四十五日前，国务院财政部门应当将中央预算草案初步方案提交财政经济委员会，由财政经济委员会对该初步方案进行初步审查，并就有关重点问题开展专题审议，提出初步审查意见。

（四）会议审议

人大会议期间，由各代表团进行审议。人大财经委或大会临时设立的预算审查委员会，根据代表们的审议意见进行专项审查，向大会主席团提出审查报告。

（五）表决通过

大会主席团根据审查报告，向全体会议提出批准或否决的决议草案。全体会议对该决议草案进行表决，预算获得法定多数代表同意即为通过，正式预算成立。

（六）公布预算

预算获得通过，向社会公布。正式预算具有法律效力，非经法定程序，不得擅自变更。

四、监督本级人大常委会工作制度

全国人大常委会对全国人大负责并报告工作。县级以上的地方各级人大常委会对本级人大负责并报告工作。

（一）人大常委会审议本级常委会工作报告稿

在人大会议举行前，本级人大常委会会议先行审议人大常委会工作报告稿。常委会组成人员对常委会工作报告稿进行审议，发表意见。通常情况下，原则通过常委会工作报告稿，授权委员长会议（或主任会议），根据常委会组成人员的审议意见对工作报告稿进行修改后，决定提请人大会议进行审议，并委托委员长（主任）或者一位副委员长（副主任）在人大会议上作工作报告。

（二）人大听取和审议本级常委会工作报告

在人大全体会议上，听取人大常委会负责人作常委会工作报告。

1. 人大常委会工作报告的主要内容

主要有两种情况：（1）每届人大第一次会议听取和审议的是上一届人大常委会工作报告，报告的主要内容是上一届人大常委会任期五年内的工作总结和对下一届人大常委会工作的建议。根据党的代表大会精神，对下一届人大常委会工作提出建议，是人大工作连续性和稳定性的具体体现，实质是我们党和国家事业在人大工作中的具体体现。（2）每届人大第二至四次会议听取和审议的是本届人大常委会的年度工作报告。

2. 常委会工作报告的结构

一是对过去一年工作的总结。全国人大常委会工作报告对过去工作的总结内容，一般包括：（1）立法工作；（2）监督工作；（3）代表工作；（4）对外交往工作；（5）常委会自身建设；（6）其他工作；（7）经验和体会，以及工作中的不足。二是对下一年度工作的计划或建议。全国人大常委会工作报告对未来工作的计划或建议，一般包括：（1）立法工作；（2）监督工作；（3）代表工作；（4）其他工作。需要提出的是，近年来，全国人大常委会加强了宪法实施和监督工作，相应地，常委会工作报告在总结、报告过去一年工作时，把这条作为第一条予以反映。

地方人大常委会工作报告的内容，一般包括：（1）上一年度对本行政区域内的一些重大事项作出决议、决定及其监督执行情况；（2）实施法律监督和工作监督情况；（3）与人大代表及下级人大常委会联系情况；（4）常委会自身建设情况等。有地方立法权的人大常委会还要报告本地立法情况。同时，还要提出未来一年的工作计划或建议。

（三）人大会议审议

1. 代表发言

在人大会议期间，采取代表团全体会议、小组会议等多种会议形式，对常委会工作报告进行审议，发表意见。代表在各种会议上的发言，整理简报印发会议，并可以根据代表本人的要求，将发言记录或者摘要印发会议。会议简报、发言记录或者摘要可以为纸质版，也可以为电子版。

2. 听取意见

大会秘书处安排机关工作人员听取代表审议时的意见建议，回答代表的询问，并将代表的意见建议进行汇总整理，其中有的被吸收进工作报告中，有的则在以后的工作中加以采纳。在大会主席团会议上提出修改说明，并形成关于常委会工作报告的决议，提请人大会议表决。

3. 表决通过关于批准工作报告的决议

大会全体会议对关于批准常委会工作报告的决议进行投票表决。决议表决通过，即批准常委会工作报告，并向社会公布。

第三节　人大常委会监督制度

一、听取和审议"一府一委两院"专项工作报告制度

人大常委会对"一府一委两院"工作实施监督，是宪法和法

律赋予国家权力机关的重要职权，是人大监督权的重要内容。人大常委会围绕党和国家工作大局，每年选择若干关系改革发展稳定大局和群众切身利益、社会普遍关注的重大问题，有计划地安排听取和审议本级"一府一委两院"的专项工作报告，是人大常委会行使监督权的基本形式。

（一）听取和审议专项工作报告的确定

监督法规定，常委会按照确定听取和审议专项工作报告的原则和途径制定听取和审议专项工作报告的年度计划。听取和审议专项工作报告的原则是：每年选择若干关系改革发展稳定大局和群众切身利益、社会普遍关注的重大问题，有计划地安排听取和审议本级"一府两院"的专项工作报告。监察法第五十三条第二款规定，各级人大常委会听取和审议本级监察委员会的专项工作报告。

1. 报告议题的确定

常委会听取和审议本级"一府一委两院"专项工作报告的议题，根据下列途径反映的问题确定：（1）本级人大常委会在执法检查中发现的突出问题；（2）本级人大代表对政府、监察委、法院和检察院工作提出的建议、批评和意见集中反映的问题；（3）本级人大常委会组成人员提出的比较集中的问题；（4）本级人大专门委员会、常委会工作机构在调查研究中发现的突出问题；（5）人民来信来访集中反映的问题；（6）社会普遍关注的其他问题。

"一府一委两院"可以向本级人大常委会要求报告专项工作。常委会办事机构将根据上述原则和途径获取的专项工作报告议题，进行筛选、综合整理后，按照有关程序提交委员长会议或者主任会议，经委员长会议或者主任会议通过，印发常委会组成人员。按照监督法规定，常委会听取和审议专项工作报告的年度计划向社会公布，目的在于向社会征集听取和审议专项工作报告的意见和建议。实践中，常委会年度工作要点和监督工作计划都会列入相关内容，并予以公布。

2. 确定常委会听取和审议专项工作报告议题的议程

常委会会议前，由委员长会议或主任会议研究提出列入会议议程的建议议题。每次常委会会议审议专项工作报告的议题，并非越多越好，要合理安排。

（二）做好准备工作

1. 报告工作单位的准备

报告单位接到通知后应做好准备，按规定时间将报告文本送交常委会，提前送达常委会组成人员，同时送交人大有关专门委员会。

2. 组织视察或专题调研

常委会听取和审议专项工作报告前，委员长会议或主任会议可以组织常委会组成人员和本级人大代表，对将要听取和审议专项工作报告所涉及的工作进行视察或者专题调查研究。常委会办事机构汇总各方面的意见，提供专题材料。人大常委会在听取和审议专项工作报告前，常委会办事机构应当将各方面对该项工作的意见进行汇总，交由本级"一府一委两院"研究。"一府一委两院"应当在专项工作报告中对各方面关于该项工作的意见作出回应。

3. 报告单位要征求意见

"一府一委两院"要将专项工作报告送交人大有关部门征求意见。"一府一委两院"应当在人大常委会举行会议的二十日前，由其办事机构将专项工作报告送交本级人大有关专门委员会、常委会有关工作机构征求意见。有关专门委员会或工作机构对报告的内容进行初步审查，提出初审意见，反馈给报告机关。报告机关根据有关专门委员会的意见进行修改，并在常委会举行会议的十日前送交人大常委会。常委会办事机构应当在举行会议的七日前，将专项工作报告发给常委会组成人员，以便使常委会组成人员提前阅读报告，为参加会议审议做好准备。

（三）常委会听取和审议专项工作报告

"一府一委两院"的专项工作报告由有关国家机关的主要负责人在常委会会议上报告工作，也可以委托有关部门负责人向常委会报告。常委会会议采取分组和联组会议的方法，充分发扬民主进行审议，常委会可以安排参加视察或专题调研的人大代表列席常委会会议，听取报告，提出意见。常委会审议专项工作报告时，政府或有关部门和监察机关、审判机关、检察机关负责人应到会面对面地听取审议意见，并回答询问。

（四）有关后续工作

1. 审议意见的研究处理

常委会组成人员审议专项工作报告的意见，经整理后形成"审议意见"并交由本级"一府一委两院"研究处理。"一府一委两院"应当将研究处理情况由其办事机构送交本级人大有关专门委员会或常委会工作机构征求意见后，向常委会提出书面报告。常委会认为必要时，可以对专项工作报告作出决议。"一府一委两院"应当在决议规定的期限内，将决议的执行情况报告人大常委会。常委会对"一府两院"专项工作报告是否进行表决，法律没有规定，一些地方人大常委会制定的听取"一府两院"专项工作报告办法，对"一府两院"专项工作报告作出了进行表决的规定。

2. 公布专项工作报告和审议意见及其研究处理情况

有关听取和审议专项工作报告的情况应向社会公布,主要内容包括:常委会听取和审议的专项工作报告及审议意见,"一府两院"对审议意见的研究处理情况或者执行人大常委会关于专项工作报告的决议情况的报告。

二、计划监督制度

人大常委会的计划监督,是各级人大常委会对本级人大审查和批准的国民经济和社会发展计划(规划)的实施情况进行监督。按规定,全国人大常委会应当加强对全国人大批准的国民经济和社会发展年度计划执行的监督。

(一)听取和审议半年度计划执行情况报告

国务院和县级以上地方人民政府应当在每年六月至九月期间,向本级人大常委会报告本年度上一阶段本级国民经济和社会发展计划的执行情况。

1. 前期调研。人大财政经济委员会在常委会听取和审议半年度计划执行情况报告前的一段时间里,向政府综合经济部门和其他有关部门了解情况,取得资料,听取意见。有时要召开座谈会,邀请有关单位和专家参加,分析研究经济社会发展面临的形势和问题;有时请有关地方提出专题报告。在调查研究的基础上,形成若干简报和参考材料,为常委会审议提供必要的参考。

2. 对国民经济和社会发展年度计划执行监督的重点。包括:(1)年度计划执行应当贯彻党中央决策部署和中央经济工作会议精神,落实全国人大决议要求,符合政府工作报告中提出的各项目标和任务要求;(2)主要目标特别是约束性指标完成情况、重点任务和重大工程项目进展情况应当符合国民经济和社会发展年度计划进度安排；（3）国民经济和社会发展计划执行情况的报告应当深入分析存在的主要困难和问题及其原因，对未达到预期进度的指标和任务应当作出说明和解释，提出具有针对性且切实可行的政策措施，推动国民经济和社会发展年度计划顺利完成。

3. 听取和审议报告。常委会举行全体会议，听取和审议国民经济和社会发展计划主管部门负责人受政府委托所作的年度计划执行情况报告，常委会采取分组会议的形式，必要时也可以采取联组会议的形式审议报告。常委会审议报告时，政府有关部门和工作机构应当派熟悉情况的有关负责人到会，听取意见，并根据常委会组成人员的要求说明情况，回答询问。

4. 审议意见的处理。常委会组成人员对半年度计划执行情况报告的审议意见，交由政府研究处理，政府应当将研究处理情况及时书面报告常委会。

5. 通报并公布半年度计划执行情况报告和审议意见及研究处理情况。监督法规定，常委会听取的半年度计划执行情况报告及审议意见、人民政府对审议意见的研究处理情况，应当向本级人大代表通报，并向社会公布。

听取和审议半年度计划执行情况报告，是监督法规定的常规监督制度和形式。全国人大常委会关于加强经济工作的监督的决定还规定，国务院对事关国民经济和社会发展全局、涉及人民群众切身利益的重大决策，依法在出台前向全国人大常委会报告。出现下列情况之一的，国务院或者国务院有关部门应当向全国人大常委会或者财政经济委员会和有关专门委员会报告，作出说明：（1）因国际经济形势或者国内经济运行发生重大变化需要对宏观调控政策取向作出重大调整；（2）涉及国计民生、国家经济安全、人民群众切身利益的重大经济体制改革或者对外开放方案出台前；（3）重大自然灾害或者给国家财产、集体财产、人民群众生命财产造成严重损失的重大事件发生后；（4）其他有必要向全国人大常委会或者财政经济委员会和有关专门委员会报告的重大经济事项。全国人大常委会认为必要时，可以依法作出决定决议，也可以将讨论中的意见建议转送国务院及其有关部门研究处理。

（二）听取和审议五年规划的中期评估报告

全国人大常委会应当加强对五年规划纲要实施的监督。监督法规定，国民经济和社会发展五年规划经人大批准后，在实施的中期阶段，人民政府应当将规划实施情况的中期评估报告提请本级人大常委会审议。规划经中期评估需要调整的，人民政府应当将调整方案提请本级人大常委会审查和批准。新修改的关于加强经济工作监督的决定对此作了进一步规定，修改和补充完善了有关中期评估的监督重点、总结评估报告的形成和主要内容、财经委的有关工作及相应程序等。

三、预算监督制度

（一）预算监督的重点内容

监督法对人大常委会审查和批准决算、听取和审议预算的执行情况报告、审查和批准预算调整方案及重要预算科目资金调减等作出了明确的规定。1994 年以前，人大会议审查批准预算执行情况后，一般都授权常委会审查批准决算。1994 年 3 月八届全国人大二次会议通过的预算法第六十二条规定：“国务院财政部门编制中央决算草案，报国务院审定后，由国务院提请全国人民代表大会常务委员会审查和批准。县级以上地方各级政府财政部门编制本级决算草案，报本级政府审定后，由本级政府提请本级人民代表大会常务委员会审查和批准。乡、民族乡、镇政府编制本级决算草案，提请本级人民代表大会审查和批准。"2014年、2018年修改后的预算法作了相应完善。

根据监督法的规定，人大常委会对决算草案和预算执行情况报告，重点审查监督以下内容：（1）预算收支平衡情况；（2）重点支出的安排和资金到位情况；（3）预算超收收入的安排和使用情况；（4）部门预算制度建立和执行情况；（5）向下级财政转移支付情况；（6）本级人民代表大会关于批准预算的决议的执行情况。除前款规定外，全国人民代表大会常务委员会还应当重点审查国债余额情况；县级以上地方各级人民代表大会常务委员会还应当重点审查上级财政补助资金的安排和使用情况。

新修订后的关于加强中央预算审查监督的决定，明确规定加强中央预算执行情况的监督工作。全国人大常委会通过听取和审议专项工作报告、执法检查、专题调研等监督方式，加强对重点收支政策贯彻实施、重点领域财政资金分配和使用、重大财税改革和政策调整、重大投资项目落实情况的监督。

（二）审查和批准决算

决算是对年度预算执行情况的最终的、全面的反映，也是一年来国民经济和社会发展计划执行结果在财政收支上的集中反映。根据预算法的规定，中央决算和地方各级政府决算的审批权在本级人大常委会。常委会对决算的审查和批准过程，就是对年度预算执行情况的监督过程。

监督法规定，国务院应当在每年六月，将上一年度的中央决算草案提请全国人大常委会审查和批准。县级以上地方各级人民政府应当在每年六月至九月期间，将上一年度的本级决算草案提请本级人大常委会审查和批准。决算草案应当按照本级人大批准的预算所列科目编制，按预算数、调整数或者变更数以及实际执行数分别列出，并作出说明。全国人大常委会关于加强中央预算审查监督的决定规定，中央决算草案应在全国人大常委会举行会议审查和批准的一个月前，提交财政经济委员会，由财政经济委员会结合审计工作报告进行初步审查。

常委会举行会议时，由人大财经委提出关于上一年度决算的审查报告。主要内容有：（1）总的评价，提出是否批准政府决算草案的建议。（2）预算执行中存在的主要问题。（3）做好财政预算工作的建议。常委会组成人员对财经委的决算审查报告、政府决算草案和有关报告进行审议。常委会对预算草案作出相关决议，同意财经委的审查报告表示，决定批准政府决算，并提出相关具体要求。

（三）听取和审议半年度预算执行情况报告

根据监督法的规定，国务院和县级以上地方各级人民政府应当在每年六月至九月期间，向本级人大常委会报告本年度上一阶段本级预算的执行情况。实践中，一般是在政府提出上一年度决算草案及决算报告的同时报告本年度前一阶段本级预算的执行情况。而上一年度预算执行情况报告，一般是与当年预算草案及预算报告一并由政府提出，由人民代表大会审查和批准。

听取和审议半年度预算执行情况报告的程序包括：（1）前期调研。人大财经委和常委会预算工委在报告之前的一段时间里，向政府财政、税务、海关等有关部门了解情况，取得资料，听取意见。有时还召开座谈会，邀请有关单位和专家参加，分析研究经济社会发展特别是预算收支面临的形势和问题。在调查研究的基础上，形成若干简报和参考材料，为常委会审议提供必要的参考。（2）听取和审议报告。常委会举行全体会议，听取政府财政部门负责人受政府委托所作的半年度预算执行情况报告；常委会采取分组会议的形式，必要时也可以采取联组会议的形式审议报告。常委会审议报告时，政府有关部门和工作机构应当派熟悉情况的有关负责人到会，听取意见，并根据常委会组成人员的要求说明情况、回答询问。（3）审议意见的处理。常委会组成人员对半年度预算执行情况报告的审议意见，交由政府研究处理，政府应当将研究处理情况及时书面报告常委会。（4）通报并公布半年度预算执行情况报告和审议意见及其研究处理情况。监督法规定，常委会听取的半年度预算执行情况报告的审议意见，人民政府对审议意见的研究处理情况，应当向本级人大代表通报并向社会公布。

（四）审查和批准预算调整方案

宪法规定，全国人大常委会在全国人大闭会期间审查和批准国家预算在执行过程中所必须作的部分调整方案。地方组织法规定，县级以上地方各级人大常委会根据本级人民政府的建议，决定对本行政区域内预算的部分变更。

根据预算法的规定，预算调整是经全国人大批准的中央预算和经地方各级人大批准的本级预算，在执行中因特殊情况需要增加支出或者减少收入，使原批准的收支平衡的预算的总支出超过总收入，或者使原批准的预算中举借债务的数额增加的部分变更。各级政府对于必须进行的预算调整，应当编制预算调整方案。中央预算的调整方案必须提请全国人大常委会审查和批准；县级以上地方各级政府预算的调整方案必须提请本级人大常委会审查和批准；乡、民族乡、镇政府预算的调整方案必须提请本级人民代表大会审查和批准。未经批准，不得调整预算。未经批准调整预算，各级政府不得作出任何使原批准的收支平衡的预算的总支出超过总收入或者使原批准的预算中举借债务的数额增加的决定。对违反规定作出的决定，本级人民代表大会、人大常委会或者上级政府应当责令其改变或者撤销。各级政府未经依法批准擅自变更预算，使经批准的收支平衡的预算的总支出超过总收入，或者使经批准的预算中举借债务的数额增加的，对负有直接责任的主管人员和其他直接责任人员应当追究行政责任。监督法对预算调整及相关工作作了明确规定。

针对预算执行中的资金调剂过于随意、挪用现象严重等问题，全国人大常委会关于加强中央预算审查监督的决定作了三项具体规定：一是严格控制不同预算科目之间的资金调剂，各部门、各单位的预算支出应当按照预算科目执行。中央预算安排的农业、教育、科技、社会保障预算资金的调减，须经全国人大常委会审查和批准，以后根据需要还可以逐步增加新的项目。二是加强对中央预算调整方案的审查工作。因特殊情况必须调整中央预算时，国务院应当编制中央预算调整方案，并于当年六月至十月间提交全国人大常委会。三是国务院财政部门应当及时向人大财政经济委员会和预算工作委员会通报中央预算调整的情况，在常务委员会举行会议审批中央预算调整方案的一个月前，将中央预算调整方案的初步方案提交人大财政经济委员会，由人大财政经济委员会进行初步审查。一些省级人大常委会在制定预算管理方面的地方法规时，把预算调整和变更统称为"预算变更"，要求政府将超收安排、预备费动用、预算划转、返还和补助，减少对农业、教育、科技支出或增加基本建设、行政管理费支出等情况，都提请人大常委会审查批准。有的还对变动到多大幅度作了数量界定。

（五）听取和审议审计工作报告制度

根据审计法的规定，国务院和县级以上地方人民政府应当每年向本级人大常委会提出审计机关对预算执行和其他财政收支的审计工作报告。审计工作报告应当重点报告对预算执行的审计情况。必要时，人大常委会可以对审计工作报告作出决议。国务院和县级以上地方人民政府应当将审计工作报告中指出的问题的纠正情况和处理结果向本级人大常委会报告。

人大常委会听取和审议审计工作报告，通常是在常委会会议上，将审计工作报告与审批决算、半年度预算执行情况报告一起审议。监督法规定，常委会每年审查和批准决算的同时，听取和审议本级人民政府提出的审计机关关于上一年度预算执行和其他财政收支的审计工作报告。实践中，人大财经委在关于政府决算的审查报告中，对审计工作报告同时作出总的评价，并建议政府责成有关部门和地方对审计查出的问题，认真分析原因，切实加以整改，依法追究责任，在年底前将纠正情况和处理结果向人大常委会提出报告。

常委会组成人员对审计工作报告的审议意见交由本级人民政府研究处理。人民政府应当将研究处理情况向常委会提出书面报告。常委会认为必要时，可以对审计工作报告作出决议；本级人民政府应当在决议规定的期限内，将执行决议的情况向常委会报告。常委会听取的审计工作报告及审议意见，人民政府对审议意见研究处理情况或者执行决议情况的报告，向本级人大代表通报并向社会公布。

四、法律法规实施情况检查制度

根据监督法的规定，各级人大常委会每年选择若干关系改革发展稳定大局和群众切身利益、社会普遍关注的重大问题，有计划地对有关法律、法规实施情况组织执法检查。这是人大常委会行使监督权的重要方式和经常性工作，目的是保证宪法和法律的正确实施，保证行政权、监察权、审判权、检察权的依法正确行使，保护公民和法人的合法权益。

（一）制定执法检查项目和计划

人大专门委员会或者常委会有关工作机构在每年年底编制下一年度工作要点和监督工作计划时，向常委会提出下一年度常委会执法检查的项目的建议，报常委会委员长会议或主任会议审议确定。

执法检查项目的确定和计划的安排，需要：（1）围绕党和国家的工作中心和改革发展稳定的大局，围绕常委会的年度工作重点，把握好执法检查的正确方向。（2）围绕法律法规实施过程中普遍存在的倾向性问题，抓住关系人民群众切身利益，群众普遍反映强烈的热点难点问题。还要考虑一定客观条件下能否取得预期的效果。（3）集中力量、突出重点、抓住关键，取得党和人民满意的效果，避免过多过滥。（4）拟进行执法检查的法律、法规已经颁布实施了一定时间，有必要检查执法情况，总结经验，改进工作。

（二）组织实施执法检查

2021年3月修改后的全国人大组织法第三十七条关于各专

门委员会的工作，增加规定"执法检查的具体组织实施工作"。人大常委会执法检查计划确定后，由有关专门委员会具体组织实施，包括制定执法检查方案、发布执法检查通知、组织执法检查组。包括：（1）组织执法检查组全体成员集中学习。（2）召开执法检查工作协调会议。（3）开好执法检查组全体会议。（4）确定执法检查的内容、方式，反馈法律法规实施情况，开好执法检查结束后的执法检查组全体会议。同时，在开展执法检查前，常委会办公厅秘书局与有关专门委员会办事机构、工作委员会就检查方案等事项及时沟通协调，共同做好执法检查的协调服务工作。

（三）提出执法检查报告

执法检查组在执法检查结束后，指定执法检查组工作人员负责对各执法检查小组的报告，法律法规实施主管机关的汇报，执法检查组成员提出的意见和建议等有关材料进行整理，写出执法检查报告稿，向人大常委会会议报告执法检查情况。执法检查报告稿由执法检查组组长负责主持研究、修改和审定。然后，要分发执法检查组全体成员审阅，经执法检查组成员通过后，由有关专门委员会主要负责人向委员长（主任）会议汇报，由委员长（主任）会议决定列入常委会会议议程。如有必要，执法检查报告稿在提交常委会会议审议前，可以征求人民政府、人民法院和人民检察院的意见。

（四）听取和审议执法检查报告

常委会全体会议听取执法检查报告时，由执法检查组组长向全体会议报告。常委会分组审议执法检查报告时，有关专门委员会和有关法律法规实施主管机关应当派人到会听取意见、回答询问。之后，听取相关部门汇报，进行跟踪检查。

五、规范性文件备案审查制度

备案审查制度是保障宪法法律实施、维护国家法制统一的宪法性制度安排。对规范性文件进行备案审查，是宪法和法律赋予各级人大常委会的一项重要监督职权，是人大常委会行使监督职权的重要方式和经常性工作。实行备案审查制度，是进行立法监督的重要内容。全国人大常委会依法开展备案审查工作，保证党中央令行禁止，保障宪法法律实施，保护公民合法权益，维护国家法制统一，促进制定机关提高法规、司法解释制定水平。1982年8月19日至23日，五届全国人大常委会第十四次会议上，将全国人大常委会办公厅对省、自治区、直辖市的人民代表大会及其常务委员会报送备案的地方性法规的审查意见，印发给常委会组成人员阅审。大家同意这个审查报告，这是全国人大常委会历史上第一次审查地方性法规。

在宪法规定的基础上，立法法第五章"适用与备案审查"、监督法第五章"规范性文件的备案审查"对备案审查制度作出具体规定，并明确将行政法规、地方性法规、司法解释纳入全国人大常委会备案审查范围。2019年10月，十三届全国人大常委会通过的关于国家监察委员会制定监察法规的决定，明确监察法规应当报全国人大常委会备案。

需要特别说明的是，2005年全国人大常委会委员长会议通过的行政法规、地方性法规、自治条例和单行条例、经济特区法规备案审查工作程序和司法解释备案审查工作程序，对备案审查工作为适应新时代对备案审查工作提出的新任务新要求，认真总结近年来备案审查工作积累的实践做法，有必要对这两个备案审查工作程序进行修改，形成统一的备案审查工作规范。2019 年 12 月 16 日，十三届全国人大常委会第 44 次委员长会议通过法规、司法解释备案审查工作办法，对备案、审查、处理、反馈与公开、报告工作等作出全面规定。下面，以该工作办法内容为主，着重介绍全国人大常委会的备案审查工作。

（一）备案审查工作的范围和原则

1. 备案审查工作的范围

根据法规、司法解释备案审查工作办法的规定，备案审查的范围包括：行政法规、监察法规、地方性法规、自治州和自治县的自治条例和单行条例、经济特区法规（以下统称法规）以及最高人民法院、最高人民检察院作出的属于审判、检察工作中具体应用法律的解释（以下统称司法解释）。对国务院的决定、命令和省、自治区、直辖市人大及其常委会的决议、决定以及最高人民法院、最高人民检察院的司法解释以外的其他规范性文件进行的审查，参照适用本办法有关规定。此外，还规定地方各级人大常委会参照本办法对依法接受本级人大常委会监督的地方政府、监察委员会、人民法院、人民检察院等国家机关制定的有关规范性文件进行备案审查。

2. 备案审查工作的原则

（1）开展备案审查工作，应当依照法定权限和程序，坚持有件必备、有备必审、有错必纠的原则。（2）常委会工作机构通过备案审查衔接联动机制，加强与中央办公厅、司法部、中央军委办公厅等有关方面的联系和协作。（3）常委会工作机构应当密切与地方人大常委会的工作联系，根据需要对地方人大常委会备案审查工作进行业务指导。

（二）关于审查工作的程序

1. 采取多种方式征求意见

规定在审查研究过程中，可以采取以下征求意见：（1）对涉及国务院职权范围内的事项，可以征求国务院有关方面的意见；（2）可以征求有关专门委员会、常委会工作机构的意见；（3）可以通过座谈会、听证会、论证会、委托第三方研究等方式，听取国家机关、社会团体、企业事业组织、人大代表、专家学者以及利益相关方的意见；（4）可以向审查建议人询问有关情况，要求审查建议人补充有关资料且根据需要可以进行实地调研，深入了解实际情况。

2. 有关协调配合

专门委员会、常委会法工委在审查研究中认为有必要进行共同审查的，可以召开联合审查会议。有关专门委员会、常委会法工委在审查研究中有较大意见分歧的，经报秘书长同意，向委员长会议报告。常委会法工委加强与专门委员会在备案审查工作中的沟通协调，适时向专门委员会了解开展备案审查工作的情况。

3. 提出书面审查研究报告

专门委员会、常委会法工委一般应当在审查程序启动后三个月内完成审查研究工作，提出书面审查研究报告。

（三）关于审查标准

1. 合宪性标准

对法规、司法解释进行审查研究，发现法规、司法解释存在违背宪法规定、宪法原则或宪法精神问题的，应当提出意见。

2. 政治性标准

对法规、司法解释进行审查研究，发现法规、司法解释存在与党中央的重大决策部署不相符合或者与国家的重大改革方向不一致问题的，应当提出意见。

3. 合法性标准

对法规、司法解释进行审查研究，发现法规、司法解释存在违背法律规定，有下列情形之一的，应当提出意见：（1）违反立法法第十一条规定，对只能制定法律的事项作出规定；（2）超越权限，违法设定公民、法人和其他组织的权利与义务，或者违法设定国家机关的权力与责任；（3）违法设定行政许可、行政处罚、行政强制，或者对法律设定的行政许可、行政处罚、行政强制违法作出调整和改变；（4）与法律规定明显不一致，或者与法律的立法目的、原则明显相违背，旨在抵消、改变或者规避法律规定；（5）违反授权决定，超出授权范围；（6）对依法不能变通的事项作出变通，或者变通规定违背法律的基本原则；（7）违背法定程序；（8）其他违背法律规定的情形。

4. 适当性标准

对法规、司法解释进行审查研究，发现法规、司法解释存在明显不适当问题，有下列情形之一的，应当提出意见：（1）明显违背社会主义核心价值观和公序良俗；（2）对公民、法人或者其他组织的权利与义务的规定明显不合理，或者为实现立法目的所规定的手段与立法目的明显不匹配；（3）违法设定行政许可、行政处罚、行政强制，或者对法律设定的行政许可、行政处罚、行政强制违法作出调整和改变；（4）与法律规定明显不一致，或者与法律的立法目的、原则明显相违背，旨在抵消、改变或者规避法律规定；（5）违反授权决定，超出授权范围。

（四）关于处理纠正

专门委员会、常委会法工委在审查研究中可以采取约谈、书面询问、发函督促、提醒、提出有关撤销议案或者废止建议等措施。目的就是强化对制定机关的约束力度。

（五）关于反馈与公开

落实立法法有关向提出审查要求、审查建议的国家机关、企业事业组织和公民反馈审查研究情况的规定，法规、司法解释备案审查工作办法对反馈的主体（常委会办公厅和常委会法工委）、反馈的形式和内容分别作了规定。同时，还规定专门委员会、常委会工作机构应当将开展备案审查工作的情况以适当方式向社会公开。

（六）关于报告工作

常委会法工委应当每年向全国人大常委会专项报告开展备案审查工作的情况，由常委会会议审议。备案审查工作情况报告在全国人大常委会公报和中国人大网刊载。专门委员会和常委会办公厅提供有关情况和材料，由法工委汇总草拟工作报告，经征询专门委员会和常委会办公厅意见后按规定上报。

六、询问制度

询问是人大常委会组成人员对"一府一委两院"工作有不清楚、不理解、不满意的方面提出问题，要求有关机关作出解释和说明的一种活动。询问的性质是人大常委会的一种工作方式，也是人大常委会行使职权的一种监督方式。询问是人大常委会组成人员的个人行为，不是人大常委会的集体行为。1982年全国人大组织法首次对询问作了规定："在全国人民代表大会审议议案的时候，代表可以向有关国家机关提出询问，由有关机关派人在代表小组或者代表团会议上进行说明。"1986年修改地方组织法时，将询问制度引入地方人大。1987年11月六届全国人大常委会第二十三次会议通过的全国人大常委会议事规则，将询问引入全国人大常委会。

监督法规定，各级人民代表大会常务委员会会议审议议案和有关报告时，本级人民政府或者有关部门、人民法院或者人民检察院应当派有关负责人员到会，听取意见，回答询问。

2010年6月，全国人大常委会就2009年中央决算情况进行首次专题询问。12月24日，十一届全国人大常委会第十八次会议举行联组会议，就国务院关于深化医药卫生体制改革工作情况的报告开展专题询问。全国许多地方人大常委会都开展了专题询问工作。

（一）提出询问的主体和对象

提出询问的主体主要是常委会组成人员，同时，列席常委会会议的本级人大代表、专门委员会成员、常委会工作机构负责人和下一级人大常委会负责人等，也可以提出询问。提出询问的对象，是正在审议的议案和报告所涉及的工作的相关机关。

（二）提出询问

询问一般以口头方式提出，也可以书面提出。提出询问的时间，应当是常委会会议期间审议议案和有关报告的时候，在常委会闭会期间不能提出询问。

（三）提出询问的内容

应当与正在审议的议案和报告有关的内容。询问经有关机关答复后，提出询问的常委会组成人员和其他人员如果仍有不清楚的问题，可以当场跟进提出询问，由有关机关答复。

（四）询问的答复

常委会审议议案和报告时，有关国家机关应当派负责人到会，回答常委会组成人员提出的询问。一般由有关机关当场答复，不能当场答复的，可以在下次常委会会议上答复或者书面答复。如果询问的内容较多、问题重大，有关部门应作书面阐释和说明。询问一般不导致法律责任的产生。

（五）对询问提出问题的处理

询问结束后，常委会办事机构可以对联组会议上常委会组成人员提出的询问问题和常委会分组会议时常委会组成人员提出的意见、建议进行整理，形成常委会会议审议意见，交有关机关研究处理。

七、质询制度

质询是人大常委会组成人员在人大常委会会议期间，依照法定程序对本级人民政府及其所属部门、人民法院、人民检察院有不清楚、不理解、不满意的方面提出的带有一定强制力的质疑和发问，要求有关机关作出解释和说明的一种活动。目前，全国人大常委会会议期间，还没有提出过质询案，但一些地方人大常委会提出过质询案。

（一）关于质询和询问的异同

质询和询问作为人大常委会监督权的运行方式之一，二者既有相同点又有不同点。

关于询问和质询的相同点。一是性质相同。二者都是常委会组成人员的权利，是我国国家权力机关监督制度中的重要组成部分，它们与其他权利一起组成各级人大常委会的监督权。二是地位相同。二者都是监督权的重要组成部分，但是在行使过程中，都不属于人大常委会的集体行为，都是以常委会组成人员的个人名义行使职权，他们不代表常委会全体组成人员。三是目的相同。行使询问权和质询权，都是为了解和掌握情况，督促"一府一委两院"改进工作。四是答复方式相同,对询问和质询的答复,都可以口头答复,也可以书面答复。

关于询问和质询的不同点。一是侧重点不同。询问是常委会组成人员在审议讨论议案和报告时,就议案和报告中不清楚、不明白、不理解等事项向有关机关提出问询,要求答复,作出解释;质询是常委会组成人员对有关机关工作中不理解、不清楚、有疑问的问题,提出疑问或质疑,要求答复。二是运用程序不同。询问的程序比较简便,一般在常委会会议期间的讨论会上,常委会组成人员可以就所讨论的议案、报告中的问题,随时提问,有关机关负责人到会,回答常委会组成人员的询问。质询的程序比较严格,必须依照一定的法定程序进行,否则就是非法行使职权。三是针对性不同。询问是在常委会会议审议议案和报告时提出的,因此,询问的问题大多数与正在审议的议案和报告有关;质询在常委会会议期间可以随时提出,质询的问题可以与正在审议的议案和报告有关,也可以与正在审议的议案和报告无关。四是提出的方式不同。询问,常委会组成人员可以单独提出,也可以联名提出;可以口头提出,也可以书面提出。质询只能由一定数量的常委会组成人员书面联名提出,不能口头提出。五是答复人不同。询问可以由被询问机关的负责人答复,也可以由被询问机关下属机构的有关负责人答复;质询必须由受质询机关的负责人答复。六是答复时间要求不同。询问通常由有关机关当场口头答复,如果对答复不满意,可以当场跟进提出询问,要求进一步答复。只有在当场不能口头答复的,经说明原因后,才可以另定时间答复或者书面答复。常委会组成人员提出质询案时,通常由委员长会议或主任会议确定答复的时间和方式,如委员长会议或者主任会议可以决定在当次常委会会议上答复,也可以决定在下次常委会会议上答复。可以口头答复，也可以书面答复。有关机关答复后，如果提出质询的常委会组成人员过半数对答复结果不满意的，可以要求再次答复，经委员长会议或者主任会议决定，由受质询机关再作答复。七是答复后果不同。常委会组成人员如果对询问不满意，可以要求再作答复，直到答复满意为止。但如果常委会组成人员或者提出质询案的常委会组成人员对质询的答复不满意的，很可能出现常委会组成人员提出特定问题调查或者罢免案的情况。

（二）质询案的提出

根据监督法的规定，全国人大常委会组成人员十人以上联名，省、自治区、直辖市、自治州、设区的市人大常委会组成人员五人以上联名，县级人大常委会组成人员三人以上联名，可以向常委会书面提出对本级人民政府及其部门和人民法院、人民检察院的质询案。同时规定，质询案应当写明质询对象、质询的问题和内容。提出质询案，必须符合以下要求。

1. 提出质询案的主体必须是常委会组成人员。如人大代表在人大会议期间可以提出质询案，但人大代表在列席常委会会议时，不能提出质询案，也不能与常委会组成人员共同联名提出质询案。

2. 质询案必须符合法定人数。在全国人大常委会会议期间，常委会组成人员十人以上联名，可以书面提出对国务院及其所属部门、最高人民法院和最高人民检察院的质询案。地方各级人大常委会会议期间，省、自治区、直辖市、自治州、设区的市人大常委会组成人员五人以上联名，县级人大常委会组成人员三人以上联名可以向常委会书面提出对本级人民政府、人民法院、人民检察院的质询案。不符合法定人数，就不能作为质询案提出。

3.质询案的格式要求。质询案必须写明质询对象、质询的问题和内容。（1）质询案必须写明向谁提出，要求由谁答复。一个质询案应当只有一个质询对象，不能同时涉及多个质询对象，以便明确答复机关。如果常委会组成人员质询的问题涉及多个质询对象，要求多个质询对象答复，应当分别提出几个质询案。质询对象包括本级政府及其各部门（既包括政府组成部门，也包括办事机构、直属机构）、人民法院、人民检察院。（2）质询案必须写明所要质询的问题。一般来说，一个质询案应当只提出一个问题，如果有多个问题需要质询，可以分别提出几个质询案。（3）质询案必须写明所质询的内容。质询案必须写明因为什么具体事项、什么理由提出质询，并提供该事项必要的有关情况，以便于受质询机关准确把握常委会组成人员质询的意图，希望了解和掌握的情况范围或者不满意的事项，作出有针对性的答复。

（三）质询案的答复

1.委员长会议或者主任会议决定交由受质询的机关答复。委员长会议或者主任会议决定的内容包括：（1）答复的形式，即是口头答复还是书面答复。（2）答复的场所，即决定口头答复的，应明确在常委会会议上答复，还是在有关的专门委员会会议上答复。（3）答复的时间，即是在常委会会议期间答复，还是闭会期间答复，以及具体的答复日期。质询案通常应当在本次常委会会议期间答复，如因提出质询的问题比较复杂，确实无法在本次常委会会议期间答复的，经委员长会议或者主任会议决定，并征求提出质询案的常委会组成人员的意见，也可以在闭会期间提出书面答复或者在有关的专门委员会会议上答复。

2.受质询机关作出答复。要求口头答复的，必须由受质询机关负责人到会答复。书面答复的，应当由受质询机关负责人签署。这里，"负责人"包括受质询机关的正职领导人和副职领导人。在专门委员会会议上答复的，提出质询案的常委会组成人员有权列席会议，发表意见。这里所说的"发表意见"，通常应针对受质询机关的答复中不清楚的问题，提出要求进一步答复的意见，或者对答复是否满意发表意见。如果提出的问题属于新的问题，应当依法提出新的质询案。

3. 关于印发常委会会议。质询案答复后，委员长会议或者主任会议认为必要时，可以将答复质询案的情况报告印发常委会会议。答复质询案的情况报告，通常由常委会工作机构或者有关的专门委员会工作机构负责起草。

（四）对质询案答复不满意的处理

提质询案的常委会组成人员的过半数对受质询机关的答复不满意的，可以提出要求，经委员长会议或者主任会议决定，由受质询机关再作答复。从实际情况看，常委会组成人员对受质询机关答复不满意，主要有 3 种情况。

1. 受质询机关没有针对所质询的问题或者没有完全针对所质询的问题答复，或者没有向常委会组成人员提供全部实际情况。

2. 受质询机关在答复质询时态度不够诚恳，或者不接受常委会组成人员的批评。

3. 常委会组成人员对受质询机关的某项工作有不同意见，但受质询机关认为自己的做法正确，不准备改变，或者无法改变。属于第一种情况的，常委会组成人员可以要求进一步答复。再作答复仍然不满意的，常委会组成人员可以依法采取其他行动。属于后两种情况的，不管受质询机关如何答复，常委会组成人员都不可能满意。在这种情况下，常委会组成人员如果认为必要，可以依法采取其他行动，如可以向常委会提出要求有关机关就所质询的事项作专项工作报告的建议或者要求组织特定问题调查的建议等。

八、特定问题调查制度

特定问题调查制度是人大常委会组织的为查证某个重大问题而依照法定程序组织的调查制度，是国家权力机关行使监督权的一种非常措施。宪法和有关法律对县级以上各级人大及其常委会的特定问题调查权及基本程序作了规定，监督法总结实践经验，设专章对各级人大常委会组织特定问题调查委员会的范围、调查委员会的组成和权限、调查报告的提出和审议等，作了全面的、统一的规定。

（一）特定问题调查的产生

1. 组织特定问题调查委员会提议的提出。监督法对提议组织特定问题调查委员会的主体作了明确规定。（1）委员长会议或者主任会议提议。根据监督法的规定，委员长会议或者主任会议可以向本级人大常委会提议组织关于特定问题的调查委员会，提请常务委员会审议。委员长会议或者主任会议是负责处理常委会日常工作的机构，了解各方面的情况和群众的意见。规定委员长会议或者主任会议可以提议组织特定问题调查委员会，便于在确实必要时能够顺利组织调查委员会。（2）常委会组成人员联名提议。根据监督法的规定，五分之一以上常委会组成人员书面联名，可以向本级人大常委会提议组织关于特定问题的调查委员会，由委员长会议或者主任会议决定提请常务委员会审议，或者先交有关的专门委员会审议、提出报告，再决定提请常务委员会审议。

2. 组织特定问题调查委员会提议的审议和表决。关于组织特定问题调查委员会的提议，由委员长会议或者主任会议决定提请本级人大常委会审议后，由常委会会议进行审议。常委会会议在审议之后，由委员长会议或者主任会议提出关于组织特定问题调查委员会的决定草案，提请常委会全体会议进行表决。决定草案由常委会全体组成人员的过半数通过。委员长会议或者主任会议提出组织关于特定问题的调查委员会的决定草案，应当同时提出调查委员会的组成人员名单，交付表决。这一点与代表议案的内容要求不同。根据有关法律规定，议案要求有案由、案据和方案。提议组织特定问题调查委员会，只要求有理由和根据，不要求提出调查委员会组成方案。调查委员会组成人员，是在提议获得通过后由委员长会议或者主任会议提出。

3. 组织特定问题调查委员会。特定问题的调查委员会，是在必要时成立的临时机构。在需要组织特定问题调查委员会时，必须临时提出人选，经常委会全体会议表决通过。监督法规定：调查委员会由主任委员、副主任委员和委员组成，由委员长会议或者主任会议在本级人大常委会组成人员和本级人大代表中提名，提请常委会会议审议通过。为了便于就一些专业性较强的问题进行深入调查，调查委员会可以聘请有关专家参加调查工作。

（二）特定问题调查委员会的权力

监督法第四十二条规定：调查委员会进行调查时，有关的国家机关、社会团体、企业事业组织和公民都有义务向其提供必要的材料。提供材料的公民要求对材料来源保密的，调查委员会应当予以保密。调查委员会在调查过程中，可以不公布调查的情况和材料。特定问题调查委员会有两项重要权力。

1. 材料获取权。为了保证调查委员会获得全面、真实、准确的材料，有关国家机关、社会团体、企业事业组织和公民都有义务向其提供必要的材料。这里的有关国家机关，是指本级"一府两院"和下级人大及其常委会。

2. 保密权。为了保障公民的合法权益，避免因提供材料而受到不必要的干扰、打击报复等，如果公民要求对材料来源保密的，调查委员会应当采取必要措施予以保密。为了保证调查委员会调查工作的顺利进行，避免来自不同方面的干预、干扰，调查委员会在调查过程中，可以不公布调查情况和材料。

（三）特定问题调查报告

1. 特定问题调查委员会报告的提出。监督法第四十三条规定：调查委员会应当向产生它的常委会提出调查报告。常务委员会根据报告，可以作出相应的决议、决定。特定问题调查委员会是人大常委会为搞清某一特定问题而临时设立的特别机构，是为人大常委会服务的，它自己不能作出决定。因此，调查委员会在调查工作结束后，应当及时向组织它的人大常委会提出调查报告。

2. 特定问题调查报告的内容。调查工作结束以后，特定问题调查委员会提出调查报告的内容应包括：调查事项、调查方法、调查结果，并提出对所调查问题及有关人员的处理意见，附以充分、确实的证据材料。调查委员会决定问题应当采取少数服从多数的原则，在重大问题上有分歧意见时，应将他们的意见用附件形式加以反映。

3. 特定问题调查委员会调查报告处理程序。特定问题调查委员会的调查结果，有几种情况：一是调查结束认为没有问题，那就不采取其他措施；二是调查后认为有一定问题，但没有必要采取措施；三是问题比较严重，那就可以建议代表大会或其常委会采取必要的手段，如对有关责任人撤职、罢免、作出决定等。特定问题调查委员会调查报告一般按以下程序处理。（1）由委员长会议或者主任会议决定将调查委员会的报告列入常委会会议议程。（2）常委会全体会议听取调查委员会作调查情况的报告。（3）常委会会议对调查委员会的报告进行审议讨论，提出意见，调查委员会成员可以对常委会组成人员审议中提出的问题，作必要的解释、说明。（4）常委会根据情况，可以对有关特定问题作出决议、决定。但是，对撤职案所组织的调查委员会，常委会应当根据调查委员会的调查报告，决定是否将撤职案提请常委会审议和作出决定。常委会决定不将撤职案提请常委会审议的，对该撤职案的处理即行结束。

4. 对调查报告的审议。各级人大及其常委会可以根据调查报告作出相应的决议。人大可以授权本级人大常委会在人大闭会期间听取特定问题调查委员会的报告，并可作出相应的决议，报下次人大会议备案。对于各级人大及其常委会根据调查报告作出的决议，有关国家机关、团体、企事业组织及有关公民都必须执行，但可以向本级人大和上级人大及其常委会提出申诉。

九、撤职案的审议和决定制度

撤职是人大常委会对其任命的国家机关工作人员有违法、违纪或者失职、渎职行为的，在其任期届满或者正常卸任之前，依法撤销（解除）其所任职务的一种行为。撤职同罢免一样，具有惩戒性质，是一种惩戒性的解职行为。县级以上地方各级人大常委会有权撤销由其决定、任命的国家机关工作人员。因此，人大常委会审议决定撤职案，是人大常委会行使监督权的重要形式。

（一）撤职的范围

监督法第四十四条规定，县级以上的地方各级人大常委会在本级人大闭会期间，有权决定撤销个别副省长、自治区副主席、副市长、副州长、副县长、副区长的职务；决定撤销由它任命的本级人民政府其他组成人员和人民法院副院长、庭长、副庭长、审判委员会委员、审判员，人民检察院副检察长、检察委员会委员、检察员，中级人民法院院长，人民检察院分院检察长的职务。

（二）撤职案的审议和决定程序

1. 提出撤职案的主体。根据监督法的规定，可以向本级人大常委会提出对监督法第四十四条所列国家机关工作人员的撤职案的主体有三个。（1）县级以上地方各级人民政府、人民法院和人民检察院。（2）县级以上地方各级人大常委会主任会议。（3）县级以上地方各级人大常委会五分之一以上的组成人员书面联名，由主任会议决定是否提请常委会会议审议；或者由主任会议提议，经全体会议决定，组织调查委员会，由以后的常委会会议根据调查委员会的报告审议决定。其他任何机关或者个人，都不能作为撤职案的提出主体。

2. 撤职案的要件。撤职案属于人大常委会会议审议的议案的范畴，应具备法定的形式和要件。（1）明确撤职对象。即被要求撤销职务人员的姓名和所任的职务。（2）写明撤职理由。撤职理由即提出撤职案所依据的事实和法律依据。对于在什么情况下或者什么样的行为可以提出撤职案，法律没有统一规定。实践中，一般有以下两种情况的，可以提出撤职案：一是国家机关工作人员有违法违纪行为，如贪污、行贿、受贿，利用职务之便为自己或者他人牟取私利等；二是国家机关工作人员有失职、渎职行为，如玩忽职守，贻误工作，漠视人民的生命财产，情节严重，给国家和人民利益造成重大损失或严重后果；或者是触犯刑律，构成犯罪的，都是撤职的重要理由。（3）提供有关材料。主要是被要求撤销职务人员有关违法违纪、失职渎职的事实、证据等。事实是决定是否撤职的客观依据，应当做到事实清楚，要对所指控行为的时间、地点、情节、危害以及后果等有明确说明。证据是证明案件真实情况的所有事实，应当真实可靠并且能相互印证。有关材料作为撤职案的附件，一并提交。

3. 撤职案的处理。撤职案的处理程序有两种。（1）提请常委会会议审议。对于事实清楚，证据确凿的撤职案，由本级人大常委会主任会议直接提请本级人大常委会会议进行审议。（2）组织特定问题调查委员会调查后，根据调查报告再作决定。对于撤职案所指控的事实是否成立，证据和事实尚不清楚的，由主任会议决定暂不提请常委会会议审议，而是向常委会提议组织特定问题调查委员会进行调查，由以后的常委会会议根据特定问题调查委员会的调查报告审议决定。对于常委会组成人员联名提出的撤职案，主任会议要根据撤职案所提出的事实和证据等情况，决定是提请常委会会议审议，还是提议组织特定问题调查委员会，待查清有关问题和事实后再审议决定。

4. 撤职案的审议。撤职案的审议程序如下：（1）由提出撤职案的主体向常委会会议说明撤职理由。列入常委会会议议程的撤职案，由提出撤职案的有关国家机关负责人或联名提出撤职案的领衔人在常委会会议上作关于撤职案的报告，说明撤职理由，并提供相关事实材料，在常委会组成人员审议时，接受询问，给予答复。（2）常委会会议进行审议。由常委会全体会议和分组会议审议。常委会组成人员可以就撤职案的事实是否清楚、证据是否确凿、理由是否充分、适用法律是否正确、处理是否恰当等发表意见和看法。(3) 被提出撤职人员有权申辩。在撤职案提请表决前,被提出撤职人员有权在常委会会议上进行申辩,就撤职案所提出的事实、证据和理由等提出反驳意见,为自己申述和辩护。申辩的形式有两种:一是口头进行申辩,二是书面进行申辩。如果口头申辩不方便,可以提出书面申辩意见,由主任会议决定印发常委会会议。如果被提出撤职的人员在申辩中提出了否定撤职的理由和事实及证据,常委会主任会议应当责成有关部门认真研究、核实。

5. 常委会会议进行表决。撤职案经常委会组成人员审议后,如果没有对撤职案提出相反的事实和证据,意见比较一致,主任会议应当将撤职案提请常委会全体会议表决。表决采用无记名投票的方式进行,以常委会全体组成人员的过半数通过。如果部分常委会组成人员认为有重大事实不清,证据不全,有必要继续核实的,可以责成撤职案提请人重新调查核实,也可以组织特定问题调查委员会进行调查核实,由下一次常委会会议审议决定。

第九章

人大讨论决定重大事项制度

讨论决定重大事项是宪法和法律赋予人大及其常委会的一项重要职权，是人民代表大会制度的重要组成部分，是人民依法管理国家事务、管理经济文化事业、管理社会事务的重要体现。党的十八届四中全会通过的《中共中央关于全面深化改革若干重大问题的决定》，明确提出"健全人大讨论、决定重大事项制度，各级政府重大决策出台前向本级人大报告"。

第一节　人大讨论决定重大事项制度概述

一、人大重大事项决定权的含义和性质

（一）人大重大事项决定权

人大重大事项决定权是指宪法法律赋予人大或其常委会讨论国家或者本地区重大事项，作出决定的一项重要职权。人大依法讨论决定重大事项，是确保党的主张通过法定程序成为国家意志的重要途径，是人民依法管理国家事务、管理经济和文化事业、管理社会事务的重要形式，是保证和实现人民当家作主的重要体现。

"人大重大事项决定权"这一说法，在现行宪法和地方组织法等法律中并没有明确规定，首先来自彭真同志在一次讲话中所

作的概括。1979 年 7 月 1 日，五届全国人大二次会议通过的地方组织法明确赋予县级以上地方各级人大常委会有权"讨论决定本行政区域内的政治、经济、教育、科学、文化、卫生、环境和资源保护、民政、民族等工作的重大事项"。1980 年 4 月，全国人大常委会召开省级人大常委会负责同志座谈会。在座谈会上，彭真同志依据地方组织法把地方人大常委会的任务、职权概括为四条，其中第二条即是：讨论、决定本地区的政治、经济、文化、教育、卫生、民政、民族工作的重大事项；有权批准本地区"国民经济计划和预算的部分变更"（至于整个计划、预算，决定权属于人民代表大会）。党中央随即批转了彭真同志的这个讲话。虽然这个讲话针对的是省级人大常委会，但后来人们逐渐把各级人大及其常委会的主要职权划分为立法权、重大事项决定权、人事任免权、监督权。其中，"人大重大事项决定权"简称"重大事项决定权"或"决定权"。

通常我们是从两个层面来理解宪法和法律关于"人大重大事项决定权"的。

1. 在全国人大层面。这既包括全国人大讨论决定重大事项，也包括全国人大常委会讨论决定重大事项。2021 年 3 月，十三届全国人大四次会议新修改的全国人大组织法第五条明确规定，全国人大及其常委会决定重大事项。

2. 在地方人大层面。这既包括地方人大讨论决定重大事项，也包括地方人大常委会讨论决定重大事项。不过，根据现行宪法和地方组织法等法律的规定，人大讨论决定重大事项则发展成为一个更为狭义的概念。

需要注意的是，在毛泽东、刘少奇、周恩来等老一辈革命家看来，人大讨论决定重大事项是一个更为宽泛的概念。1945 年 4

月 24 日，毛泽东同志在《论联合政府》中指出："新民主主义的政权组织，应该采取民主集中制，由各级人民代表大会决定大政方针，选举政府。"1954 年 9 月 15 日，刘少奇同志在《关于中华人民共和国宪法草案的报告》中指出："人民代表大会制既规定为国家的根本政治制度，一切重大问题就都应当经过人民代表大会讨论，并作出决定。全国性的重大问题，经过全国人民代表大会讨论和决定，在它闭会期间，经过它的常务委员会讨论和决定；地方性的重大问题经过地方人民代表大会讨论和决定。我国的人民代表大会就是这样能够对重大问题作出决定并能够监督其实施的国家权力机关。"

（二）人大讨论决定重大事项的性质

人大讨论决定重大事项，是人民代表大会制度的一个重要特征。在我国，各级人大都是国家权力机关，拥有广泛的职权，不仅可以行使国家立法权或者地方性法规制定权、选举或者决定任免权、监督权等，还可以对政治、经济、教育、科学、文化、卫生、环境和资源保护、民政、民族等工作的重大事项进行讨论，必要时还可以作出决议，并监督政府、监察委员会、法院和检察院全面有效实施。这与美国实行立法权、行政权、司法权"三权鼎立"等西方国家的体制是有本质区别的。

这里，需要说明的是，人大及其常委会的重大事项决定权和监督权之间存在交叉问题。比如，人大听取和审议同级人大常委会的工作报告，由于该报告通常都分为两大部分，第一部分为过去一年或五年工作总结，这属于监督权的范围；第二部分为下一年工作安排或建议，这属于重大事项决定权的范围。实际上，我们对人大及其常委会的职权所作的不同划分，是学理上的，而并不是宪法法律的明确规定。在实践中，往往没有作这样的区分。

在本书中，试图加以区分。

二、人大讨论决定重大事项范围的确定和界定

以往，地方人大普遍反映，法律所规定的讨论决定重大事项的范围比较原则、不够明确，实践中难以操作和把握，希望通过修改法律或者制定指导性文件进行统一规范。究竟应当如何看待哪些事项属于应由人大讨论决定范围这样一个困惑呢？一方面，我国地域辽阔、行政层级多，各地人口、面积、发展水平都不尽相同，遇到和需要解决的突出问题和重大事项也不一样，难以制定统一标准或作出统一的决定。所以，2015年党中央关于加强县乡人大工作和建设的若干意见对县乡人大讨论、决定重大事项的范围作出原则性规定，并明确地方人大根据法律规定，结合地方实际，可以制定具体办法。2017年1月，中共中央办公厅印发《关于健全人大讨论决定重大事项制度、各级政府重大决策出台前向本级人大报告的实施意见》，进一步对人大讨论决定重大事项作出部署安排。另一方面，从现行宪法和地方组织法等法律的规定来看，重大事项决定权的范围是相对明确的。

（一）如何确定重大事项范围

一些地方人大的同志曾经常以建设项目投资标的多少作为标准来予以确定。应该说，这有一定道理，但还不够准确。实际上，人大层级越高、越往上，越是不能仅以建设项目投资标的作为标准来确定重大事项。概括起来，可以从以下几个方面来确定重大事项。

1. 重大原则。重大事项，顾名思义，就在于"重大"。具体

来说，包括：（1）党中央的大政方针、党中央的重大决策部署，以及地方党委据此作出的具体安排。这也是坚持党的全面领导的必然要求和集中体现。比如，党的十九届三中全会作出关于深化党和国家机构改革的决策后，全国人大及其常委会、地方各级人大及其常委会都分别作出相关决定决议。（2）从全局和整体来看，符合国家或者本地区全局和整体利益，也就是要有大局观，心中装着"国之大者"。比如，党中央作出打赢"三大攻坚战"的决策部署后，各级人大都是及时行动起来，作出决定决议。（3）体现人民群众的根本利益，特别是一定时期人民群众普遍关注的热点难点问题，人大或其常委会作出决定决议，回应社会关切。上述确定重大事项范围的原则，在工作实践中还需要结合实际进行灵活安排。

2. 法治原则。各级人大或其常委会在确定重大事项范围时，要以现行宪法和有关法律的规定为依据，认真行使职权，同时尊重"一府一委两院"依法行使职权，做到"既不失职、又不越权"。

（二）如何界定重大事项

大体上可以分为以下两大类。

1. 法定重大事项。是指宪法和法律明确规定应当由人大或者其常委会讨论决定的事项。简单地说，现行宪法第三条、第六十二条、第六十七条分别规定了全国人大、全国人大常委会的职权，明确了它们各自讨论决定重大事项的范围。同时，现行宪法第三条、第九十八条、第一百零四条分别规定了地方各级人大、地方各级人大常委会讨论决定重大事项的职权；地方组织法第八条、第四十四条分别规定应当由县级以上地方各级人大常委会讨论决定的重大事项，等等。

2. 酌定重大事项。是指宪法和法律规定由人大或者其常委会根据情况而定的讨论决定事项。（1）在全国人大层面，宪法明确全国人大及其常委会有权酌情讨论决定重大事项。其中，第六十二条规定的全国人大职权的最后一项，即"应当由最高国家权力机关行使的其他职权"；第六十七条规定的全国人大常委会职权的最后一项，即"全国人民代表大会授予的其他职权"。（2）在地方人大层面，宪法没有明确县级以上地方各级人大有权酌情讨论决定重大事项，但地方组织法第八条明确规定县级以上地方人大有权讨论决定重大事项，即"讨论、决定本行政区域内的政治、经济、教育、科学、文化、卫生、环境和资源保护、民政、民族等工作的重大事项"。宪法第一百零四条明确规定县级以上地方各级人大常委会有权讨论决定重大事项，即"讨论、决定本行政区域内的政治、经济、教育、科学、文化、卫生、环境和资源保护、民政、民族等工作的重大事项"。地方组织法第四十四条赋予县级以上地方各级人大常委会有权讨论决定重大事项，重申了宪法的有关规定。

第二节　全国人大及其常委会讨论决定重大事项的范围

一、全国人大讨论决定的重大事项范围

根据现行宪法第三条、第六十二条、第六十九条及其他相关规定，应由全国人大讨论决定的重大事项有：

（一）听取和审议全国人大常委会、国务院、最高人民法院和最高人民检察院的工作报告

这些报告往往都是由前后两个部分组成的，在前一部分中是对过去一年工作的总结，全国人大会议对这一部分进行审议、投票表决，行使的是监督权；而在后一部分中是对下一年工作的安排，全国人大会议对这一部分进行审议、投票表决，行使的则是决定权。

（二）审查和批准国民经济和社会发展计划

根据宪法和有关法律规定，全国人大有权审查和批准国民经济和社会发展计划和计划执行情况的报告；地方各级人大有权审查和批准本行政区域内的国民经济和社会发展计划以及它们执行情况的报告。我国国民经济和社会发展计划是国家加强宏观经济管理的重要内容。计划一般分为年度计划、五年规划和长远规划3种。

1. 审查、批准国民经济和社会发展计划和计划执行情况的报告。在全国人民代表大会会议上，国务院提出国民经济和社会发展计划和计划执行情况的报告，全国人大经过审查，批准这个报告。这是1982年修改宪法时新增加的职权，目的就是要让全国人大能够对当年的国民经济和社会发展计划进行审查和批准，并对上一年的计划执行情况进行监督检查，并确保其得到贯彻落实。从1991年开始，每年的全国人大会议都听取和审议上一年度国民经济和社会发展计划和计划执行情况的报告，并作出相应的决议。

2. 审查批准国民经济和社会发展五年规划（纲要）。如2021年3月11日，十三届全国人大四次会议审查批准国民经济和社会发展第十四个五年规划和2035年远景目标纲要。经批准的计

划（规划），即具有法律效力，各方面都必须一体遵循、严格执行。

（三）审查和批准国家的（中央的）预算

1. 审查和批准本年度的国家预算。1954年宪法即规定，由全国人大来审查和批准国家预算。

2. 审查和批准上一年度国家预算的执行情况。国家预算执行到年末，就需要根据执行结果来编制国家决算。现实中，上一年度的国家决算很难在全国人大会议期间编制出来，所以，1982年宪法作了灵活规定，即将原来由全国人大审查和批准国家决算的职权改为审查和批准国家的预算和（上一年度）预算执行情况，同时授权全国人大常委会审查和批准国家预算在执行过程中必须作的部分调整方案。需要注意的是，1994年3月八届全国人大二次会议通过的预算法将国家预算分成了"中央政府预算"（中央预算）和"地方预算"。所以，此后，在全国人民代表大会会议上，国务院提出年度中央和地方预算执行情况与年度中央和地方预算草案的报告，全国人大经过审查，批准这个报告。

（四）批准省、自治区和直辖市的建置

1. 1988年4月13日，七届全国人大一次会议通过关于设立海南省的决定，批准成立海南省。

2. 1997年3月14日，八届全国人大五次会议通过关于批准设立重庆直辖市的决定，撤销原重庆市（四川省重庆市）。

（五）决定特别行政区的设立及其制度

宪法第三十一条规定："国家在必要时得设立特别行政区。在特别行政区内实行的制度按照具体情况由全国人民代表大会以法律规定。"

1. 1990年4月4日，七届全国人大三次会议通过关于设立香港特别行政区的决定。

2. 1993 年 3 月 31 日，八届全国人大一次会议通过关于设立中华人民共和国澳门特别行政区的决定。

（六）决定战争和和平问题

（七）应当由最高国家权力机关行使的其他职权

1. 决定国家机构设置。根据国务院组织法的规定，国务院各部、各委员会的设立、撤销或者合并，经国务院总理提出，全国人大决定；在全国人大闭会期间，由全国人大常委会决定。实际上，全国人大或者其常委会以决定的形式，审议通过有关国务院机构改革方案，对国务院组成部门予以明确。改革开放以来，已进行了 8 次国务院机构改革，而且，每次国务院机构改革都是采用由全国人大及其常委会作决定的方式。实际上，在新中国成立之初就是采取这种方式。1954 年国务院组织法列举国务院各部、各委员会名称之后，关于国务院机构改革，没有采取修改国务院组织法的方式，而是采取由全国人大或其常委会作出决定的方式。比如，1956 年 5 月 12 日，一届全国人大常委会第四十次会议通过关于调整国务院所属组织机构的决议。这一做法成为一种惯例，并延续下来。

2. 决定关于改革开放的重大事项。全国人大贯彻落实党中央决策部署，及时就改革开放和社会主义现代化建设中的重大事项作出决定，确保改革顺利进行。比如，1980 年 8 月，五届全国人大常委会第十五次会议批准广东、福建两省在深圳、珠海、汕头、厦门设置经济特区，批准国务院提出的《广东省经济特区条例》，这 4 个经济特区相继兴建。又如，1988 年 4 月 13 日，七届全国人大一次会议通过关于建立海南经济特区的决议，决定划定海南岛为海南经济特区。

二、全国人大常委会讨论决定的重大事项范围

根据现行宪法及其他相关规定，应由全国人大常委会讨论决定的重大事项有：

（一）负责召集全国人民代表大会会议

（二）在全国人大闭会期间，审查和批准国民经济和社会发展计划、国家预算（中央预算）在执行过程中所必须作的部分调整方案

监督法规定，国民经济和社会发展计划经本级人大批准后，在执行过程中需要作部分调整的，国务院和县级以上人民政府应当将调整方案提请本级人大常委会审查和批准。全国人大常委会关于加强经济工作监督的决定规定，在经济运行过程中，全国人民代表大会批准的年度计划、五年计划和长远规划必须作的部分调整，国务院应当将调整方案提请全国人大常委会审查批准。一般情况下，国务院应当在全国人大常委会举行会议一个月前，将调整方案的议案报送全国人大常委会。一些地方还规定，个别计划指标在执行中难以达到预期目标的，可不对计划作出调整，但应当在计划执行情况的报告中予以说明。

年度计划调整方案的提出一般不应迟于当年第三季度；五年规划调整方案的提出一般不应迟于第四年的第二季度。实践中，政府有关部门及时向本级人大财经委通报有关情况，人大常委会会议举行的一个月前，政府有关部门应当将计划调整方案提交财经委员会或者人大常委会有关工作机构进行初步审查，提出初审意见。人大常委会会议审议计划调整方案的议案时，应当听取财经委员会或者人大常委会工作机构的审查报告。人大常委会对计

划调整方案的议案作出批准决议后，政府必须认真研究落实。经批准的计划调整方案及批准决议应当报下一次人大会议备案。

（三）决定同外国缔结的条约和重要协定的批准和废除

（四）决定授予国家勋章和国家荣誉称号

（五）决定特赦

（六）决定战争状态的宣布

（七）决定全国总动员或者局部动员

（八）决定全国或者个别省、自治区、直辖市进入紧急状态

此外，还有全国人大授予的其他职权。实践中，这方面的例子还是比较多的，主要有以下几项。一是 1982 年 3 月 8 日五届全国人大常委会第二十二次会议通过关于国务院机构改革问题的决议，原则批准国务院机构改革初步方案。二是 1987 年 4 月 11 日六届全国人大五次会议通过关于授权全国人大常委会审议批准《中华人民共和国政府和葡萄牙政府关于澳门问题的联合声明》的决定，授权全国人大常委会在《中华人民共和国政府和葡萄牙政府关于澳门问题的联合声明》经中葡两国政府正式签署后予以审议和决定批准。三是 1993 年 3 月 31 日，八届全国人大一次会议通过关于授权全国人大常委会设立香港特别行政区筹备委员会的准备工作机构的决定，等等。

这里，要特别介绍一下全国人大讨论决定长江三峡工程的情况。1992 年 3 月 21 日，七届全国人大五次会议第二次全体会议听取国务院副总理邹家华关于提请审议兴建长江三峡工程议案的说明。30 日，七届全国人大五次会议主席团第二次会议听取全国人大常委会副委员长兼全国人大财经委员会主任委员陈慕华关于兴建长江三峡工程议案的审查报告，有 6 位代表对兴建长江三峡工程议案发表意见。经过讨论，会议决定将这个审查报告印发全

体代表。4 月 3 日，七届全国人大五次会议举行闭幕式，通过关于兴建长江三峡工程的决议。决定批准将兴建长江三峡工程列入国民经济和社会发展十年规划，由国务院根据国民经济发展的实际情况和国家财力、物力的可能，选择适当时机组织实施，对已发现的问题要继续研究、妥善解决。许多代表对上马这个工程有不同意见，有近三分之一的代表投了弃权票和反对票。

第三节　地方人大及其常委会讨论决定重大事项的范围

1979 年 7 月，五届全国人大二次会议通过地方组织法，明确规定县级以上地方人大及其常委会有"讨论、决定本行政区域的政治、经济、文化、教育、卫生、民政、民族工作的重大事项"的职权。1982 年 12 月，五届全国人大五次会议通过现行宪法，其中第三条、第九十九条、第一百零四条分别规定了地方人大和地方人大常委会讨论决定重大事项职权。2022 年 3 月修改后的地方组织法第十一条、第五十条分别赋予县级以上地方人大及其常委会讨论、决定本行政区域内重大事项的职权。这些规定为行使重大事项决定权提供了法律依据。

一、地方各级人大讨论决定重大事项的范围

应由县级以上地方各级人大讨论决定的重大事项有：

（一）听取和审议本级人大常委会、政府、法院、检察院的工作报告

（二）审查和决定地方的经济建设、文化建设和公共事业建设的计划

（三）县级以上地方各级人大审查和批准本行政区域内的国民经济和社会发展计划、预算以及它们的执行情况的报告

（四）有权改变或者撤销本级人大常委会不适当的决定

（五）讨论、决定本行政区域内的政治、经济、教育、科学、文化、卫生、生态环境保护、自然资源、城乡建设、民政、社会保障、民族等工作的重大事项

如2010年1月，为贯彻落实党中央推进海南国际旅游岛建设发展战略，海南省人大通过关于推进海南国际旅游岛建设发展的决议。

（六）民族自治地方人大及其常委会决定权范围

我国宪法和有关法律规定，各少数民族聚居的地方实行区域自治。民族区域自治地方的人大及其常委会，既行使宪法和法律规定的同级一般地方国家权力机关及其常设机关的职权，又依法行使自治权，来实现各民族人民自主地管理本民族内部事务的自治权力。在行使决定权上，民族区域自治地方的人大及其常委会除享有县级以上地方相应级别人大及其常委会应有的决定权外，还享有行使民族区域自治法和其他法律规定的决定权，根据本地实际情况，采取适合民族特点的具体措施。

（七）对乡、民族乡、镇的人大决定权范围

民族乡的人大可以依照法律规定的权限采取适合民族特点的具体措施。地方组织法第十二条规定，乡、民族乡、镇的人大决定权范围：在职权范围内通过和发布决议；根据国家计划，决定本行政区域内的经济、文化事业和公共事业的建设计划；审查和批准本行政区域内的财政预算和预算执行情况的报告；决定本行

政区域内的民政工作的实施计划；听取和审议乡镇政府的工作报告；听取和审议乡镇人大主席团的工作报告等。

二、县级以上地方人大常委会讨论决定重大事项的范围

宪法第一百零四条规定，县级以上地方各级人大常委会讨论、决定本行政区域内各方面工作的重大事项。具体来说，应由县级以上地方各级人大常委会讨论决定的重大事项有：

（一）召集本级人民代表大会会议

（二）讨论、决定本行政区域内的政治、经济、教育、科学、文化、卫生、环境和资源保护、民政、民族等工作的重大事项

比如，为奥运会、世博会、G20杭州峰会、金砖国家厦门领导人会晤、上合组织青岛峰会等重大活动创造良好法治环境，北京、上海、浙江、福建、山东等省、市人大常委会主动行使职权，分别作出相关决议决定，为筹办工作提供有力保障。为贯彻落实科学发展观，促进经济社会发展转型，山西、厦门等地方人大常委会作出关于发展循环经济的决定。2000年苏锡常地区因超采地下水引发地面沉降问题引起社会关注，江苏省人大常委会即作出关于在苏锡常地区限期禁止开采地下水的决定。一些地方人大常委会作出关于全面推进依法治省、自治区、直辖市的决议、决定。党的十八大后，围绕建设现代化经济体系，地方人大关于促进经济发展的决议决定明显增多。如2013年吉林省人大常委会作出关于突出发展民营经济、加快服务业发展等决定决议。2015年河南省人大常委会作出关于促进河南省全面建成小康社会加快现代化建设的决定。

（三）决定对本行政区域内的国民经济和社会发展计划、预算的部分变更

根据本级人民政府的建议，决定对本行政区域内的国民经济和社会发展计划、预算的部分变更。

（四）决定授予地方的荣誉称号

2003年6月沈阳市人大常委会通过关于授予地方荣誉称号的实施办法。

（五）有关深化改革和扩大开放方面

比如，上海、天津、成都、杭州等地方人大常委会作出关于促进改革创新的决定。

三、地方的一些探索实践

1988年6月，安徽省七届人大常委会第四次会议通过关于讨论、决定重大事项的若干规定（试行）。此后，地方各级人大常委会相继就讨论决定重大事项制定地方性法规或规范性文件。目前，已有29个省级人大及其常委会制定了有关讨论决定重大事项的地方性法规。从地方人大及其常委会讨论决定重大事项的范围来看，最初主要是"一府两院"年度工作报告、国民经济和社会发展计划、预决算报告等。随着改革开放和民主法治建设的不断推进，这项制度不断发展完善，地方人大及其常委会依法讨论、决定本行政区域内具有全局性、根本性、长远性的重大问题和人民群众普遍关心的热点难点问题，涉及的范围越来越广，同时具有地方特色的决定不断增多，讨论决定重大事项工作有了长足发展和进步，为推动经济社会发展和民主法治建设发挥了重要作用。

这里，着重介绍民生实事项目人大代表票决制的浙江实践。从 2008 年开始，浙江一些地方人大常委会探索开展民生实事项目票决制。2017 年 3 月，浙江省人大常委会在宁波市宁海县召开全省人大推进"民生实事项目代表票决制"工作现场交流会，逐步实现票决制在全省市、县、乡三级人大的全覆盖。民生实事项目代表票决制，是指政府在广泛听取、充分吸收人民群众意见的基础上提出候选项目，经同级人大代表在人民代表大会会议上投票决定，由同级政府组织实施，并接受人大代表和人民群众监督和评价的制度。

（一）有关做法和经验

2008 年宁海县以民生实事项目为切入点，在力洋、大佳何两个镇探索试行乡镇政府实事工程人大代表票决制，对民生实事项目采用群众提、代表定、政府办、人大评的办法。经过 10 年实践，宁海县的"票决制"工作形成了公众广泛参与意见征集、人大代表票决立项、政府严格组织实施、人大代表和人民群众合力监督助推的运作模式。

1. 征集项目。通过走访、约谈、问卷调查等形式，充分发挥人大代表联络站优势，广泛征集社会各界的意见建议，充分吸收"两代表一委员"建议提案的真知灼见，着力增强候选项目的民意基础。

2. 初定项目。按照候选项目必须体现公益、民生、普惠，适合票决和要素保障条件成熟的原则，坚持量力而行、尽力而为，由政府对征集到的建议项目进行反复论证分析，并先后提交党委讨论决策、人大常委会党组讨论审定正式候选项目。

3. 审议项目。提交人大会议票决的候选项目，一般是医疗卫生、教育文化、社会保障、基础设施等与民生密切相关的工程项目，项目内容、实施主体、投资额度、完成时限等要素简要明了，同时充分保证代表审议时间，让代表知实情、能选择。

4. 票决项目。票决办法由人民代表大会会议表决通过，正式项目由全体代表通过无记名差额投票决定，票决结果当场公布。

5. 监督项目实施。人大及时督促政府做好分解落实，组织代表分组联系监督，开展发挥代表优势的助推主题实践活动，寓监督于支持之中，共同推进民生实事项目建设。

6. 评估项目实施情况。下一年度的人大会议上，政府专题报告票决确定项目完成情况，接受代表审议和满意度测评，测评结果公开，审议意见转交办理，实现和维护票决制的权威性、严肃性。实际上，这是浙江省开展票决制的典型和缩影。

（二）进一步开展好民生项目票决制工作

这项制度是源自基层人大鲜活实践、符合基层民主法治建设发展需求、经过基层实践检验的，已在浙江等地展现出显著优势和生命力。通过总结经验，可以发现，这项制度及其实践，是坚持和完善人民代表大会制度、做好人大工作的有益探索，是坚持党的领导、人民当家作主、依法治国有机统一的生动体现。

1. 坚持党的全面领导。在地方，票决制的试点和探索，是由党委决定的；该制度由点到面的推广，是由党委主推的；该制度及政策等方面的供给，是由党委来确保的。同时，对地方党委来说，这也是找准了坚持党的领导、人民当家作主、依法治国有机统一的结合点。人大要始终把坚持党的全面领导作为最重大的政治原则，坚决贯彻落实党中央大政方针，落实地方党委部署安排，确保在人大工作中得到全面落实。

2. 保障和实现人民当家作主。票决的项目主要是文化教育、医疗卫生、人居环境、交通出行、安全生产、就业创业、公共服务等民生领域，关乎群众切身利益。民生实事项目从征集、酝酿、初选、票决，再到监督实施、问题协商、结果评价，人大代表都是全程参与的。可以说，代表从"旁观者"转为"参与者"。要进一步扎实开展这项工作，激发人大活力，保障人民群众合法权益。

3. 坚持全面依法治国。以往因政府和群众角度不尽一致，导致政府拍板决定的实事与人民群众急需解决的问题存在一定的差距，而代表票决让民生实事项目选择更贴近基层百姓，进而让政府的民生工程变得更加容易被理解，使得困扰当地群众多年的难题迎刃而解，实现了从"一厢情愿"到"你情我愿"的转变。同时，项目实施还要接受人大及人大代表的监督。这就把行使重大事项决定权与代表工作有机结合起来。所有这些，既增强了行使重大事项决定权实效，增强了人大工作的效能和权威性，也增强了政府决策程序和结果的透明度、科学化、民主化，推进了科学执政、民主执政、依法执政。

第四节　加强和改进人大讨论决定重大事项的工作

一、党中央关于人大讨论决定重大事项的决策部署

党的十八大以来，以习近平同志为核心的党中央从坚持和完善中国特色社会主义制度、推进国家治理体系和治理能力现代化的高度，对健全人大讨论决定重大事项制度提出了一系列新论断

新举措新要求。2013 年 11 月党的十八届三中全会明确提出："健全人大讨论、决定重大事项制度,各级政府重大决策出台前向本级人大报告。"2015 年 6 月中共中央转发的《中共全国人大常委会党组关于加强县乡人大工作和建设的若干意见》,对县乡人大依法行使重大事项决定权提出明确具体要求。2017 年 1 月中共中央办公厅印发《关于健全人大讨论决定重大事项制度、各级政府重大决策出台前向本级人大报告的实施意见》,对健全和完善人大讨论决定重大事项制度作出顶层设计。这是我国实行人民代表大会制度以来,党中央首次对重大事项决定权的行使提出专门指导意见。2017 年 10 月习近平总书记在党的十九大报告中强调,支持和保证人大依法行使立法权、监督权、决定权、任免权。2019 年 7 月在地方人大设立常委会 40 周年之际,习近平总书记对地方人大及其常委会工作作出重要指示,强调地方人大及其常委会要按照党中央关于人大工作的要求,围绕地方党委贯彻落实党中央大政方针的决策部署,结合地方实际,创造性地做好立法、监督等工作,更好助力经济社会发展和改革攻坚任务。所有这些,都为各级人大及其常委会依法行使重大事项决定权提供了重要指导和基本遵循。

　　贯彻落实党中央决策部署,地方继续推进决定权行使的制度化规范化水平。2017 年,江苏省委下发贯彻中央关于健全人大讨论决定重大事项制度的文件的实施办法,省人大常委会第一时间修改讨论、决定重大事项的规定。北京、天津、河南、湖北等 20 多个省级人大常委会根据中央文件精神,对有关讨论决定重大事项的地方性法规作了修改,进一步明确了重大事项范围,健全了行使重大事项决定权的工作机制和程序,为提高新时代人大讨论决定重大事项工作水平提供了有力法制保障。

二、进一步做好讨论决定重大事项的工作

要结合实际，依法推进科学决策、民主决策、依法决策，形成加强改进工作、推进事业发展的合力。自觉坚持党的领导，通过依法讨论决定重大事项，贯彻好落实好党中央重大决策和同级党委工作部署。讨论决定重大事项的计划安排、讨论中的重要分歧意见等，人大常委会党组应当及时向同级党委请示报告。涉及重大体制和重大政策调整的决定决议草案，要先报同级党委同意后，再按照法定程序办理。实际工作中，要把握好重大事项的范围和重点，着力提高讨论决定的科学化民主化法治化水平，加强对人大作出的决定决议贯彻实施情况的监督。

（一）围绕地方党委贯彻落实党中央大政方针的决策部署

比如，为助力打好三大攻坚战，福建省人大常委会作出推动打好污染防治攻坚战的决定，江西省人大常委会作出大力推进生态文明先行示范区建设的决议，海南省人大常委会作出关于进一步加强生态文明建设谱写美丽中国海南篇章的决议，贵州省人大常委会作出关于依法推动打赢脱贫攻坚战的决议。

（二）围绕促进经济社会发展、结合地方实际

2018 年为保障长三角一体化国家战略实施，上海、江苏、安徽、浙江等省级人大常委会同步作出关于支持和保障长三角地区高质量一体化发展的决定；为进一步优化营商环境，促进经济高质量发展，湖北省人大作出关于大力推动新时代湖北高质量发展的决定，福建省人大常委会作出关于进一步推进数字福建建设的决定，广东、西安、海口等地的人大常委会作出关于优化营商环境的决定，湖南、宁波、承德等地方人大常委会作出关于促进民

营经济高质量发展的决定。

（三）围绕解决人民群众普遍关心的热点难点问题

2013 年黄浦江漂猪事件备受瞩目，浙江省人大常委会作出关于加强畜禽养殖污染防治促进畜牧业转型升级的决定；针对长期以来群众反映强烈、建筑施工扬尘污染未得到有效治理的问题，2014 年 3 月安徽省人大常委会作出关于加强建筑施工扬尘污染防治工作的决定；针对农作物秸秆露天焚烧这一顽疾，江苏、湖北、吉林等省级人大及其常委会作出关于农作物秸秆露天禁烧和综合利用的决定；针对老年人进行保健品欺诈销售越来越多这一情况，2018 年 10 月黑龙江省人大常委会作出关于加强老年人保健产品等消费领域消费者权益保护工作的决议。

（四）围绕推进民主法治建设

为进一步促进公正司法，大部分省级人大常委会作出了加强诉讼活动法律监督工作的决议。为积极回应人民群众解决"执行难"诉求，湖南、广西、陕西等 12 个省级人大常委会出台关于加强执行工作、推动解决"执行难"的决议。同时，还需要继续创新工作方式方法，做好新时代地方人大重大事项决定工作，切实提高重大事项决定工作的质量和水平。

第十章

人大及其常委会议事制度和工作制度

人大及其常委会作为代议机关，行使职权的基本方式是召开会议。人大及其常委会会议制度是人民代表大会制度的重要组成部分，是人大及其常委会以召开会议的形式行使国家权力的制度规范，有利于各级人大及其常委会按照民主的、法定的程序行使职权和开展工作，更好发挥在我国政治和社会生活中的重要作用。习近平总书记在庆祝全国人民代表大会成立六十周年大会上的讲话中指出："要健全人大常委会组成人员联系本级人大代表机制，畅通社情民意反映和表达渠道，支持和保证人大代表依法履职，优化人大常委会、专门委员会组成人员结构，完善人大组织制度、工作制度、议事程序。"这为完善人大议事制度和工作制度指明了方向、提供了遵循。

第一节　全国人大及其常委会会议制度

　　现行宪法和全国人大议事规则、全国人大常委会议事规则等法律，对全国人大及其常委会会议召开的次数、日期、会期、会议议程和日程等确定程序作了明确规定。

一、全国人大会议制度

1989 年 4 月 4 日，七届全国人大二次会议通过全国人大议事规则。这是根据宪法、全国人大组织法和全国人大的实践经验而制定的。它对会议的举行，议案的提出和审议，审议工作报告、审查国家计划和国家预算，国家机构组成人员的选举、罢免、任免和辞职，询问和质询，调查委员会，发言和表决等都作了明确规定。

2021年3月，十三届全国人大四次会议通过关于修改全国人大议事规则的决定。这是这部法律施行30多年来的首次大修，是最高国家权力机关自我完善发展的重要举措，对于进一步规范完善全国人大会议制度和工作制度，具有重大意义。

（一）全国人大会议召开的届次

根据宪法和全国人大组织法等法律的规定，全国人大每届任期五年。全国人大会议每年举行一次，由全国人大常委会召集。

全国人大会议届次的有关情况。全国人大的会期制度有一个曲折发展的过程，并逐步规范、完善。一届全国人大共召开了五次会议，每年一次。二届全国人大共召开了四次会议，应该是每年一次，但是1961年没有召开全国人大会议。三届全国人大只召开了一次会议，由于"文化大革命"的原因，没有做到每年召开一次会议。"文化大革命"期间，四届全国人大也只召开了一次会议。

（二）全国人大会议召开的会期

宪法第六十一条规定，全国人大会议每年举行一次，由全国人大常委会召集。全国人大组织法第八条规定，全国人大会议每年举行一次，由全国人大常委会召集；全国人大常委会认为有必要，或者有五分之一以上代表提议，可以临时召集全国人大会议。这就明确了全国人大会议的会期制度。全国人大议事规则对此作了更为具体的规定。

　　1. 每年第一季度举行。全国人大会议召开的日期由全国人大常委会决定并予以公布。同时，总结 2020 年新冠肺炎疫情发生后举行全国人大会议的实践经验，最新修改后的全国人大议事规则增加规定：遇有特殊情况，全国人大常委会可以决定适当提前或者推迟召开会议；提前或者推迟召开会议的日期未能在当次会议上决定的，全国人大常委会可以另行决定，或者授权委员长会议决定并予以公布。

　　会期由全国人大常委会决定，并在一个月前通知全国人大代表。全国人大会议召开后，主席团常务主席可以对会议日程安排作必要的调整。这就从法律上基本明确了全国人大的会期制度。从八届全国人大一次会议开始，一般在每年的三月举行。从九届全国人大一次会议开始，一般在每年的 3 月 5 日举行。这样，便于审查批准本年度的国家预算和前一年度的预算执行情况以及国民经济和社会发展计划及计划执行情况。

　　需要特别说明的是，新冠肺炎疫情暴发致全国人大会议首次延期召开。2019 年 12 月 28 日，十三届全国人大常委会第十五次会议通过关于召开十三届全国人大三次会议的决定。根据决定，十三届全国人大三次会议于 2020 年 3 月 5 日召开。但是，由于 2020 年 1 月新冠肺炎疫情暴发，2 月 24 日，十三届全国人大常委会第十六次会议通过关于推迟召开十三届全国人大三次会议的决定。根据决定，适当推迟召开十三届全国人大三次会议，具体开会时间由全国人大常委会另行决定。4 月 29 日，十三届全国人大常委会第十七次会议决定，十三届全国人大三次会议于 5 月 22 日召开。5 月 21 日，十三届全国人大三次会议召开预备会议，通过由 174 人组成的大会主席团和秘书长名单，通过会议议程。这是改革开放以来，首次依法推迟召开全国人大会议，当然也是非常时期的非常举措。

2. 全国人大会议持续时间。人大会期长短是很重要的，我国法律还没有对此作出规定。所以，每次会议的持续时间是不一样的，从一届全国人大一次会议以来，相当长的时间里，会议的时间长短不确定。短的如四届全国人大一次会议开了 5 天，长的超过 20 天，而最长的一次是全国人大二次会议，开了 26 天。最近 10 多年来，会期一般是 10—14 天。省、自治区、直辖市的人大会议一般在 7 天左右。市级人大会议一般在 5 天左右。县级人大会议一般在 3 天左右。乡镇人大会议一般 2 天左右。

3. 由全国人大常委会召集。每届全国人大第一次会议，由本届全国人大代表选举完成后的两个月内，由上一届全国人大常委会召集。全国人大常委会应当在全国人大会议举行一个月以前，将开会日期通知全国人大代表。

4. 临时召集全国人大会议。如果常委会认为必要，或者有五分之一以上的全国人大代表提议，可以临时召集全国人大会议。实践中，还没有出现全国人大常委会认为必要和有五分之一以上的全国人大代表提议，临时召集全国人大会议的情况。

（三）全国人大会议的主持

全国人大会议举行前，召开预备会议。预备会议由全国人大常委会主持，每届全国人大第一次会议的预备会议，由上届全国人大常委会主持。

主席团主持全国人大会议。（1）预备会议。全国人大会议举行前，召开预备会议，选举主席团和秘书长，通过会议议程和关于会议其他准备事项的决定。（2）主席团主持全国人大会议。主席团的决定，由主席团全体成员的过半数通过。

（四）全国人大会议主席团

1. 全国人大主席团的性质及组成。全国人大主席团是全国人大会议的组织者。每次会议的主席团由全国人大常委会提出名单草案，在代表大会预备会议上选举产生。全国人大主席团成员必须是全国人大代表，一般由170人左右组成。其成员包括：中国共产党和国家领导人，各民主党派中央、全国工商联负责人和无党派爱国人士，中央党、政、军机关有关负责人和人民团体负责人，工农业等方面英模人物、企业家和知识分子等各界代表人物，人口在一百万以上的少数民族代表，各省、自治区、直辖市、特别行政区及解放军和武警部队代表团负责人等。

2. 全国人大主席团会议。（1）主席团第一次会议。会议推选主席团常务主席若干人，推选主席团成员若干人分别担任每次大会全体会议的执行主席，并决定下列事项：副秘书长的人选；会议日程；会议期间代表提出议案的截止时间；其他需要由主席团第一次会议决定的事项。（2）主席团常务主席召集并主持主席团会议。主席团第一次会议由全国人大常委会委员长召集并主持，会议推选主席团常务主席后，由主席团常务主席主持。（3）主席团常务主席可以召开代表团团长会议，就议案和有关报告的重大问题听取各代表团的审议意见，进行讨论，并将讨论的情况和意见向主席团报告。主席团常务主席还可以就重大的专门性问题，召集代表团推选的有关代表进行讨论，国务院有关部门负责人参加会议，汇报情况，回答问题。会议讨论的情况和意见应当向主席团报告。（4）主席团可以召开大会全体会议进行大会发言，就议案和有关报告发表意见。

3. 全国人大主席团的职责。这是集体讨论决定应当由主席团决定的事项。（1）主持全国人大会议。（2）根据会议议程决定会议日程。（3）决定会议期间代表提出议案的截止时间。（4）决定会议期间提出的议案是否列入会议议程。（5）听取和审议关于各项议案和报告审议情况的汇报，并决定是否将议案和决定草案、决议草案提交会议表决。包括：听取和审议财政经济委员会关于计划和预算审查结果的报告，提出计划、预算的决议草案的表决稿提请大会表决；听取宪法和法律委员会关于法律草案审议结果的报告，决定将法律草案修改稿交各代表团审议；听取宪法和法律委员会关于法律草案修改情况的汇报，决定将法律草案表决稿提请大会表决。将各项报告的决议草案交各代表团审议，并根据代表团的审议意见，提出各项决议草案的表决稿提请大会表决。（6）提名由会议选举的国家机构组成人员的人选，并确定正式候选人名单。（7）提出会议选举和决定任命办法草案。（8）组织由会议选举或者决定任命的国家机构组成人员的宪法宣誓仪式。（9）决定大会副秘书长的人选。（10）其他应当由主席团处理的事项。主席团会议由主席团常务主席召集并主持。每次全国人民代表大会会议期间，根据情况召开若干次主席团会议。（11）决定对各代表团和代表在会议期间提出的罢免案、质询案的审议程序。（12）决定会议进行选举和表决议案所采用的方式。（13）在大会期间决定人大代表是否受逮捕和刑事审判。

（五）全国人大会议期间的代表团

1. 全国人大代表团的组成。全国人大代表团是全国人大代表按照选举单位组成的参加全国人大会议的组织。全国人大会议举行前，代表按照省、自治区、直辖市、特别行政区、解放军和武警部队为选举单位组成代表团。台湾省代表团由在全国各地的台湾省籍同胞中选出的代表组成。各代表团分别召开全体会议，推选代表团团长、副团长。

2. 团长召集并主持代表团全体会议。副团长协助团长工作。代表团可以分设若干小组。代表小组会议推选小组召集人。代表团在每次全国人民代表大会会议举行前，讨论全国人大常委会提出的关于会议的准备事项；审议全国人大常委会提出的主席团和秘书长名单草案、会议议程草案以及关于会议的其他准备事项，提出意见。在会议期间，对各项报告和议案进行审议，并可由代表团团长或者由代表团推选的代表，在主席团会议上或者大会全体会议上，代表代表团对审议的议案发表意见。以代表团名义提出议案、质询案、罢免案。以代表团名义提出的议案、质询案、罢免案，由代表团全体代表的过半数通过。

3. 全国人大代表团的职责。主要包括：（1）代表团在每次全国人大会议举行之前，讨论人大常委会提出的关于会议的准备事项；（2）一个代表团可以向全国人大提出属于大会职权范围内的议案；（3）一个代表团可以书面提出对国务院和国务院各部、委的质询案；（4）三个以上的代表团可以提出对全国人大常委会组成人员，国家主席、副主席，国务院组成人员，中央军委组成人员，国家监察委员会主任，最高人民法院院长和最高人民检察院检察长的罢免案，并由大会主席团提请大会审议；（5）在会议期间，对大会的各项报告和议案进行审议，并可由代表团团长或由代表团推选的代表，在主席团会议上或大会全体会议上，代表代表团对审议的议案发表意见。另外，在全国人大会议期间，代表团团长会议和主席团还可以决定在公开举行的会议之外，举行秘密会议。

（六）全国人大会议议程

1. 议程内容。全国人大会议议程分为两大部分。（1）法定报告。在全国人大会议上，全国人大常委会、国务院、最高人民法院、最高人民检察院向会议提出的工作报告以及国家计划和国家预算（中央预算）的报告。（2）议案。分成两类，一是大会主席团和国家机构向大会提出的议案，二是代表联名或一个代表团向大会提出的议案。

2. 有关程序。根据法律规定，报告或者议案列入议程的程序如下：（1）在全国人大会议期间，由主席团、国家机构提出的议案列入全国人大会议议程的程序是：由全国人大常委会提出会议议程草案，并于大会召开前的一个月，通知代表；大会前，各代表团组成后，审议会议议程草案，提出意见；委员长会议根据各代表团提出的意见，对会议议程草案提出调整意见，然后将议程草案提请预备会议审议通过，如果没有调整意见，也可以直接将议程草案提请预备会议审议通过。（2）由代表团或者代表联名提出的议案，可以在大会举行前提出，也可以在大会召开后提出。将其列入全国人大会议议程的程序是：由主席团第一次会议决定本次大会期间代表提出议案的截止日期；提出议案后，由主席团决定是否列入会议议程，或者先交有关的专门委员会审议，一般分成可以作为议案进行审议的议案和转为批评、建议和意见处理的两类；大会秘书处将分类结果（即处理意见）报告主席团；主席团将报告印发会议；本次人大会议结束后，对前一类议案，由有关专门委员会进行审议，并向全国人大常委会提出是否列入会议议程的意见；由全国人大常委会决定是否列入会议议程；也可以在大会期间，由专门委员会审议后即向主席团提出是否列入本次大会议程的意见，再由主席团决定是否列入本次会议议程。

（七）全国人大会议的形式

1. 预备会议。根据全国人大组织法和全国人大议事规则的规定，在每次全国人大正式会议开幕之前召开预备会议，全体代表出席会议。预备会议由全国人大常委会主持。每届全国人大第一次会议的预备会议，由上一届全国人大常委会主持。预备会议的任务是选举本次代表大会的主席团和秘书长，通过本次代表大会会议的议程和关于会议的其他准备事项的决定。

2. 主席团会议。主席团主持全国人大会议。每届全国人大会议第一次会议的主要任务是：（1）推选主席团常务主席若干人；（2）推选主席团成员若干人分别担任本次大会全体会议的执行主席；（3）决定大会副秘书长人选；（4）决定全国人大会议的日程；（5）决定本次大会表决议案的办法；（6）决定本次会议代表提出议案的截止日期；（7）决定其他需要由主席团第一次会议决定的事项。

3. 大会全体会议。全国人大全体会议由本次会议的执行主席轮流主持。全体会议的任务是：（1）听取和审议全国人大常委会、国务院、最高人民法院、最高人民检察院的工作报告；（2）审查国民经济和社会发展计划报告（书面）、财政预算报告（书面）并作出决议；（3）对提交大会审议的各项议案进行审议和表决，作出决定；（4）依法选举、决定和罢免国家机构组成人员；（5）决定国家的其他重大事项等。

4. 代表团团长会议。代表团全体会议推选代表团团长一人，副团长若干人。代表团团长会议是各代表团的团长或副团长参加的会议，其任务主要是：就议案和有关报告的重大问题向主席团常务主席汇报审议意见，进行讨论。会议由主席团常务主席召开。

5. 代表团全体会议。它的主要任务是：集中审议各项报告和议案；通过以代表团名义提出的议案、质询案、罢免案等；听取代表团团长传达主席团会议的决定和意见；听取国务院或国务院有关部门回答询问、本代表团提出的质询。代表团全体会议由代表团团长召集并主持。

6. 代表团小组会议。这是全国人大代表审议议案的主要会议形式。因为大多数代表团的人数都较多，只有划分成代表小组，才能使代表充分发表意见。代表团小组会议一般由 10—30 人组成，由小组会议召集人轮流主持会议。举行全国人民代表大会会议时，大多数省、自治区、直辖市都召开小组会议进行审议，只有人数特少的几个代表团，如西藏、青海、宁夏、台湾等省、自治区，不分小组，只举行代表团全体会议。

7. 专门委员会会议。在全国人大会议期间，专门委员会在全国人大领导下开展工作，主要任务有：（1）决定向全国人大会议提出属于全国人大职权范围内的议案；（2）当一个代表团或者 30 名以上的代表联名提出议案，经主席团交付后，有关的专门委员会召开会议进行审议，提出是否列入会议议程的意见；（3）列入会议议程的议案，除交各代表团审议外，经主席团交付后，有关的专门委员会召开会议进行审议，提出报告；（4）列入会议议程的法律案，除各代表团审议外，并由宪法和法律委员会、有关专门委员会召开会议进行审议，宪法和法律委员会再根据各代表团和有关专门委员会的审议意见，召开会议对法律案进行统一审议，并向主席团提出审议结果的报告和草案修改稿；（5）国务院向全国人大会议提出的国民经济和社会发展计划、国家财政预决算报告，除各代表团审议外，并由财经委员会和有关专门委员会召开会议进行审议，财经委员会再根据各代表团和有关专门委员会的审议意见，对国民经济和社会发展计划、国家财政预决算报告进行审查，并向主席团提出审查结果的报告；（6）听取国务院或者有关机关负责人对专门委员会审议时提出的询问进行回答和补充说明；（7）听取由主席团决定的受质询的机关的负责人在有关的专门委员会会议上进行的对质询的口头答复；（8）决定举行专门委员会的秘密会议。

8. 秘密会议。秘密会议是一种特殊会议形式。在一般情况下，全国人民代表大会会议应公开举行。在必要的时候，也可以举行秘密会议，举行秘密会议需经全国人民代表大会主席团征求各代表团的意见后，由各代表团团长参加的主席团会议决定。

二、全国人大常委会会议制度

（一）有关规定

1. 全国人大常委会议事规则

1987 年 11 月 24 日，六届全国人大常委会第二十三次会议通过全国人大常委会议事规则。它是根据宪法、全国人大组织法和全国人大常委会工作的实践经验制定的。该议事规则对会议的召开、议案的提出和审议、听取和审议工作报告、询问和质询、发言和表决等作了具体的规定。2009 年 4 月，十一届全国人大常委会第八次会议对议事规则作了部分修改。2022 年 6 月，十三届全国人大常委会第三十五次会议作出关于修改全国人大常委会议事规则的决定，进一步完善全国人大常委会会议制度和工作程序。

2. 全国人大常委会委员长会议议事规则

1988 年 6 月 15 日，七届全国人大常委会委员长会议通过全国人大常委会委员长会议议事规则。1993 年 6 月 15 日，八届全国人大常委会委员长会议根据宪法和全国人大组织法的有关规定，对该议事规则作了修改，共 11 条，对全国人大常委会委员长会议的组成、工作职责、议题确定、会议举行等内容作了明确规定。

（二）全国人大常委会会议会期和召集

全国人大常委会会议一般每两个月举行一次，必要时可以加开会议；有特殊需要的时候，可以临时召集会议。每次会议的会期根据会议审议的内容确定。全国人大常委会会议由委员长召集并主持。委员长可以委托副委员长主持会议。全国人大常委会举行会议，须在会议举行七日以前，将开会日期和建议会议讨论的主要事项，通知常委会组成人员和列席会议的人员。临时召集的会议，可以临时通知。常委会会议必须有全体组成人员的过半数出席，始得举行。常委会组成人员除因病或者其他特殊原因请假的以外，应当出席会议。遇有特殊情况，经委员长会议决定，常委会组成人员可以通过网络视频方式出席会议。

（三）全国人大常委会会议议程

全国人大常委会全体会议的任务主要有以下内容。

1. 听取并决定本次常委会会议议程。

2. 听取关于法律案和其他议案的说明。

3. 听取国务院、国务院有关部门和国家监察委员会、最高人民法院、最高人民检察院向常委会的专项工作报告。

4. 听取全国人大代表团的出访报告。

5. 对有关法律案、人事任免案和其他议案进行表决。

6. 对全国人大各专门委员会和常委会代表资格审查委员会向常委会所作的报告进行表决。

7. 对常委会认为必要时所作出的关于国务院及国务院有关部委和最高人民法院、最高人民检察院工作报告的决议进行表决等。

（四）全国人大常委会会议形式

1. 全体会议。这是常委会全体组成人员参加的会议，主要任务是听取法律案等议案的说明，听取法律案等议案的审议意见的汇报或者审议结果的报告，听取各项工作报告，对各项议案进行表决。

2. 分组会议。这是常委会组成人员按组对各项议案和报告进行审议讨论的会议。自九届以来分为六个组。分组会议由委员长会议确定若干名召集人，轮流主持会议。分组名单由常委会办事机构拟订，报秘书长审定，并定期调整，以便常委会组成人员通过分组会议相互交流。

3. 联组会议。这是在分组会议基础上召开的若干个小组联席会议。联组会议的开会形式有大联组和小联组两种，大联组会议在开会的形式上与全体会议没有区别，都是常委会全体组成人员一起开会，由委员长主持，委员长可以委托副委员长主持；小联组会议是由若干个小组组成联组，由副委员长主持。在分组讨论各项议案和报告的基础上，召开联组会议对议案和报告所涉及的主要问题，特别是有意见分歧的问题，展开进一步的讨论，有利于使审议更加深入，求得比较一致的意见。

这里，介绍一下全国人大常委会举行联组会议的有关情况。九届全国人大常委会第十九次会议审议婚姻法修正案草案时，采用过大联组会议形式，对婚姻法涉及的重要问题进行深入审议。十一届全国人大常委会进行了 9 次专题询问，其中，5 次是大联组会议，1 次是分成两个小联组会议，3 个小组成为一个联组。十二届全国人大常委会进行的 15 次专题询问中，有 14 次采用大联组会议形式，1 次采用分组会议形式。十三届全国人大常委会也采用联组会议形式进行专题询问。

常委会组成人员在各种会议上的发言，可以印发会议简报。常委会分组会议、联组会议对议案或者有关工作报告进行审议时，有关部门应派人到会，听取意见，回答询问。

（五）全国人大常委会委员长会议

1. 委员长会议的召集。委员长会议由委员长、副委员长、秘书长组成。委员长会议由委员长召集并主持。委员长可以委托副委员长主持会议。全国人大常委会副秘书长列席会议，经委员长或者负责常务工作的副委员长确定，有关部门负责人可以列席会议。

2. 委员长会议的议题。委员长会议的议题，由秘书长提出，委员长确定。委员长会议举行两天以前，由全国人大常委会办公厅将开会日期、建议会议讨论的主要事项通知委员长会议成员。临时召开的会议可以临时通知。委员长会议根据需要不定期召开。

3. 委员长会议的工作职责。主要包括：（1）决定常委会每次会议的会期，拟订会议议程草案，必要时提出调整会议议程的建议；（2）对向常委会提出的议案和质询案，决定交由有关专门委员会审议或者提请常委会全体会议审议；（3）决定是否将议案和决定草案、决议草案交付常委会全体会议表决，对暂不交付表决的，提出下一步处理意见；（4）制定常委会年度工作要点、立法工作计划、监督工作计划、代表工作计划、专项工作计划和工作规范性文件等；（5）指导和协调各专门委员会的日常工作；（6）处理常委会其他主要日常工作。

4. 委员长会议决定方式。全国人大常委会委员长会议讨论决定问题，在工作方式上实行民主集中制和集体负责制的原则，不实行委员长负责制。坚持实事求是，依法办事的原则。委员长会议召开时，充分发扬民主，任何问题的决定，都要在充分讨论、听取各方面意见后，以少数服从多数的原则决定，必须出委员长会议成员的过半数通过。

三、全国人大专门委员会会议制度

（一）专门委员会会议的召集和主持

全国人大组织法专章对全国人大各专门委员会作了规定，但没有详细规定它的会议制度。全国人大各专门委员会制定了本委员会的工作（议事）规则。一般规定，专门委员会每一至两个月举行一次会议，必要时可临时举行会议。

专门委员会会议由主任委员召集并主持，主任委员因故不能出席会议时，可以委托副主任委员召集并主持会议。专门委员会会议必须有专门委员会全体组成人员过半数出席才能举行。专门委员会组成人员，应依法履行职务，按时出席专门委员会会议，确因特殊情况不能出席时，必须请假。专门委员会举行会议时，应将开会日期、会议议题提前通知全体组成人员，并同时送达有关材料。

（二）专门委员会会议决定方式

专门委员会集体行使职权。专门委员会决定事项由专门委员会全体组成人员过半数通过。表决方式由委员会会议决定，表决结果由会议主持人当场宣布。专门委员会会议，应当形成会议纪要，写明会议议题、基本内容和决定事项等。如果专门委员会组成人员对决定有不同意见，应如实反映不同意见。

第二节　地方各级人大及其常委会会议制度

一、县级以上地方各级人大会议制度

（一）县级以上地方各级人大会议召集

根据宪法和地方组织法等的规定，各省、自治区、直辖市以及设区的市和自治州人大及其常委会也制定了议事规则。一些市、县、区人大及其常委会制定了议事办法。这些规范性文件的制定和实施，保证并促进了各级人大及其常委会的工作向制度化、法律化、程序化发展。

地方各级人民代表大会会议召开的时间，没有统一的法律规定。地方组织法规定，地方各级人大会议每年至少举行一次，经过五分之一以上代表提议，可以临时召集本级人大会议。

1954年地方组织法规定，省、直辖市、县、市、市辖区的人大会议每年至少举行两次，交通不便的省可以每年举行一次。但这一规定在实践中没有得到很好执行。因此，1957年11月，全国人大常委会根据国务院总理周恩来提出的建议，专门作出了关于省、直辖市人民代表大会会议可以每年举行一次的决定。乡、镇的人民代表大会每三个月举行一次。"文化大革命"时期，人民代表大会制度遭受到严重破坏，这些规定根本没有执行。1979年重新制定地方组织法时，根据实际情况，规定地方各级人民代表大会每年至少举行一次会议，以保证人民代表大会制度的正常运行。实践中，地方各级人民代表大会大多数是一年举行一次会议，只有在特殊情况下，如有选举重要领导职务的时候，才举行两次以上的会议。

县级以上地方各级人大议事规则对本级人大会期制度的规定，同全国人大基本一样。省、自治区、直辖市和市、自治州、县、不设区的市、市辖区人大会议一般都是在第一季度召开，一年召开一次，由人大常委会决定会期并于一个月前通知本级人大代表。县级以上地方各级人民代表大会会议由本级人大常委会召集。每届人民代表大会第一次会议，在本届人民代表大会代表选举完成后的两个月内，由上届本级人大常委会召集。

人大会议必须有全体代表的过半数出席，才能举行。各级人

大代表，除因病或者其他特殊原因请假以外，应当出席本级人民
代表大会会议。

县级以上各级人民代表大会会议举行前，召开预备会议，完
成人民代表大会会议的准备工作。出席全体会议的代表参加预备
会议。预备会议通过主席团和秘书长名单，通过会议议程，通过
关于会议其他准备事项的决定。人民代表大会的预备会议由本级
人大常委会主持。每届人民代表大会第一次会议的预备会议，由
上届本级人大常委会主持。人民代表大会会议举行时，由大会主
席团主持。

（二）县级以上地方人大会议期间的组织

地方人大代表团是地方人大代表按照选举单位组成的参加地
方人民代表大会会议的组织。各代表团分别推选出代表团团长，
团长负责召集并组织代表团全体会议和其他事项。副团长协助团
长工作。

代表团的任务是：（1）在人大会议举行前，讨论本级人大常
委会提出的关于会议的准备事项；（2）在会议期间，对人大的各
项议案进行审议，并可以由代表团团长或者由代表团推派代表，
在主席团会议上或者大会全体会议上代表代表团对审议的议案发
表意见；（3）对主席团提出的由选举产生的国家机构组成人员等
候选人进行酝酿、讨论；（4）代表团可以提出议案、罢免案、质
询案，并可由代表团团长或者推荐代表，在主席团会议或大会全
体会议上就审议的议案发表意见；（5）代表团团长可以同大会主
席团一起决定大会是否有必要举行秘密会议。

（三）县级以上地方人大会议议程

县级以上各级人民代表大会的议程，由召集会议的人大常委
会提出草案，交出席预备会议的全体代表表决通过。

县级以上各级人大会议议程是：（1）听取和审议本级人大常委会、人民政府、人民法院和人民检察院工作报告；（2）审查和批准本级国民经济和社会发展计划、预算及执行情况的报告；选举本级国家机关领导人员和组成人员以及补选上级人大代表；（3）通过有关决议、决定。省、自治区、直辖市和较大的市的人民代表大会会议，还安排制定地方性法规的议程。自治区、自治州和自治县的人民代表大会会议，可以安排制定和修订自治条例和单行条例的议程。

人民代表大会会议的议程，还可以由出席会议的代表联名提出。代表可以在接到会议通知后，到大会提出议案的截止时间前，联名提出要求会议审议的议案，提交大会主席团审查，由大会主席团决定是否列入会议议程。大会主席团如果决定将代表联名提出的某项议案提交代表大会审议，即成为会议的正式议程。

（四）县级以上地方人大会议主席团

根据有关法律法规的规定，县级以上各级人民代表大会每次举行预备会议，选举本次会议的主席团和秘书长。主席团和秘书长的产生程序是：（1）在每次大会召开前，由本级人大常委会提出主席团和秘书长名单草案，每届人民代表大会第一次会议的主席团和秘书长名单草案，由上届人大常委会提出；（2）各代表团组织代表酝酿；（3）人大常委会主任会议根据各代表团提出的意见，对主席团和秘书长名单草案作出适当的修改、调整；（4）大会预备会议实行等额选举，以全体代表的过半数通过。根据有关地方性法规的规定，地方人民代表大会每次会议主席团成员的人数为代表总额的8%至10%。担任主席团成员和秘书长职务的必须是本级人大代表。本级人民政府组成人员、人民法院院长和人民检察院检察长，不得担任主席团成员职务。但是，召开新一届人民代表大会第一次会议时，人民政府主要负责人如果是本届人大代表，也可以进入主席团。

实践中，主席团成员应当具有较广泛的代表性。一般包括：同级党委的主要负责人，各代表团团长，常委会主任、副主任，党委组织部部长、宣传部部长，本级人大各专门委员会主任委员，军队代表，民主党派负责人，教、科、文、卫、体、宗教界代表，工、农代表，少数民族代表，归侨侨眷代表，老同志代表等。

主席团的职责是通过召开主席团会议，审议、决定法律规定应由主席团审议、决定的事项，以及主席团认为应当由其审议、决定的其他重大事项。根据地方组织法对主席团职责的规定和实践经验，主席团职责主要有以下方面。

1. 主持会议权。主席团主持会议是人大会议的一项重要原则，体现了人民代表大会实行的民主集中制原则，对于保证人民代表大会会议依照法定程序顺利进行，有着极为重要的作用。主席团主持会议的方式有4种，一是将某些事项交付大会秘书处和有关专门委员会认真办理，要求它们提出处理意见和方案，为主席团正确行使职权提供服务；二是主席团就大会期间提出的各种事项进行审议，决定是否列入大会议程，组织各代表团进行审议；三是主席团在大会全体会议上，将列入会议议程的事项逐项交付全体代表讨论或表决；四是主席团就一些临时的、突发的事项或议题作出处理决定，以保证会议有序进行。

2. 决定程序权。主席团有权决定下列事项：决定会议日程；决定大会副秘书长的人选；确定代表议案的截止时间；确定应由大会依法选举的国家机关领导人和上一级人大代表的正式候选人；决定表决议案的办法；决定会议期间法定机关和组织提出的议案是否列入会议议程或者交付大会表决；决定对代表和代表在会议期间提出的议案、罢免案、质询案的审议程序；决定大会期间本级人大代表是否受逮捕或刑事审判；决定是否将提请表决的议案、决议、决定草案中的部分条款分别付诸大会全体会议表决；决定大会全体会议的表决方式；决定其他需要主席团决定的事项。

3. 提案权。主席团有权提出属于本级人大职权范围内的议案；有权提出对于本级人大常委会组成人员，本级人大选举的上一级人大的代表、本级人民政府组成人员、监察委员会主任、人民法院院长、人民检察院检察长的罢免案；可以提出组织特定问题调查委员会的提议。

4. 提名权。有权提出本级人大常委会组成人员的人选，本级人民政府正、副负责人的人选，本级监察委员会主任的人选，人民法院院长和人民检察院检察长的人选；有权提出本级人大各专门委员会主任委员、副主任委员和委员的人选；有权提出特定问题调查委员会主任委员、副主任委员和委员的人选；有权从代表中提出总监票人、监票人的人选等。

5. 其他职权。组织各代表团审议有关国家机关向大会的工作报告和列入大会议程的议案；主持会议的选举工作；审议决定提交大会审议通过的决议草案；领导大会各个委员会进行工作；发布公告等。

大会主席团的活动，必须按照法定人数、法定程序进行。

（五）县级以上地方人大会议形式

1. 全体会议。县级以上地方人大全体会议，由本级人大会议执行主席轮流主持。全体会议的主要任务是：听取本级人大常委会、人民政府、人民法院和人民检察院的工作报告，审议本行政区域的国民经济和社会发展计划报告（书面）、财政预算报告（书面）并作出决议；对提交大会审议的各项议案进行审议和表决，作出决定；依法选举、决定和罢免本级国家机构的组成人员；决定本行政区域的其他重大问题等。会议审议有关报告和议案，一般有代表团会议和分组会议形式，代表就有关的报告、议案发表自己的意见和建议。

2. 代表团全体会议。代表团全体会议在小组讨论的基础上对各项议案进行集中审议，通过一些需要由代表团集体作出的决定等。其任务是：集中审议各项议案；听取代表团团长传达主席团会议的决定和意见；听取本级人民政府或本级人民政府有关部门回答询问。代表团全体会议由代表团团长召集并主持。

3. 代表团小组会议。代表团小组会议是地方各级人大代表审议议案的主要会议形式。代表团小组会议一般由 10 至 30 人组成，由小组会议召集人轮流主持会议。

人民代表大会会议期间，代表在各种会议上的发言，整理成简报印发会议。

（六）县级以上地方人大会议期间专门委员会的主要任务

在县级以上地方人大会议期间，专门委员会的主要任务包括：

1. 决定向本级人大会议提出属于本级人大职权范围内的议案。

2. 当 10 名以上的代表联名提出议案，经主席团交付后，有关的专门委员会召开会议进行审议，提出是否列入会议议程的意见。

3. 列入会议议程的议案，除交各代表团审议外，经主席团交付后，有关的专门委员会召开会议进行审议，提出报告；列入会议议程的法规案，除各代表团审议外，并由法律委员会和有关的专门委员会召开会议进行审议，然后，法制委员会根据各代表团和有关的专门委员会的审议意见，召开会议对法规案进行统一审议，并向主席团提出审议结果的报告和草案修改稿。

4. 本级人民政府向本级人大会议提出的国民经济和社会发展计划、财政预决算报告，除各代表团审议外，并由财经委员会和有关的专门委员会召开会议进行审查，然后，财经委员会根据各代表团和有关的专门委员会的审查意见，对国民经济和社会发展计划、财政预决算报告进行审查，并向主席团提出审查结果的报告。

5. 听取本级人民政府或者有关机关负责人对专门委员会审议时提出的询问进行回答和补充说明；听取由主席团决定的受质询的机关的负责人在有关的专门委员会会议上进行的对质询的口头答复；决定举行专门委员会的秘密会议。

二、乡镇人大会议制度

（一）乡镇人大主席团

这是乡镇人大举行会议时选举产生的机构。乡镇人大会议每年至少召开一次，有的一年召开两次，如安徽省。个别的一年召开三次或四次，有的如遇乡、镇长变动，临时召开会议。

乡镇人大主席团一般由5—9人组成，最多不得超过11人。乡、民族乡、镇的人民代表大会主席、副主席为主席团的成员。

（二）乡、民族乡、镇的人大会议的主要议程

乡、民族乡、镇的人大会议的主要议程，由上次会议主席团提出草案，人大全体会议通过。主要是听取和审议本级人民政府

的工作报告，财政预算及执行情况报告，选举本级国家机关的领导人员，通过有关的决议、决定。乡镇人大会议除了具有县级以上各级人大会议共同点以外，还有其特殊性，如群众性比较强，讨论问题比较直接，反映问题比较具体等。

（三）乡镇人大主席团的主要职责

按照地方组织法的规定，乡镇人大主席团的主要职责是主持乡镇人大会议的具体工作，包括：（1）决定大会日程安排；（2）决定列席会议人员名单；（3）通过代表资格审查报告；（4）拟订会议议程草案，会议选举办法草案，议案及建议、批评和意见处理办法草案，提请代表大会通过；（5）组织各代表团审议各项工作报告和决议、决定草案；（6）决定代表联名提出的议案是否列入会议议程；（7）依照法定程序提名和确定乡镇长、副乡镇长等候选人名单草案；（8）依照法定程序对乡镇长、副乡镇长等的辞呈，提请大会表决；（9）决定对质询案的处理和将罢免案提请大会审议；（10）提出各项决议、决定草案，提请大会审议和表决。

（四）乡、民族乡、镇的人大主席、副主席

1995 年修改后的地方组织法规定，乡、镇人大设主席、副主席，办理乡、镇人大日常工作，不设常设机关。2004 年修改后的地方组织法明确规定，乡、民族乡、镇的人大设主席，并可以设副主席一人至二人。主席、副主席由本级人民代表大会从代表中选出，任期同本级人大每届任期相同。

乡、民族乡、镇的人民代表大会主席、副主席不得担任国家行政机关的职务；如果担任国家行政机关的职务，必须向本级人大辞去主席、副主席的职务。

乡、民族乡、镇的人大主席、副主席没有实体性权力，其主要职责是：（1）在本级人大闭会期间负责联系本级人大代表，如走访代表、接待代表等；（2）组织代表开展活动，如组织代表视察、调研等；（3）反映代表和群众对本级人民政府工作的建议、批评和意见。

三、地方各级人大常委会会议制度

1987 年 11 月 22 日，河南省六届人大常委会第三十一次会议首先通过河南省人大常委会议事规则。之后，各省、自治区、直辖市和设区的市、自治州人大常委会陆续制定了各自的议事规则。

（一）地方人大常委会会议会期和召集

地方人大常委会会议一般每两个月至少举行一次。每次会议的会期根据会议审议的内容确定。有特殊需要的时候，由主任会议决定，可以临时召集常委会会议。地方人大常委会会议由主任召集并主持。主任可以委托副主任主持会议。常委会会议必须有全体组成人员的过半数出席，才能举行。

常委会组成人员除因病或者其他特殊原因请假的以外，必须出席会议，并建立签到制度。地方人大常委会举行会议，须在会议举行十五日前，由主任会议决定将开会日期、建议会议审议的议程，通知常委会组成人员及列席人员。临时召集的会议，可以临时通知。

本级人民政府、监察委员会、人民法院、人民检察院的负责人，常委会副秘书长，各专门委员会负责人、有关委员，下级人大常委会主任或副主任一人列席会议，邀请有关的人大代表列席会议；常委会小组或者联组审议议案和专项工作报告时，应通知有关部门的负责人到会，听取意见，回答询问；政府及五名以上常委会组成人员均有权提出议案，是否提交常委会会议审议，由常委会主任会议作出决定；常委会组成人员五人以上可以联名以书面形式向常委会提出对本级人民政府、人民法院、人民检察院的质询案，由主任会议决定交由受质询机关在常委会会议上或者有关的专门委员会会议上口头答复，或者由受质询机关书面答复。对答复不满意的，可继续质询并要求再作答复；常委会全体组成人员过半数赞成方能通过等。

（二）地方各级人大常委会会议议程

地方各级人大常委会依法安排本级人大常委会的会议议程。地方各级人大常委会由主任会议提出议程草案，提请常委会会议全体会议通过。

地方人大常委会会议的议程主要有：（1）听取和审议本级人民政府专项工作报告；（2）听取和审议本级人民政府所属部门的工作报告；（3）听取和审议本级监察委员会、人民法院、人民检察院的专项工作报告；（4）听取和审议人大专门委员会或常委会工作机构的专项工作报告；（5）听取地方性法规草案的说明，审议地方性法规草案；（6）任免国家机关工作人员，选举或罢免上级人大个别代表；（7）对本级人大常委会代表资格审查委员会向常委会所作的报告进行表决；（8）对常委会认为必要的、关于本级人民政府及其所属部门和本级人民法院、本级人民检察院工作报告所作出的决议进行表决等。

（三）地方各级人大常委会会议形式

1. 全体会议。主要任务是：听取各项报告和有关议案的说明，表决各项议案，进行任免和选举投票。必要时，也可以在全体会议上对各项报告和议案进行审议。

2. 分组会议。主要任务是：对听取的报告和列入会议议程的议案进行审议。常委会组成人员可以充分发表自己的审议意见。常委会分组会议由主任·会议确定若干名召集人，轮流主持会议。分组名单由常委会办事机构拟订，报秘书长审定，并定期调整。

3. 联组会议。主要是审议列入会议议程的立法议案，也可以听取对议案的补充说明。常委会举行联组会议，由主任主持。主任可以委托副主任主持会议。

常委会组成人员在各种会议上的发言，可以印发会议简报。

常委会分组会议、联组会议对议案或者有关工作报告进行审议时，有关部门应派人到会，听取意见，回答询问。

（四）地方各级人大常委会主任会议

1. 地方人大常委会主任会议的召集。地方组织法规定，省、自治区、直辖市、设区的市、自治州的人大常委会主任、副主任和秘书长组成主任会议；县、自治县、不设区的市、市辖区的人大常委会主任、副主任组成主任会议。主任会议成员由本级人民代表大会在代表中选举产生。

地方人大常委会主任召集本级人大常委会主任会议。常委会主任因为健康情况不能工作或者缺位的时候，由常委会在副主任中推选一人代理主任的职务，直到主任恢复健康或者人民代表大会选出新的主任为止。

2. 常委会主任会议的举行。有主任会议全体成员的过半数出席，方可举行主任会议。通常每月至少举行一次会议。必要时，可以临时召开。主任会议一般由本级人大常委会主任召集并主持，或受主任委托，由副主任召集并主持。主任会议召开的日期和建议议题及列席人员，由秘书长负责组织草拟，提请常委会主任或者委托的副主任确定。一般应当在会议召开的三天前将会议日期、建议议题通知主任会议成员和列席人员。临时召开的会议可以临时通知。其中，主任会议的议题，在主任会议召开时，由主持人征求主任会议成员意见确定。

会务工作由常委会办事机构负责，确定专人作会议记录，必要时可以编印会议纪要。根据工作需要，必要时，以下人员可以列席会议：专门委员会主任委员，常委会委员，本级人大代表，常委会办事机构、工作机构负责人，本级人民政府、监察委员会、人民法院和人民检察院负责人，其他有关部门负责人，下级人大常委会负责人等。

3. 常委会主任会议的决定决议。常委会主任会议讨论决定问题，在工作方式上实行民主集中制和集体负责制的原则，不实行主任负责制。坚持实事求是、依法办事的原则。主任会议开会时，充分发扬民主，任何问题的决定，都要在充分讨论、听取各方面意见后，以少数服从多数的原则决定，必须由主任会议成员的过半数通过。

四、地方人大专门委员会会议制度

会议制度是地方人大专门委员会的基本工作制度，是专门委员会各项职责得以有效履行的载体。专门委员会会议包括专门委员会全体会议、主任办公会议、与有关部门或与下级人大有关专门委员会的工作联席会议、专门委员会之间的列席会议、办公机构的会议以及围绕履行职责召开的各种座谈会、论证会、听证会等。专门委员会的各项会议制度都发挥了重要的作用。

1. 专门委员会全体会议。全体会议由主任委员、副主任委员和全体委员组成，主要任务是研究、审议和决定与本委员会依法履行职责有关的所有事项，一般每月举行一次，必要时，可以提前或推迟举行。除因病或其他特殊原因请假以外，委员会成员必须出席会议。一般应在委员会会议三日前，将开会日期、主要议程通知委员会成员。委员会决定事项须有委员会过半数成员通过方能生效。委员会成员可以向委员会提出委员会有权提出的议案草案或其他议题，要求列入委员会会议议程。如果决定不列入议程，应该向提出议案草案或其他议题的委员会成员说明理由。三分之一以上委员会成员联名提出的议案草案或其他议题，应当列入委员会会议议程。

2. 专门委员会的意见。一般是按少数服从多数的原则，由全体组成人员表决通过。但专门委员会决定事项具有自己的特点，因为专门委员会对审议的议案没有独立决定权，在就某项议题进行审议时，如果出现重大意见分歧，不能简单地以多数意见掩盖少数意见，而应把重大的不同意见反映在向人民代表大会或常委会提交的文件中。

3. 主任委员办公会议，由主任委员、副主任委员参加，研究处理本委员会的日常工作，每周或每两周举行一次。

我国的人民代表大会制度，是中国共产党领导人民在长期革命斗争中创造的一种新的政权组织形式。1949 年 9 月 29 日，中国人民政治协商会议第一届全体会议通过的《中国人民政治协商会议共同纲领》提出："中华人民共和国的国家政权属于人民。人民行使国家政权的机关为各级人民代表大会和各级人民政府。"人民代表大会制度由此确定。1949 年至 1954 年 8 月，从中国人民政治协商会议和地方各界人民代表会议向各级人民代表大会过渡。1954 年 9 月，第一届全国人民代表大会第一次会议召开，我国人民代表大会制度建立。至今，人民代表大会制度走过了 70 年，回顾这 70 年历程，从 1954 年到 1966 年人民代表大会制度全面确立并曲折发展；"文化大革命"的 10 年，人民代表大会制度遭受严重破坏；从粉碎"四人帮"特别是党的十一届三中全会开始，人民代表大会制度得到恢复和进一步健全，人大工作取得重大进展。党的十八大以来，我们党立足新的历史方位，深刻把握我国社会主要矛盾发生的新变化，积极回应人民群众对民主法治的新要求新期盼，着力推进国家治理体系和治理能力现代化，健全人民当家作主制度体系，加强基层政权建设，改进人大代表工作，人大工作取得历史性成就，人民代表大会制度更加成熟、更加定型。

《中国特色社会主义根本政治制度——人民代表大会制度纪实》丛书，则是尽可能通过整理历史文献的方式，记录和展现人民代表大会制度确立、曲折发展、不断健全、逐步成熟、完善定型的制度发展和人大工作全貌。项目实施过程，是回顾中国特色社会主义根本政治制度逐渐完善的过程，是汇集70年来历代人大工作者工作成就和艰辛探索的过程。同时，也是编写团队记录、整理、学习，以及勤奋耕耘的过程。该丛书具体构成和分工如下：

《人民代表大会制度引论》，万其刚著；《人民代表大会制度发展历程》，万其刚著；《人大选举制度和任免制度》，徐丛华著；《人大立法制度》，主编：张生，副主编：刘舟祺、邹亚莎、罗冠男；《人大代表工作制度》，章林、李跃乾、刘福军、王仰飞编著；《人大讨论决定重大事项制度》，任佩文、吴克非、王亚楠编著；《人大监督制度》，吉卫国著；《人大会议制度》，陈家刚、蔡金花、隋斌斌著；《人大对外交往工作》，王柱国、陈佳美思、庞明、刘亚宁编著；《人大自身建设》，唐亮、万恒易、梁明编著；《人大选举和任免工作纪实》，主编：任佩文，副主编：王亚楠；《人大代表工作纪实》，主编：任佩文，副主编：吴克非；《人大会议工作纪实（目录）》，主编：李正斌，副主编：高嚣；《人大立法工作纪实（目录）》，主编：曾庆辉，副主编：邱晶；《人大监督工作纪实（目录）》，主编：曾庆辉，副主编：邱晶。

上述作者分别来自全国人大、北京市人大、安徽省人大、兰州市人大、人民代表报、中国社会科学院法学所、北京联合大学、西安交通大学、西北师范大学、江西师范大学、中共广东省委党校等单位，既有一直从事人大制度研究的学者，也有长期从事人大工作的实务工作者。

限于出版篇幅，丛书暂未收录地方人大相关文献；同时，适应出版新形态的需要，部分工作纪实将目录纸质出版，具体内容同步以数据库方式出版。参与数据库编纂工作的人员有杨积堂、周小华、王维国、崔英楠、曾庆辉、邱晶、李正斌、高嚣、王柱国、陈佳美思、庞明、刘亚宁、任佩文、吴克非、王亚楠、刘宇、周悦、曹倩、赵树荣、姜素兰、王岩、魏启秀、沙作金、马磊、张新勇、李少军、喻思敏、钟志龙、王婷、邱纪贤、钮红然、祝蓉、陈敏、杨世禹、常晓璐、周义、王乔松、梅润生、杨娇、周鹏、李俊、杨蕙铭、徐博智、于淼、陈东红、冯兆惠、石亚楠等同志。丛书由杨积堂和吴高盛担任执行总主编并负责统稿。

"中国特色社会主义根本政治制度——人民代表大会制度纪实"是所有参与人员努力协作的成果，由于时间跨度大，内容交叉多，为了尽可能反映70年来人大工作的全貌，各部分作者之间反复进行沟通、协调，力求内容准确全面，同时尽可能避免重复。在编写过程中，每一位作者、编辑都倾尽全力，以高度的责任感和使命感投入工作，翻阅了大量文献资料，进行了深入研究与探讨。虽然我们已竭尽全力，但深知丛书一定存在不足之处，我们期待着读者的反馈与建议，以便在未来不断改进和完善。

在丛书即将出版之际，我们要特别感谢全国人大图书馆为文献查阅提供的帮助和支持，感谢北京联合大学人民代表大会制度研究所从选题策划到最终编写全过程给予的大力支持。中国民主法制出版社刘海涛社长、贾兵伟副总经理带领团队，对丛书编写、审读、编辑、出版的每一个环节给予严谨的指导和热忱的帮助，责任编辑张霞、负责数据库开发的翟锦严谨、敬业，在此一并表达敬意和感谢。

习近平总书记强调："人民代表大会制度，坚持中国共产党领导，坚持马克思主义国家学说的基本原则，适应人民民主专政的国体，有效保证国家沿着社会主义道路前进。人民代表大会制度，坚持国家一切权力属于人民，最大限度保障人民当家作主，把党的领导、人民当家作主、依法治国有机统一起来，有效保证国家治理跳出治乱兴衰的历史周期率。人民代表大会制度，正确处理事关国家前途命运的一系列重大政治关系，实现国家统一高效组织各项事业，维护国家统一和民族团结，有效保证国家政治生活既充满活力又安定有序。"值此全国人民代表大会成立 70 周年之际，我们希望这套丛书能够为人民代表大会制度研究和实务工作的更好开展尽绵薄之力，把国家根本政治制度坚持好、完善好、运行好、宣传好，努力开创人大工作新局面。

编　者